产业视角下的
图书馆电子书服务

*E-book Services in Libraries:
an industry perspective*

杨 佳 孙 宇 赵 亮 - 著

图书在版编目（CIP）数据

产业视角下的图书馆电子书服务/杨佳，孙宇，赵亮著．—上海：上海科学技术文献出版社，2025.
ISBN 978-7-5439-9239-9
Ⅰ．G250.76
中国国家版本馆CIP数据核字第20247AA321号

责任编辑：栾　鑫　李　莺
封面设计：留白文化

产业视角下的图书馆电子书服务
CHANYE SHIJIAOXIA DE TUSHUGUAN DIANZISHU FUWU
杨　佳　孙　宇　赵　亮　著
出版发行：上海科学技术文献出版社
地　　址：上海市淮海中路1329号4楼
邮政编码：200031
经　　销：全国新华书店
印　　刷：常熟市人民印刷有限公司
开　　本：720mm×1000mm　1/16
印　　张：15.75
字　　数：265 000
版　　次：2025年6月第1版　2025年6月第1次印刷
书　　号：ISBN 978-7-5439-9239-9
定　　价：78.00元
http://www.sstlp.com

Foreword

序　　言

公共图书馆如何做好电子书服务,至今仍然是一个充满挑战的课题。市场上有那么多的电子书平台,电商、运营商、内容商、社交网站、自媒体……有些平台的阅读体验特别良好,有些平台的内容是独家专供。从不同资源厂商处购买的不同平台,彼此之间内容重合,质量不一。这与图书馆提供给读者的纸质书刊借阅服务的良好体验完全不一样。从不同馆配商处采购来的纸质书刊,经由专业图书馆员的编目,分门别类在层层书架上整理得清清楚楚,放在一个阅览空间供读者取阅。但当图书馆提供电子书服务时,往往换一个平台就要换一种读者的认证方式,不同平台的图书的分类组织、搜索浏览、适合阅览的终端也是五花八门,往往容易造成读者的使用感不佳。无论是一线的服务馆员、购买电子书内容的采访馆员,还是后台的信息技术馆员,维护不同的电子书平台也耗费了相当大的精力。

百花齐放的电子书服务供应商,虽然能够满足图书馆对数字阅读最基本的需求,但要将数字阅读服务做深做全就有些力不从心了。图书馆员总是想拥有统一的标准、统一的服务、统一的用户体验、跨平台的检索,让读者可以以最便捷的方式一站式获取自己所需要的内容。如版权控制、不同的电子书格式转换等问题,对读者必须是透明的。这样的电子书服务平台是不是有可能存在,这是本书在详细描述了电子书服务的方方面面之后,努力做的探索与尝试。

本书的第一章介绍了从纸书走向电子书的阅读的变化,这不仅仅是一个单纯的介质改变。第二章从出版业的角度来看电子书市场，宏观的产业视角是对作为产业链下游的图书馆界如何与上游内容产业更好地合作共赢所做的考察。第三章到第五章，分别从"内容、终端、平台"这样一个现实清晰的业务链视角来总结分析图书馆电子书服务。第三章还采用研究文献述评的形式对国内外的图书馆电子书服务进行了多角度的扫描。第四章着重写了电子书阅读器的方方面面，2022年6月2日，亚马逊中国正式宣布将在2023年6月30日停止中国区Kindle电子书店的运营。Kindle的离开意味着一个以模拟纸书阅读体验为发展目标的传统的电子书发展时代渐渐远去。这折射出无论是作为承载电子书阅读的载体的"器"，还是内容本身，产业变局的脚步都在加快。第五章是基于面向公共图书馆的大众类电子书服务平台的问卷调研和知识产权方面的实证研究。第六章则是基于"内容、终端、平台"这一业务链的具体实践与相关技术规范的案例分享。

本书的写作离不开来自同事、同行的贡献。以张磊、朱雯晶、王晔斌、徐鸿强、郭利敏为代表的上海图书馆信息技术团队，不仅撰写了第六章的主要内容，更是这一系列实践的技术专家、架构师；蔡丹丹撰写了产业环境的数据分析部分；陈宇撰写了知识产权相关的内容；来自采编与一线服务的同事们，谢影、李颖、周寅、傅娟、张玮、张莹璐等，参与了问卷调研，他们与我们共同面对电子书服务中的各种问题，并努力一一克服解决，在此衷心感谢大家的支持，在忙碌的工作之余参与本书的撰写和编辑，并为本书提供了丰富的素材。同时，还要感谢上海对外经贸大学图书馆副馆长谢蓉，她编译的电子书服务原则等是我们实践工作的指导。在课题的研究过程中，我们还访谈了上海图书馆的数字阅读爱好者陈茜、专业图书馆员黄崇甄、出版行业专家朱文秋和Overdrive公司总裁Steve Potash，非常感谢他们拨冗接受我们的访谈，向他们致以诚挚的谢意。感谢华东师范大学范并思教授、上海交通大学李武教授在研究过程中对我们内容与框架的斧正。

本书基于国家社会科学基金一般项目"面向图书馆的电子书服务内容、平台与终端的实证研究"(项目编号：14BTQ012)的研究成果，同时也受到了上海图书馆(上海科学技术情报研究所)2022年"2151"学科研究课题"图书馆电子书服务研究"的资助。受我们研究局限，本书难免有疏漏之处，敬请业界专家与广大读者批评指正。

Contents

目　　录

第 1 章　数字阅读 ·· 001

　　第 1 节　阅读的历史 ··· 002

　　第 2 节　阅读的未来 ··· 008

　　第 3 节　数字阅读和阅读的数字化 ······································ 010

　　第 4 节　阅读的内容与形式 ·· 014

　　第 5 节　新媒体的发展 ·· 017

　　第 6 节　从纸书走向电子书 ·· 030

　访谈　数字阅读爱好者——陈茜 ··· 033

第 2 章　数字出版 ·· 037

　　第 1 节　电子书的产生与发展 ··· 037

　　第 2 节　电子书市场 ··· 039

　　第 3 节　数字出版 ·· 045

　访谈　出版行业专家——朱文秋 ··· 059

第 3 章　图书馆电子书服务 ··· 066

　　第 1 节　电子书元数据 ·· 068

第 2 节　电子书格式 ·· 077
第 3 节　数字版权管理 ·· 083
第 4 节　图书馆电子书服务研究 ··· 087

第 4 章　电子书阅读器 ·· 103

第 1 节　电子书阅读器的诞生和发展历史 ·· 104
第 2 节　Kindle 点燃了什么？ ·· 115
第 3 节　Kindle 中国的十年风云 ··· 118
第 4 节　从电子书到电子纸 ·· 122
第 5 节　数字阅读终端在图书馆的使用 ·· 125

第 5 章　图书馆电子书服务模式 ··· 131

第 1 节　"内容—平台—终端"服务模式 ·· 131
第 2 节　面向公共图书馆的大众类电子书服务调研 ································ 138
第 3 节　电子书服务著作权侵权案件的实证调研 ··································· 151
第 4 节　电子书服务著作权侵权案件的典型案例 ··································· 156
第 5 节　知识产权探讨 ·· 165

访谈　Overdrive 公司总裁——Steve Potash ·· 172

第 6 章　图书馆电子书服务平台 ··· 178

第 1 节　市民数字阅读推广计划 ··· 182
第 2 节　基于元数据整合的图书馆电子书阅读平台 ································ 189
第 3 节　基于开源软件的图书馆电子书平台构建 ··································· 201

访谈　专业图书馆员——黄崇甄 ·· 214

附录　电子书服务原则与最佳实践 ·· 223

图书馆电子书服务宣言：原则与最佳实践 ·· 224
ALA 公共图书馆电子书业务模式 ··· 229
IFLA 数字资源许可原则与图书馆电子书借阅原则 ································ 235

第 1 章

数字阅读

理解电子书,少不了要梳理数字阅读的大格局,考察阅读的未来。只有考察历史,才能够使我们更清晰地了解未来。以线性发展的思维来看,未来永远离不开历史的铺垫,因此说未来带上历史也是题中之义。人类考察未来的最有效方法是回到原点,以历史脉络来发现未来。这不仅仅是利用让历史照亮未来的笔法,而是除了自然界的一切,人类社会活动的未来都是由人类自身发明和创造的,是由千千万万个人的选择所造就的。因此,清晰把握人类自身的本质需求,把脉历史发展的踪迹,正是我们眼观未来之路的可用视角。

考察历史有许多方法。一是一条历史长河随着时间的滴答就这么走到头,你可以慢慢细数每个时间点上发生的故事。但是阅读的历史长河似乎河面太宽了,不仅不容易看清某一个时间点上发生的事情,而且在每一个点上都可能有不同的礁石与涡流,令人眼花缭乱。如果纯以时间线来描述的话会让大家有摸不着门道的感觉,所以我们就把阅读相关的一些内容当作几条线索,顺着这些线索分别叙述,就像一串挂面一样,条分缕析地晾晒一下阅读历史长河中发生的林林总总。

阅读的本质在于对人类信息内容传播的解读。本章通过考察人类信息传播的历史、方式以及书籍这一最重要阅读对象自身形态的变迁来把脉阅读的走向。

第 1 节　阅读的历史

要搞明白阅读的历史，首先要搞明白什么是阅读。关于"什么是阅读"众说纷纭，大体上有两种定义。一种定义是"阅读指对由视觉输入的语言文字符号的信息进行解码，获取作者原意想表达的信息"。这个可以称为狭义的阅读定义，因为只有阅读文字或主要是阅读文字类的内容才能算是阅读。另一种定义是"阅读指人们利用各种感觉器官（包括视觉、听觉、触觉）对输入的各种符号系统的信号进行解码的过程"。这种定义可以称为广义的阅读定义。

狭义的阅读比较好理解，无非是读文字类的内容。比如我们读书、看报、翻阅杂志等。当然对现代人来说，我们读的最多的是文件、简报、各式各样的印刷、打印或手书的以文字为主的大大小小、长长短短的物件。即使是在所谓狭义阅读的情境下，我们虽然是读的文字，但是我们读的是"满屏"的文字。我们已经是在各种各样、大大小小的屏幕上进行阅读，虽然见到的还是文字，但是介质与环境已经截然不同。而广义的阅读环境不仅包含了声、光、电，还包括触觉，就是说还包括了交互。

其实不管是广义阅读还是狭义阅读，其基点都是对人为创造出来的"各种符号系统的信号进行解码"。也就是说，阅读是用于人们之间进行交流的。那人类的交流文化到底经历了怎样的变化呢？

在公元前 1300 年的古埃及人看来，"阅读"就是"朗诵"。那些古埃及的书记员们通过吟诵口传的形式将故事传播，将历史传承。口头交流是人类最早的交流方式。后来人们发现除了面对面的交流，还需要间接的交流，需要一定距离的信息传送，因此在进化的过程中，我们从简单的图像符号逐渐进化到文字的诞生，然后出现越来越适合文字交流的载体，纸张、印刷术等等。

在人类历史长河发展迄今的这个阶段中，人们较正式甚至主要的交流方式、创造内容的方式是基于文字这样一个符号体系。在这个阶段，我们将对于文字内容的信号解读特指为"阅读"。这就是狭义阅读的概念来源。

但今天的世界远不止于此，我们每天接触的符号系统不仅有文本，还有图像、视频、声音等不一而足。不仅如此，产生这些信息的方法、承载的载体、传播的方式都和过去有天壤之别。拿今天人类最大的信息源万维网来说，有人预测视频信息将占整个万维网流量的 90%。

凯文·凯利就曾经提到人类的交流文化从最早的口头(Orality)文化到书面文字(Literacy)文化,现在已经发展到视觉(Visuality)文化阶段,这个就是我们要讨论的阅读的大历史背景。

在人类交流文化的变迁中,我们交流的内容和载体是考察交流文化的重要切入点,这些又是如何发展的?

人类口头交流文化的时代,人们之间的交流只有内容和受体,内容本身没有其他的载体。当然你也可以将专业的书记员看成活的载体,只不过这样的载体不仅生存年限很短,另一个问题是其承载的内容可复制性很差。因此,在口头交流文化时代,人类的文化传承就变得非常困难。

在语言没有落实于文字之前,人们的记录是通过结绳记事这样的方法,是直接以载体的形态来表现内容。结绳实际上就是人类表达信息的一种方式,是一种简单的信息交流。后来人类发明了文字,也慢慢出现了各种记录文字的载体,如石板、泥板、陶器、金属器皿等。陶器的出现大约是在公元前4300年,陶器上能看到的只是一些简单的符号,是早期的文字雏形。中国历史上甲骨文的出现,大约距今3500年,这时已形成简单的文字体系。

简策,是秦汉时代盛行的文字记录载体,也可以说是中国最早期的书籍形式之一。我们所用的不同的信息介质,对我们记录不同信息内容是有影响的。举例来说,老子的《道德经》只有5 000余字,《论语》只有10 000余字,都是运用简策记载的,其中还包括一些口传。而简策这种信息介质的自身特点,决定了其无法大量记录文字。

纸张的发明,不仅是人类文明历史中重要的一环,并且其影响延续至今,仍然连绵不绝。过去我们一直认为是蔡伦发明了造纸,那应该是公元后一百年的事。而最近的考古发现的一些纸是公元前一百年的,所以现在一般认为蔡伦是改良了造纸术。

随后是印刷术,大约7世纪,中国发明了雕版印刷。活字印刷术是宋代的毕昇发明的(约1040年),最早是泥活字,后来历代出现各种活字,包括胶泥木活字、陶活字、瓷活字、铜活字等。但不得不承认,中国的活字印刷术发明之后,并没有像西方的印刷术发明之后那样得到广泛应用,中国传统印刷的主力军还是雕版,活字印本较少。原因有两个:第一,中国人觉得活字印刷书籍不美观。第二,汉字由于体量过大,并不适合活字印刷。中国传统印刷的主力军还是雕版,活字印本很少。而篇幅较长、体制较大的著作如《永乐大典》《四库全书》还都是手抄的。

1450年左右，古登堡印刷术的发明，大大推动了欧洲文明的进程，对人类的现代文明也影响深远。古登堡印刷术可以称为人类现代文明的起点，欧洲的"启蒙运动"就是在其之后发生的。印刷术推动了知识的传播，采用古登堡印刷术的第一本书是《圣经》，它在当时促进了知识的平民化。

随着载体的变化，大批量复制的可能，内容的传播变得越来越工业化与专业化，由此也诞生了现代意义上的出版概念。现代的出版大体上可以归结为三个词：编辑、复制与发行。最早可称为"出版商"的大多本身就是印书商，当时出版的核心关键词是"复制"。而在现代的社会中，复制由专业的印刷商承担，出版商主要的职责变成产品策划、制作与销售，也就是"编辑"与"发行"才成为最重要的出版专业关键词。但是我们不能忘记的是，最初出版的本质意义在于更快更高效的传播。出版另一个很重要的基点就是知识产权的保护。

从古至今，内容载体的变化基本上延续着越来越小、越来越轻便、成本越来越低的规律。但载体的变化并不仅仅是载体本身的变化，不同的载体也深刻影响着内容的形态。在最早的石板、泥板、金属器皿以及龟甲之上，人们记录的信息可能也如今天的短信、微博一样，有着无可奈何的字数限制。在简策时代，春秋时代流传至今的伟大著作，大多是语录体文献。那个年代，鸿篇巨制的小说这样的文体是不存在的。在东亚，真正的小说诞生与流行是公元1000年以后的事了。这样的事在欧洲发生，则已经到了17世纪了。同样地，由于纸张与印刷术的大规模普及，东、西方都在16世纪诞生了报纸，从此有了大众传播媒介的概念。

人类的历史是一个不断进步的历程，人们之间交流的内容与载体一直在不断变化。过去无论是书还是报纸，以及后来的杂志等等，都属于我们现在所称的"平面媒体"的概念。然而在19世纪以后，随着技术的发展，人类真正进入了一个多媒体的时代。这也使得我们所传播的内容不仅仅是静态的文字与图画，而变得丰富多彩。我们传播的载体也不再仅仅是纸张或类纸的平面媒介。我们制作内容的工具与方法、制作的内容形态、承载的载体类型都在发生翻天覆地的变化，并且阅读与操作这些交流的内容都需要特别的工具。

19世纪30年代法国人达盖尔发明了银版摄影法，并取得专利。在他之前也有照相术，但他发明的利用水银蒸气对曝光的银盐涂面进行显影作用的方法大大改进了过去的摄影方法,所以一般认为他是现代照相术的奠基人。1877 年美国发明家爱迪生发明了留声机。19 世纪末电影诞生了。

1946 年第一台电子计算机在美国宣告诞生,它的名称叫 ENIAC。电子计算机的诞生标志着我们进入数字时代。

1960 年美国国防部国防前沿研究项目署出于冷战考虑创建的 ARPANET 引发了技术进步,其成为互联网发展的中心。1973 年 ARPANET 扩展成互联网,第一批接入的有英国和挪威。

1973 年,真正意义上的手机诞生。摩托罗拉公司的工程师马丁·库珀博士是公认的手机之父,他发明的手机有一个昵称,叫"砖头"。后来人们把它的后代称为"大哥大",中国人最早接触"大哥大"大概是 20 世纪 80 年代末 90 年代初的时候。

1981 年 IBM PC 诞生,虽然在此之前早已经有了个人计算机,包括苹果公司的产品。但一般认为 IBM PC 的诞生使得个人计算机得以普及。我们进入高速发展的数字信息时代,其标志就是个人计算机的普及。

1990 年万维网诞生,其奠基者是蒂姆·伯纳斯-李(Tim Berners-Lee)爵士。1993 年搜索引擎诞生,而谷歌公司的 PageRank 算法在 1996 年由斯坦福大学的两名学生发明,其后两名学生在 1998 年成立公司。

这一系列令人眼花缭乱的变化让我们体会到了技术的飞速发展。在这里引用罗伯特·达恩顿(《阅读的未来》作者,哈佛大学图书馆馆长)在《阅读的未来》书中的一段话:"从文字出现到手抄本,经历了 4300 年;从手抄本到活字印刷术,1150 年;从活字印刷术到互联网,524 年;从互联网到搜索引擎,17 年;从搜索引擎到谷歌的相关性排名算法,7 年;谁知道下一个即将出现或初露端倪的变革是什么呢?"

其实我们看到的不仅仅是速度,而且是内容与载体的巨大变化,从纸质到声音到视频媒介,以及目前一统天下的数字化工具、平台与传播渠道。例如,传统平面媒体的复制、发行与物流传递需要相当大的成本,而数字化的内容在当今网络环境下的复制与传播变得瞬间可达。我们见到的是翻天覆地的变化,而这种变化在几十年前看来都是难以想象的。

计算机时代带给人们很多便利,这使得我们交流与"阅读"信息内容的效率大大提高。而在万维网诞生之后,我们已经习惯于所有的内容都可以有无穷无尽的关联,在阅读的时候就不再是阅读一本书,而是在阅读几十、上百本甚至是无穷无尽的书。同时我们也逐渐习惯在一个网络的互动的空间相互交流,在这样的空间中,阅读也不再是偏安于一隅的孤寂活动,而是活力十足、火花碰撞的集体狂欢。我们可以评注,可以分享,可以讨论,甚至作者的创作,也会因为与读者的互动而得到不断调整与充实。阅读本身变成了作品创作环境的重要组成部分。即使作品本身,也不再是静态的,文字不再处于一旦落于纸面就难于更改的境地,作品本身不仅可以内引外联,同时也可以成为一个有机的生长体,不断地根据外部环境的变化而生长、变化。阅读本身,变成了一个可以不断生长的生命。

然而,新的时代一定会带来新的问题。在平面媒体时代,我们用肉眼就能在柔软的纸张上依赖反射光阅读印在其上的墨色印痕,无论是文字还是图像,一切都是那么自然、舒适。但我们的肉眼显然没有办法直接扫描数字媒介上频闪的电波。在数字化时代,阅读不仅关乎内容与载体,而且与操作或阅读的工具密切相关。在网络时代,载体甚至变得无形,载体可以是空中飘流的电波,但掌握的工具却是不可或缺的。那今天,我们到底用什么来进行阅读呢?

今天我们用来阅读的手段,其中很大部分如果用一个词来形容,那就是"屏幕化"(Screening)。在数字化时代,无论是广义阅读还是狭义阅读,我们所能感受到的最大变化趋势都是,我们被各种各样的屏幕所环绕。

除公众场合的显示屏以外,与我们生活相关的屏幕大致可以分为大、中、小三类。大屏即电视,我们主要拿它来看新闻、看电视剧、看电影以及其他各种娱乐节目。中屏则是电脑,用来处理工作场合相关的事宜,以及在家里用其浏览网页,和朋友们进行互动,进行各类创作活动。小屏就是手机,过去我们主要拿它来打电话,和别人进行音频的交流。随着智能手机的拥有比率不断提升,现在人们也越来越多地利用手机进行各类网络社交活动、娱乐活动或阅读。后来出现了第四屏的概念,那就是电子书阅读器或是平板电脑。

1998年,世界上第一台电子书阅读器诞生了(图1-1),从屏幕的大小与形态来说,它完全可以被称为第四屏。它的诞生也标志着狭义阅读(或者叫传统阅读)的数字化时代真正来临,从此我们有了电子书产业的概念。但可惜的是,无论从技术以及产业链环境的角度来说,它都算不上真正适合阅读的电子书阅读器。这台名为"火箭"的电子书阅读器并没有让电子书产业就此火箭般腾飞。

一直到2007年,在美国,电子书市场才被真正点燃爆发。其燃点就是亚马

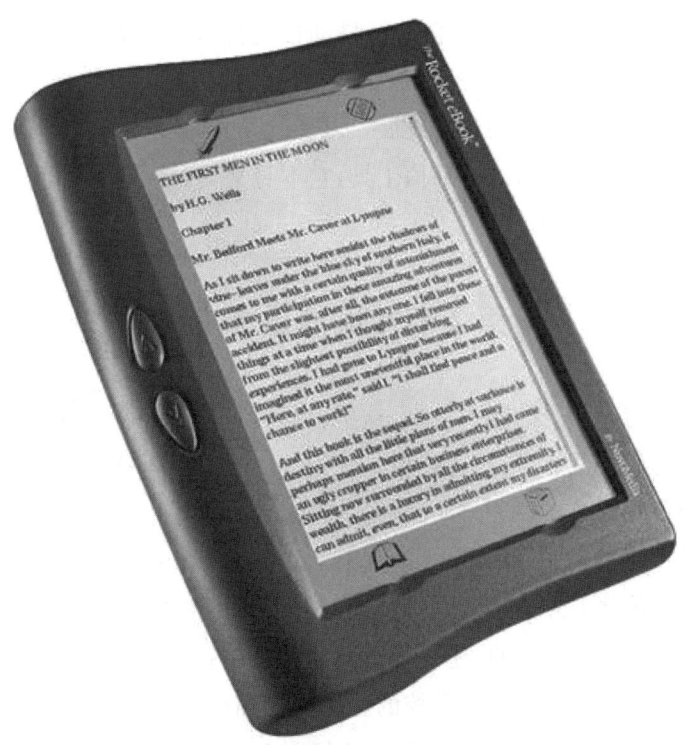

图 1-1 "火箭"电子书阅读器

逊(Amazon)公司推出的 Kindle 电子书阅读器。Kindle 有什么成功之道呢？除了亚马逊公司的电子书内容储备不说，它的电子书定价策略，它的免费 3G，你可以随时随地在 60 秒内下载一本书，这些特点都使得它成为一本有史以来真正独立的"电子书"。2011 年 5 月 19 日，亚马逊宣布 Kindle 电子书的销量已经全面超越纸书，这离亚马逊开始销售电子书的时间只有 4 年，而其销售纸书的历史却长达 15 年。

虽然在 Kindle 之前，也有技术上相当不错的电子书阅读器，但是它们却没有带来这个产业的繁荣。最大的问题是 Kindle 之前的阅读器仅仅是一个设备的"器"，不仅没有电子书内容产业链的支撑，就其应用模式来说，也往往是电脑设备的附件。电子书必须通过电脑才能下载，那怎么说都不算是一本独立的书，更不能称其为"电子的书"。

Kindle 的成功告诉我们，书是一定要捧在手上阅读的，不管它是"纸"的还是"电子"的。自传统阅读时代以来人们养成的习惯就是阅读必须是可以随身携带、随时阅读的，这就是所谓的非移动不阅读的规律。

阅读工具最重要的一点是它的可移动性与便携性。平板电脑后来抢走了Kindle的风头，但红火了一阵后仍然在移动阅读的战场上其也慢慢让位于智能手机。随着这些年手机智能化的发展，手机阅读的体验越来越好。不仅如此，手机作为我们每个人必不可缺的通信工具，它本身又具有一定的强制携带性，这使它在移动性上更具优势。

第2节　阅读的未来

人类感觉器官接受的输入信息，这些就是阅读的内容。这些内容除文字以外，还会有图画，甚至有声音、有影像。无论是文字、图画、声音、影像，都会有不同的组织与展现形式，这是内容的形式。阅读活动的另外一端是载体，因为不管我们接受什么样的信息，阅读的内容是什么，信息内容本身是无形的，它们一定是要存在于载体之上才能被我们所感知。有了不同的载体，就会对应不同的阅读方式。这些载体是固定的，还有些是可以移动的；有些是只能看不能摸的，还有些是可以随便指指点点随意掌控的。从内容到载体，从内容的形式到阅读的方式，这是我们考察阅读活动所需要关注的方方面面。综合来考察内容与载体、内容形式与阅读方式的发展变化，可以得出以下一些较明显的发展趋势。

一　屏幕化

我们现在是被各种各样的屏幕所环绕，无论是在家中，还是在办公室中。屏幕化的趋势也是由来已久了，过去有人总结说我们的日常生活是处在被大、中、小屏（即电视、电脑、手机）包围的世界里。现在出现了第四屏，那就是电子书阅读器或是平板电脑。目前的趋势是这些屏幕之间的界限也会越来越模糊。比如手机屏幕越来越大，平板电脑却越来越小。而这些屏幕会有哪些变化，未来能干什么也可能会大大超出我们的想象。

二　流动的内容

关于流动的内容，先介绍一个概念，那就是流式内容与版式内容的区别。我们先说版式，版式指的是内容的展现方式被事先定义固化了，甚至它的大小也是不能变化的。也因此，这些内容的展现的终端适应性、可选择性很差。例如，很多可以在电脑上阅读的 PDF 文档，放到手机上就没法读了。

所谓流式，指的是内容展现方式没有固化。可以根据不同的终端、不同的屏幕尺寸大小重新进行内容排版。流式排版的终端适应性比较好，在手机上可以阅读的大多数内容都属于流式排版的形式。

但是内容的流动性不仅仅是版式与流式的区别，因为我们过去谈论的版式与流式还是对同一内容的不同展示方式。即使是过去的万维网，仍然是由网页组成的。然而现在的内容展现却在发生变化，很多内容都以信息流的方式展示出来。比如社交媒体的时间线、即时通信工具的聊天记录等等，所有的内容都是不断流动的，从现在到过去不断流淌，没有明显的页面概念。2013 年美国《连线》杂志网络版有一篇文章提到了"世界信息流"（Worldstream）的概念，指出以空间为基础的网络将会逐步被以时间为基础的信息流所替代。其实每个人在网络或数字世界中每天都会留下许多信息，这些"人生信息流"（Lifestream）汇聚在一起就变成了"世界信息流"。我们未来面对的就是这样一种不断流动的信息流环境。

三 交互

过去阅读是单向的，我们只是被动地从纸质文献中获取信息，我们不能够选择、检索或让我们所阅读的内容根据我们的要求做出反应。简言之，我们只能看，而不能"操作"信息内容。而现在的情形则截然不同，"操作"内容的场景比比皆是。

以早期的一个明星电子书举例，那是美国前副总统戈尔所主导编撰的一个全媒体的作品 *Our Choice*（《我们的选择》）。2009 年它先出版的是纸书，2011 年它的 iPad 应用上市，获得当年的苹果设计大奖。在 *Our Choice* 这本电子书中，有大量的图片、音频、视频、地图以及信息图的展示，你可以用各种各样的交互方式与其进行互动，充分体现了信息尽在指掌之间的特性。

人机互动的方式也经历了一个变化的过程，过去我们用的主流交互手段是鼠标与键盘，现在变成了我们的手指，而未来可能就是手势与语音了，信息交互越来越变成一种全身的运动。

四 分享

欧洲自古登堡发明印刷术后几十年,才有了页码这个非常好的内容结构标识。如果在传统书籍上看到觉得很棒的内容,也会以这样的标识与朋友们分享。但是现在如果是在电子书阅读器或手机上的流式内容,就很难根据页码进行分享了。

在数字时代,分享的方式越来越多样化。在 Kindle 阅读应用中你会知道有多少用户和你一样对这段内容作了高亮。你也很容易将选定的内容进行分享,这个分享按钮几乎是我们在阅读时必不可少的实用工具了。当然你也可以在许多阅读客户端上直接看到其他用户的评论。在网络文学网站上我们还能直接与作者进行交互,等等。

有一个在 Youtube 上被广泛传播,点击数达 400 多万次的视频,讲的是一个一岁大的小女孩使用 iPad 和阅读杂志的事情。用惯了 iPad 的她觉得所有的书本都应该是可以触摸交互的,她把那些杂志当成一个个"坏掉"了的 iPad,她十分不理解这些杂志为何不能被点选、拖动。影片最后的字幕写道:"对我的一岁女儿来说,杂志是一台无法正常运作的 iPad,对于她往后的人生来说都将是如此。史蒂夫·乔布斯(Steve Jobs)编写了她一部分的'操作系统'。"

人类历史上,有过与阅读相关的种种变化,内容与内容的形式、载体与获取的方式等等。但对处于某一个发展阶段的人们来说,这些都是与人们有生以来的记忆相关,正如在出生时及往后的教育过程被编码的大脑"操作系统"一样。一旦"操作系统"被编码之后,人们的行为模式与爱好会在一定程度上被固化。他们会执着于纸张、墨香,或是会执着于 iPad。

因此,如果想在阅读的未来道路上走得更顺畅,需要重新编码大脑的"操作系统",至少像微软一样,努力将不合时宜的漏洞时时删除,然后重启一下。

第 3 节 数字阅读和阅读的数字化

数字阅读已经成为一种常态,因其依赖的数字信息环境尤其是因特网迅猛发展,数字阅读终端以及阅读的方式变幻无穷,甚至阅读本身的外延也在不断扩张。究竟如何去把握人类阅读的未来,如何考量与之相关的数字出版产业的发展,又如何定位图书馆在人类阅读未来中的角色与使命,这些都值得我们去探讨和思考。

什么是数字阅读和阅读的数字化?我们或许可以这么看,数字阅读指的是阅读数字的内容,关注在内容层面。而阅读的数字化则是关乎阅读的方式,关注在阅读的物质与技术层面。

在传统阅读中,我们说读书,那指的就是读书。老师也从来不会对学生们说"请你拿起那个由几十或几百张纸装订成的书,然后读上面的文字内容"等等。"读书"这两个字说的就是内容与介质相互依存、不可分离的时代。并且这个时代真的有些长,乃至于现在"读书"这两个字都变得有些神圣,读书变成了通过文字、图像等学习、求知的代名词。我们从来不问你在读什么,用什么读,虽然这可能意味着你在成长的过程中走上南辕北辙的道路。

在当今这个时代,应该说阅读很大程度被数字化了。这意味着我们平时大量用非纸张之类传统媒介在接收与解码信息。就阅读的数字化来说,它远远要比传统阅读复杂。用电脑、平板、电子书阅读器来阅读,当然,在这个移动为王的时代,用得最多的可能还是手机。采用所有的这些手段,最后还是要落脚到在看什么内容。说到数字阅读的内容层面,它和传统阅读有什么区别呢?我们千万不要小看数字化的手段对内容的影响,介质、技术等外在形式一定会深刻影响到内容的生产与形式,并且这样的变化要远远超过我们的想象。人类的历史不断地在证实这样的发展规律。

再以 *Our Choice* 为例,*Our Choice* 讲的是人类的发展如何应对目前的环境问题。它既有传统纸书形式的内容,也有视频,也富含多媒体及互动内容。*Our Choice* 被称为增强型电子书(Enhanced Ebook),它有丰富的多媒体,包括图片、地图、音频、视频以及交互式内容等。但是我们如果以数字化世界的理念和视角去看它的话,又觉得不过尔尔。因为它完全是以书的观念来做屏幕上的内容,没有办法自动升级或扩充;此外,它的开放性也不够,既不能重用外部内容,也不能向其他内容开放。这样的内容,看起来还是在传统内容的框架中拼贴了很多数字化的装饰,这并不是阅读的数字化以后所带来的真正数字阅读的内容。

即使在纸质载体上,图像也与文字一向如影随形。我们从来不敢说阅读只看文字,而忽视图像的部分。阅读的狭义定义环境下,文字与图像都是我们需要关注与解读的符号系统,这一点就连最保守的阅读卫道士们都不会反对。那么,我们再进一步,在现在的光电环境下,文字的内容它可以用声音的形式表达,静态的图像可以一幅幅接续起来,变成一秒 24 幅,那不就是标准的电影了吗?那么这些声音与动态的影像的信号解读,是不是也就是狭义阅读的升级,而成就了广义阅读了呢?当然,广义阅读更多,包括触觉,不仅有交互,还可以模拟现实的场景,等等。

阅读早已跨越了纸张的时代,而走向了数字的天地。如果仅就人类接受文字信息总量所使用的媒介之比来算,手持数字化的阅读设备,不管是手机、平板、专用阅读器或其他什么,都会带来更多的色彩、更多的互动可能性等等。

那数字世界的内容应该是什么样的?什么才是真正的数字阅读呢?如果你去问专家的话,可能会得到如下的回答:阅读,说到底是知识的传播与交流,是思想的碰撞。在这个时代,我们再也不需要过去传统图书生产的那种长周期。传播与交流再也不是单向的,作者写读者看的时代也许已经过去。知识的产生与获取在相当程度上人工智能化了,至少知识单元是可以明确标注管理,是可以有大量关联数据,是可以有宏大的本体支撑,传播手段也是植入式的,后穿戴式,以及云。我们似乎离数字阅读的彼岸还很远,即使天天拿着数字设备。

《科学美国人》(*Scientific American*)2013 年登的一篇文章,名为:"大脑在数字时代如何阅读:纸张与屏幕背后的科学"(The Reading Brain in the Digital Age: The Science of Paper versus Screens)。此文一开始引用了当年 Youtube 上那个传播甚广的视频:"杂志是坏了的 iPad"。作者指出,即使就这个视频来说,也不见得能说明大家所关注的角度是正确的,因为对婴儿来说,他们就是用肢体,包括手指来和万物接触的,"Babies touch everything"。不管是 iPad、杂志、报纸或是其他。而 iPad 有反应,期刊或其他纸质载体没有反应,只是他们在认知过程中不断学习的内容,绝不能说明他们以后会抛弃纸质载体等。实际上,几年后,这位女孩的父亲在网上说,他的女儿后来非常喜爱阅读,并且也是传统纸书的重度爱好者。

这引出了一个重要的话题:技术究竟如何影响了我们的阅读方式?此文的作者在随后的讨论中引用了一系列的研究成果来加以论述。在这些专业讨论内容中,作者开始先提到,在 1992 年之前的大量研究表明,人们在屏幕上的阅读速度、理解力等都大大弱于在纸上阅读的表现。而在 20 世纪 90 年代以后的研究结果则不是这样了,慢慢地呈现差不多的情况,虽然总体上而言还是纸质占先的状况。

第 1 章　数字阅读

如果将人类也当作一个电脑看待，那人脑就是我们的"操作系统"，并且它作为一个技术器件，也是会不断进步的。只是，人脑这样的器件实在是太过复杂，所以它进步的速度在某些方面可以说很快，在某些方面可以说很慢。在数字技术的年代中，如果说作为信息发送端的技术日新月异，而作为信息接收端的人脑有些时候就没有办法进化得那么快。简单地说，就是人脑的操作系统更新换代没有那么容易，因为我们现在的人脑操作系统主要是为文字信息的接收而编制的。

作者在随后的讨论中分三个章节，分别是"浏览文本的环境""全面深度的阅读"以及"阅读态度的调整"。"浏览文本的环境"一开始就是讨论文本阅读的由来，其次是讨论纸质载体与数字载体各自对文本阅读的物理特性与适用性。"全面深度的阅读"则是比较两者的优劣，我们究竟在纸质载体还是数字载体上的阅读能获得更多？包括理解与记忆等。而"阅读态度的调整"则是描述了一些关于人们阅读偏好的调研结论，他们更愿意在纸上读什么，更愿意在屏幕上如何去做，等等。即深阅读，或浅阅读。所有这些讨论主题，作者都引用了大量的调研与实验结论。

这里先解释人脑操作系统。人类是不断进化的，我们的视觉能力也是，接受信息的能力也是。一开始只会看色彩、大小、物理的对象等；后来会用符号作标记，会一些抽象思维，有语言；然后有文字，有文本；然后有纸张，有印刷，有了长文本的广泛传播。在这个过程中，人类的大脑也不断进化，不断重构我们的操作系统。

今天人类大脑的操作系统就非常适用文本的环境，对文字信息的理解能力，甚至是对书的物理形态的适应性。比如，相当一部分重度书籍爱好者痴迷于书的触感、墨香等。不得不说，人类目前通用的大脑操作系统基本上还停留在这一以抽象文本解码的版本之中。即使是初生的小孩，他们天然地具有形象思维，天然地具有比绝大多数成年人有更好的视觉解析力，我们还是通过不断地"教育"，通过不断地定制固化他们的操作系统，甚至是删除或者简化他们大脑操作系统的部分功能，使他们能够适应这个以文字信息解析为主的时代。因为解析文字是那么重要，读书是那么重要，在中文的语境中，从小到大成长为"成人"的学习过程就是"读书"。而至少到今天，"读书"是没有疑义的概念，那就是对文本的浏览，文字信息的解析，不管这个"书"是物理的，还是数字的。我们不会把读社交媒体的信息叫作"读书"，我们也不会把看短视频叫作"读书"，更不会把使用交互内容、玩游戏等叫作"读书"。可是，我们如果将这个"读书"扩展成为"阅读"呢？

几十年前，如果你问大家，什么是"阅读"？那无非是"读书"加上"读报刊"等等。可是，今天你如何回答这个问题呢？科学地说，"阅读"是将接收到的信息进行解码，过去我们所说的"阅读"是指解码来源于纸质媒介的信息。可是，今天你会将在数字媒体上出现的所有内容接收也称为"阅读"吗？或者叫"数字阅读"？很多人确实是以这样的概念来做区分的，美其名为"数字阅读"与"传统阅读"。可是这两者是一回事么？在所谓的"传统阅读"中，我们是以书的形态为代表，以线性的文字信息解码为主的，它是单一的符号体系，单维度的、线性的信息空间。而"数字阅读"呢？它所面对的信息环境与"传统阅读"是一样的吗？在数字媒体的信息环境中，信息不再是单一的符号体系，它也不是单维度，也不仅仅是线性的，它是多媒体，相互关联，可以多维度重构，也可以交互，实时变化的。

这篇文章引用了大量调研与实验结果，对"传统阅读"与"数字阅读"进行了比较，只是这些调研与实验也设定了一个前提，那就是用户对纸质载体与数字载体承载文本型内容的接受差异。数字载体的能力其实远不止于此，这样的比较就如同要求数字介质只拿出单手与纸质介质全身进行比拼。

即便如此，这些调研与实验基本上有一个共识，那就是在这两种介质上，人们对文本信息的解析接受能力并没有很大的显著差异。当然各有各的长处，比如数字介质中直射光对人们眼睛的压力，多媒体环境对接受者注意力的分散，等等。在长文本的阅读中，纸质介质占有优势。

第4节　阅读的内容与形式

内容的层次升级以及传播方式的改变，都在影响着图书馆电子书服务的内容变化。随着增强型电子书的发展，书的内容逐渐开始运用多媒体手段来呈现。

DIKW模型是关于数据、信息、知识及智慧的体系（图1-2）。这个金字塔层的体系图中包含四个层次，分别是数据（Data）、信息（Information）、知识（Knowledge）、智慧（Wisdom），四者之间相互关联又存在本质的区别。实际上，每一层都可以理解为是对下一层进行的整理、集合与总结，但这只是一个单纯量变的过程。除了考虑量变过程，还需要从质变的角度去考虑几个词语之间的意义与差异。

数据，又称原始数据（Raw Data），强调其原始性。比如物体的颜色，红

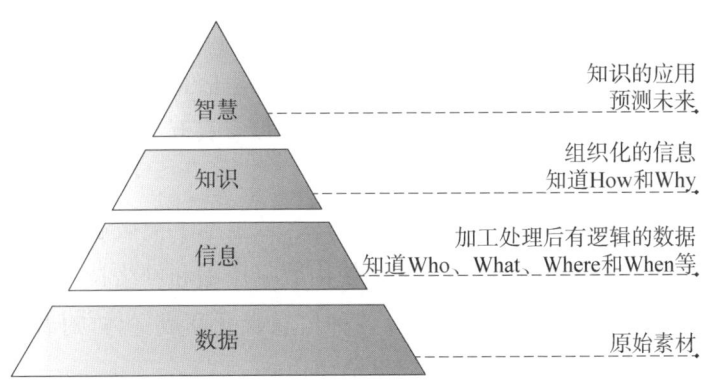

图 1-2　DIKW 体系

色、黄色、黑色,是直截了当进行描述。又比如在体重秤上称体重,显示的数值,就是数据。值得注意的是,体重秤相对于其显示的数值,就是一个元数据(Metadata)。数据加上元数据就具有了一定程度上的意义(Meaning),因此,数据加元数据就构成了信息,信息都是具有一定意义的。数据按照一定的逻辑结构(Structure)排列,也会具有信息的概念。因此,当数据具有了意义和一定的逻辑结构后,就会升华为信息。

信息如何升华为知识呢?信息加之一些逻辑推理和模式化内容,就变成了我们所指的知识。比如假设 A 和 B 存在,就一定会推出 C,这其中就包含一种规律性。知识分为两种,分别为显性知识与隐性知识。显性知识是指已经展现在纸面上的知识,隐性知识就是没有在纸面上呈现出来的东西。人脑中的隐性知识有相当一部分就是智慧。智慧可理解为一种解决问题的能力、创新能力,价值观也可以归类在智慧范畴内,或者可以理解成为一种比智慧更高的形式。

那么什么是内容?广义来讲,除了智慧,剩余的已经显性化的数据、信息、知识都可以称为内容。狭义来讲,有明确意义的、有体系的信息集合称为内容。

从信息发展历史过程可以看出,内容的传播方式,正在从单一文字媒体时代向多媒体时代发展,从模拟时代向数字化时代发展,从传统传播模式向网络传播模式发展。

目前,使用范围最广泛的内容传播模式是网络传播模式,相比传统传播模式,它既有继承也有超越。网络传播在吸收和借鉴传统传播模式的基础上,通过搜索、操作、编辑、存储、交换等信息传播活动,借助文字、图像、音频、动画等多种信息传播方式,实现信息的传递、交流和利用。

与传统传播模式相比,网络传播的最大特点是信息传播的双向乃至多向的互动性,网络传播中信息的传播者和接受者可以意义互换;或者说,在网络传播中不存在固定的传播者的概念。

网络传播作为一种全新的现代传播方式,从根本上突破了任何一种传统媒介的局限。网络传播利用多媒体技术,使用数字压缩和网络技术将广播、电视、电话、传真、电子出版、计算机通信等各种信息媒介联成一体,对音声、影像、文字、数据等进行一元化高速处理并提供给用户。

大众传播(Mass Communication)是内容发展的一个重要阶段。有人认为,大众传播的媒介包括书籍、期刊、报纸、电视、网络等。但实际上,书籍的传播方式与信息普及率,并没有想象中的那么大众化。因此,很多书籍并不具有大众传播性。实际上,真正的大众传播并没有很强的指向性与使用性。报纸的出现催生了大众传播的出现,随着大众传播媒介的发展,期刊、电台、电视台、网络相继出现。

因此,大众传播是一种信息传播方式,是特定社会集团利用报纸、杂志、书籍、广播、电影、电视等大众传媒向社会大多数成员传送消息、知识的过程。1945年11月在伦敦发表的《联合国教育、科学及文化组织组织法》中首先使用了"大众传播"这个概念。这一定义仅指传播的单向过程,并不包括反馈。随着大众媒介的发展,大众传播逐渐发展为双向过程。

从图书馆角度出发,有人提出了这样一种观点:"有了大众传播媒介后,图书馆在信息传播渠道上,逐渐不再占有优势。"大量的内容传播并不发生在图书馆,因为书籍只是一种小众传播,大众传播主要负责重要信息的传播,而书籍所传播的内容更多的是经过提炼后的一种知识体系。因此,大众信息与书籍传播的信息相比而言,前者传播范围更加广泛。在美国,图书馆实际上被认为是民主权利的保障。图书馆存在的目的就是为了保证所有人公平获得信息的权利与渠道,为人民民主权利做了重要保障。

古代欧洲,人们经常聚集于一个公共空间,以聚会、讨论的方式进行信息交流。这就说明,在大众传播前时代,人与人之间的交流是平等的。然而,到前网络时代时,信息的传播被垄断了,逐渐发展成为统治阶层的一种工具,一定程度上也意味着直接民主时代的衰亡。

因特网,又称国际互联网。它最早是由美国国防部为支持国防研究项目而在 1960 年建立的一个实验网。1983 年,因特网已开始从实验型向实用型转变。凡是接入因特网的用户,无论在世界任何地方、任何时刻,都可以从网站上获取所需的信息和服务。人们利用因特网获取了大量信息,因特网已深入到人们工作和生活的各个角落。

从直接民主的角度上看,前大众传播时代,直接民主是有保障的。在大众传播时代到来后,直接民主被扼杀了。现如今,因特网时代的到来,对大众传播产生什么样的影响呢?实际上,因特网时代促进了信息公平与直接民主的回归。

事物通常具有两面性。因特网是一个信息相对分散与民主的区域,在促进直接民主回归的同时,相比传统大众媒介,它更能主导人的思维方式。

第 5 节　新媒体的发展

"新媒体"一词诞生于几十年前,对于这个名词的起源国内外众说纷纭。在国内的学术界,较多引用这一说法:"'新媒体'一词最早见于 1967 年美国哥伦比亚广播电视网(CBS)技术研究所所长、NTSC 电视制式的发明者彼得·戈德马克(Peter Goldmark)发表的一份关于开发电子录像(electronic video recording, EVR)商品的计划书。"以及"1969 年,美国传播政策总统特别委员会主席尤金·罗斯托(Eugene Rostow)在向尼克松总统提交的报告书中也多处提到'新媒体'这一概念"。[①] 学者们认为,从此以后,"新媒体"一词开始流行起来。但 20 世纪 60 年代所提出的"新媒体"概念,与今天的"新媒体"概念还是有着相当大的不同,其内涵与外延都有相当大的区别。那么今天的"新媒体"到底是什么含义呢?

新媒体是一个被广泛应用的名词,但很多人在使用这个名词的时候,并没有意识到这是一个新的概念(虽然它被冠以"新"这个前缀),而只是当它是一个现象名词,是我们随意称呼一个新事物的指代名称。包括最早使用这个名词的一些人在内,亦是如此。也就是说,可能创造了这个名词的人也并没有给它一个明确的定义。新媒体就如同一个老事物经过时代或技术更替,而产生新的形态(包括内涵与外延)后我们约定俗成的一个称呼而已,有时我们并没有特别在意要明

---

① 蒋宏,徐剑. 新媒体导论[M]. 上海:上海交通大学出版社,2006:14.

确这个"新"到底意味着什么。又或者这个"新"随着时代的变迁又不断产生新的变化,我们所谓的"新"也许就是"变化"而已。

随着媒体理论界对这一概念进行学术上的探讨与研究,这一状况才有所改变。因为学术探究的前提是对探讨与研究的对象有明确的界定,即使这一对象作为一个社会现象在不断变化,或者作为物理对象其状态在不断迁移,我们也必须对其内在本质与变化规律进行明确界定。"新媒体"名词的起源之说众说纷纭,其中"新"这个字也说明其作为现象型名称的特征,作为一个学术性的名词有其先天不足之处,对"新媒体"概念的理解也很难在学界达成完全的一致。但是,"新媒体"作为一个横跨诸多学术领域的社会热点,作为一个现象性的概念还是能够在今天的学界形成一定的共识。因此,我们先来看看关于这个概念有哪些主要的共识。

首先我们来看维基百科的定义,维基百科认为:"新媒体指的是原生于计算机,利用计算机技术生产与传播的媒体。包括网站,移动应用,虚拟世界应用,多媒体,计算机游戏,人机界面,计算机动画以及人机交互应用都可以被视为是新媒体。"

维基百科作为一个开放的由公众来编辑的百科全书类型的词典网站,其本身是一个非常典型的新媒体代表。这不仅仅是因为它作为一个网站,是建立在计算机技术之上,是通过计算机与网络技术来进行内容生产、编辑修订与传播的,更是因为这一网站的开放性以及互动性特点。维基百科网站上的许多概念定义本身也是在不断变化之中。例如,2017年年中查询此词条定义时,维基百科对新媒体的定义是:"新媒体指的就是因特网,而使用因特网使得人们大量减少了花在如电视、广播与印刷媒体上的时间。因特网可以通过各种电子设备来访问,通常包含交互式用户反馈和创意参与。新媒体的常见例子包括网络报纸,博客,维基,视频游戏和社交媒体等网站。新媒体的最重要特征就是其对话特性,其交互性。"

在维基百科上关于新媒体概念的前后两种定义似乎有着较大的差别。我们介绍的最新定义强调了新媒体是立足于计算机技术的媒体,而后一种即较早前的定义则直截了当认为新媒体就是网络媒体。但仔细考察这两种定义,会发现它们在内涵本质上有着很高的一致性,只是在概念外延上有些差异。前一种对于新媒体的定义强调了原生于计算机技术的特点,实际上一切利用计算机技术制作与传播的媒体皆在此列,无疑使用因特网的媒体也被包含其中。因此,前后两种定义在内涵本质上是一致的,但寄生于因特网上的新媒体只是利用计算机技术生成的新媒体中的一部分,有很多的新媒体是可以脱离因特网而独立存在的,比如大量的线下多媒体与互动游戏类产品等等。所以说,宽泛地用基于计算机技术这一特征来定义新媒体,其外延范围要远远大于直接定义为基于因特网的新媒体。大概也是出于这一原因,维基百科上这一词条的定义被改为现在这样更简洁、外延更丰富的描述。当然,维基百科网站的词条定义并不是那么随意,其往往具有严肃的学术成果来源。比如,维基百科目前的"新媒体"词条的定义就来自这两部学术著作:《新媒体读本》(*The New Media Reader*)、《学习工具的设计:方法论视角》(*Designing Learning Tools: Methodological Insights*)[1][2]。

  如果将维基百科关于新媒体的定义归纳总结一下,那就是新媒体的两个基本特征。一是寄生于计算机技术,或称为数字技术;二是存在于因特网环境中,虽说后一个特征并不能完全囊括所有的新媒体的外延,但确实绝大多数的新媒体是具有网络传播能力的,或者说相当多的新媒体是只能在线生存,从而不具有离线意义。随着数字技术的发展以及网络生态的演变,越来越多的新媒体具有交互特性。互动交互以及大众化、社群化的内容生态是当今因特网新媒体的主流特征。这一特点也是在早先的维基百科"新媒体"词条的定义中强调的。因此,数字技术、网络传播、交互特性是新媒体的主要特征。

  除维基百科之外,我们再来看看业界的其他研究成果。首先我们要介绍的是尼古拉斯·盖恩(Nicholas Gane)和戴维·比尔(David Beer)《新媒介·关键概念》(*New Media — The Key Concepts*)一书,书中认为新媒体与旧媒体的最重要区别就是数字技术,而旧媒体采用的都是模拟技术。新媒体的第二个特征是其在合适的通信协议支持下,它们互相之间具有连接能力。这个特征通俗地来说,就是现代的网络传播特性。这使其可以在较低成本下跨越巨大的地理空间。[3] 在罗伯特·洛根(Robert Logan,下称洛根)所著的《理解新媒体》

---

[1] WARDRIP-FRUIN N, MONTFORT N. The New Media Reader [M]. Cambridge: MIT Press, 2003.
[2] LEINONEN T. Designing Learning Tools: Methodological Insights [M]. Finland: Aalto University School of Art and Design, 2010:73-74.
[3] GAIN N, BEER D. New media: The key concept [M]. Oxford: Berg Publishers, 2008:6-8.

(Understanding New Media)一书中,他将新媒体定义为:"新媒体一般而言是指那些具有交互性,内置了双向交流能力,使用了一定的计算机技术的数字媒体。"①洛根的著作是在马歇尔·麦克卢汉(Marshall McLuhan,下文称麦克卢汉)著名的媒介理论基础上对新媒体的理论做了很好的总结,我们在后文中将对麦克卢汉影响深远的理论做一个介绍。

国内学者在对国内外这一领域相关研究成果的整理总结方面有很多论述。例如中国人民大学的匡文波在《"新媒体"概念辨析》一文中对各方新媒体的定义做了详细的比对分析,最后得出自己的结论,认为"数字化""互动性"是新媒体的根本特性。②宫承波在其主编的《新媒体概论》一书中将新媒体主要视为一个技术性概念,但其对新媒体所依托技术的描述不光只是数字技术,还包括互联网技术、移动通信技术等。③国内的许多其他学者也对"新媒体"这一热词有着自己的定义与理解,包括清华大学的熊澄宇,上海交通大学的蒋宏、徐剑,等等,这些学者对这一概念的界定往往更具有思辨性、系统性和逻辑性,我们将在后文中再进行详细阐述。总体而言,虽然对新媒体概念的定义在语言用词上有不同的差异,在角度认识上有一定的区别,但大家对其基本内涵、基本特征有一些明确的共识,而这些共识与我们从维基百科的"新媒体"一词的定义中所总结出来的几个关键词是一致的,那就是:数字技术、网络传播与交互特性。

在进一步探讨新媒体概念的辨析与发展之前,我们有必要对媒体理论中与新媒体相关的内容做一些介绍,这样有助于我们对新媒体概念与相关理论的发展有更完整清晰的认识。

在20世纪,如果要说起对媒体理论发展有巨大贡献与影响,并且引起很大争议的学者,那首要的是我们在前文中已经提及的,来自加拿大的麦克卢汉。20世纪60年代,麦克卢汉发表了他最重要的著作《理解媒介:论人的延伸》(Understanding Media: The extensions of man),从而奠定了其在媒体理论领域不同凡响的地位。

简单来说,麦克卢汉在其媒体理论中主要包括这些内容:一是媒介即信息的

---

① LOGAN R K. Understanding New Media: Extending Marshall McLuhan [M]. New York: Peter Lang Publishing, Inc., 2016:5.
② 匡文波."新媒体"概念辨析[J].国际新闻界,2008(6):66—69.
③ 宫承波.新媒体概论[M].5版.北京:中国广播影视出版社,2016:2—8.

理念；二是认为媒介是人的延伸；三是关于热媒介与冷媒介的分类；四是有关地球村的概念；等等。麦克卢汉的理论中也有许多为人所诟病之处，有其不严谨与不科学之处，尤其是在冷热媒介的分类方面；其次是有些概念在今天已经成为事实，成为现实中的共识，我们没有必要再对其进行赘述，比如地球村的概念，所以我们在下文中就其理论观念做解析时，主要介绍麦克卢汉媒体理论的前两条。

在麦克卢汉1964年的著作《理解媒介：论人的延伸》一书中，其第一章的标题就是他影响最为深远的理念：媒介即信息（The Medium is the Message）。从人类历史发展的过程来看，在信息交流中我们采用过各种各样的媒介，从最早的结绳、石块、瓦片、竹简、布帛，到后来的纸张，工业革命后的磁介质、电子设备、无线通信以及现在的计算机与网络，等等，我们将这些媒介视作信息交流的工具或平台，将其与使用这些工具或平台的信息内容分开对待，这是我们传统意义上的理解。但麦克卢汉提出的这一至今仍被绝大多数人视为惊艳的理念认为，这些媒介本身就是信息，这是因为我们平素认为的一种媒介上的"内容"本身就是另一种"媒介"。关于如何理解这一概念，他进一步举例解释说："比如我们拿书写当成一种媒介形态的话，其内容就是我们的语言，但书写这个媒介本身是打印或印刷这一媒介的内容，而打印的文字又是电报的内容。如果我们再倒过来问，将语言作为媒介的话，它的内容是什么？语言这一媒介的内容就是我们人类的思维，而思维本身并不是语言化的。"[①]

麦克卢汉的媒介即信息理论告诉我们的是媒介本身才是真正的信息。没有语言我们无从知晓思维的结果——思想，没有书写我们没有办法非实时的沟通思想，而没有印刷我们也没有办法广泛的传播思想。人类有了某种媒介才可能从事与之相应的传播或其他社会活动，因此媒介的性质决定着内容的形态，传播内容的价值受益于也受制于媒介的水准高度，媒介的发展带来的可能性和对社会发展的推动力远远超过寄生于媒介之上的内容。麦克卢汉的理念其实也是一种技术决定论，从另一个角度解释了技术对于人类社会发展的作用。他说："火车铁轨本身并没有将运输、将车轮、将道路这些概念这些所谓内容带入人类社会，它也可以看成只是一种媒介，但火车铁轨实实在在地加速与扩张了人们的迁

[①] MCLUHAN M, Understanding Media: The extensions of man [M]. London: Routledge Press, 2001.

移能力,从而创造了几乎全新的城市形态,也带来新型的工作与娱乐方式。"①

麦克卢汉著作《理解媒介:论人的延伸》书名中的副标题就点出了我们所要介绍的他的媒体理论的第二条,即他认为媒介是人的延伸。他在本书介绍引言的一开始,就简明扼要地提及了自己认为媒介是人的延伸理论的概念,他提到:"在机械化时代,我们实现了自身在空间中的延伸。如今,在经历了一个多世纪的电子技术的发展之后,我们已在全球范围延伸了我们的中枢神经系统,在我们的星球范围取消了时空。目前我们正在很快地接近人的延伸的最后阶段——意识的技术模拟阶段,在这个阶段,知识的创造性过程将被集体地、共同地延伸至整个人类社会,如同我们已通过各种媒介延伸了我们的感官和神经一样。"②

对媒介是人的延伸这一理念我们再做一番剖析介绍。媒介技术使人的延伸分为三个阶段:在第一阶段,人们是利用机械技术在空间中延伸。依赖机械技术的发展,我们每个人可以快速地在空间中游走,也可以通过机械工具的帮助,极大地放大我们所能占据与延展的空间,放大我们在空间中的力量。在第二阶段,人们是利用电子技术在空间与时间两个维度上延伸,我们利用电子技术可以实时地与处于不同空间与时间区域的地球各个角落的人们进行交流,正如电话、电报、广播、电视所能做到的。麦克卢汉将这一延伸称为"人的中枢神经的延伸"。在第三阶段,麦克卢汉把它描绘成意识的技术模拟阶段,是各种感官与神经网络的延伸,我们可以依此来共同创造知识。当时的麦克卢汉也并不知道这一阶段能用怎样的技术达成目标,实际上这就是人与人的互连互通,是比空间与时间更高维度的延伸,是真实世界与虚拟世界的联结。依今天的现实来看,这不就是当今的互联网、社交网络、虚拟现实、人工智能所能做的,正在快速发展的现实媒介环境吗? 50多年前,麦克卢汉以其惊人的思辨与洞察力提出这样的理论观念,怎不令人叹为观止。

麦克卢汉媒体理论中的另外一条是他对冷热媒介的有趣分类。所谓热媒介就是指那些具有"高解析度"(High Definition)的媒介,从技术上来理解"高解析度"也可以将其看成高清晰度,数据容量更多的媒介。反过来,冷媒介就是指那

---

① MCLUHAN M, Understanding Media: The extensions of man [M]. London: Routledge Press, 2001.
② MCLUHAN M, Understanding Media: The extensions of man [M]. London: Routledge Press, 2001.

些具有"低解析度"(Low Definition)的媒介,它们与热媒介相比,在技术上可以理解为清晰度更低,提供的信息含量更少。热媒介与冷媒介并不是由媒介性质来决定的,而往往是由其技术形态来决定的,比如同样是音频交流方式,广播可以算作是热媒介,电话是冷媒介。相对电影这一热媒介来说,电视可以看作冷媒介。而照片作为热媒介,漫画则是冷媒介等等。[①] 由于冷热媒介传递信息的明确清晰程度不同,信息量有差异,因此对于信息受众来说,热媒介无须动用更多的感官和思维活动就能理解,而冷媒介由于提供给做受众的信息模糊、不充分,需要受众予以补充、联想,受众参与其中的程度反而更高。

麦克卢汉媒体理论中提到的"地球村"的概念其实和媒介是人的延伸概念相关联,正是媒介技术的发展,使得我们打破了时空的限制,使得人与人的距离越来越近,整个世界变成一个"地球村",任何国家和社会都是村庄的一部分。"地球村"的概念在今天已然成为现实,但是50多年前麦克卢汉就提出这样的概念,还是使人非常佩服他的预言能力的。

麦克卢汉的媒体理论,尤其是"媒介即信息"的理念,以前所未有的视角与理念对媒介技术在人类社会发展中的地位和作用进行了高度概括。因此,他的理论在当时引起轰动,产生了很大的社会影响,他随后的个别著作也成为现象性的畅销著作,本人成为受媒体关注的名人。但随着时间的推移,人们逐渐对其理论与观念提出质疑。人们认为其几乎所有的理论与观念都来自其洞察与分析能力,科学性不足,客观性存疑,也没有什么实证研究。其媒介即信息的理论属于典型的技术决定论,将媒介技术视为社会发展和变革的唯一决定因素,而忽略了其他复杂社会因素的作用。在媒介的传播作用中,忽略了人的主体性与主观能动性,同时忽视媒介的具体内容意义。在其理论观念中,有些概念与分类过于牵强,也没有多大意义,如对冷热媒介的划分等等。

然而,随着20世纪80年代至90年代计算机技术的大规模应用与因特网的普及,人们又一次认识到麦克卢汉媒体理论的超前准确预言性与深刻洞察性,他的媒介理论也再一次成为传播学界讨论的重头戏,深深地影响着这一领域理论与实践的发展。在20世纪60年代,麦克卢汉在提出其理论时并没有提及新媒体这一概念,但其理论却直击新媒体这一概念的实质,新媒体的发展正是在媒介

---

① MCLUHAN M. Understanding Media: The extensions of man [M]. London: Routledge Press, 2001.

技术的发展这一内涵前提下发展起来的，而新媒体的蓬勃发展也成为麦克卢汉媒介即信息这一理念的深刻印证。所以了解与学习麦克卢汉的媒体理论也非常有助于我们了解新媒体的本质内涵与发展规律，为利用新媒体做好服务有着很好的指导意义。

  回过头来看，麦克卢汉在其媒体理论的描述中虽然没有明确使用"新媒体"这个名词，但其对媒介理论的深刻认识可以说是准确把握了我们所描述的"新媒体"这一概念的实质，他的理论也契合了目前技术发展模式与维度上的变化。麦克卢汉的分析总结与其媒体理论源自对当时电视、对计算技术的重视，也可以说是其对当时新媒体的高度重视，对新媒体实质内涵的把控是非常突出的。

  介绍完麦克卢汉的媒体理论，我们来进一步讨论新媒体概念。讨论"新媒体"的概念，可以将其拆分为两个部分，一是"新"，一是"媒体"。其中"新"是冠词，而"媒体"才是其实质内容。通过学习麦克卢汉的媒体理论，我们理解这个作为实质内容的"媒体"其实就是"媒介"，主要讨论作为媒体内容制作传播的技术手段与工具，是指不同的技术形态与特征，因此"新媒体"一词大家公认有数字技术、网络传播与交互特性等几个关键词。

  那么新媒体的"新"意味着什么呢？今天公认的新媒体，万维网可以说是他们最重要的显性因子，因为其融媒体、计算机技术与网络通信于一体。以这个新媒体特性来看，这个"新"可以说起源于1993年10月13日第一个Web浏览器Mosaic的诞生，因为其意味着万维网进入真正实用阶段，开启了大众传播搭乘网络技术这一快车的通路，这一进程从20世纪90年代一直延续到新世纪的今天。

  如果我们将时间再往前推，20世纪80年代的新媒体之"新"源起80年代初个人电脑的兴起。同样的回溯后，我们可以看到电视的诞生、无线电广播的传播、报纸的大规模发行等，这些新的媒介形态相对于其以前的媒体来说，就是所谓"新"的媒体。而这些新媒体有一些是在物理形态上的变化，比如从纸张到磁介质；有一些是技术上的改变，比如从模拟介质到数字化介质；还有就是传播规模、传播方式的变化，比如从无线电广播到数字化网络；等等。同时这些"新"媒体的产生与变化相对于其前一代的"旧"媒体而言往往不是物理形态、技术模式、传播方式等某个维度上的变化，而是多个维度同时在变化发展之中。并且随着技术、社会环境的发展变化，其变化的维度叠加越来越多，速度越来越快，未来还会产生新的多维世界,产生我们过去所没有认识到的新形态的新媒体。例如,今天的增强现实(Augmented Reality,AR)与虚拟现实(Virtual Reality,VR)就难于以传统的维度来把握其媒体形态上的维度属性。

也有一些学者在关于新媒体概念的描述定义中,清晰地界定了这个"新"的含义,清华大学的熊澄宇教授用三句话定义过对新媒体的理解:(1)新媒体是一个相对的概念。广播相对报纸来说是新媒体,电视相对广播来说是新媒体,网络相对电视来说是新媒体。(2)新媒体是一个时间的概念。在一定时间段内,总有一种占主导地位的媒体形态。200年前的报纸、100年前的广播、50年前的电视和今天的计算机网络代表着不同时代的新媒体形态。(3)新媒体是一个发展的概念。它不会也不可能终止在某一固定的媒体形态上,新媒体将一直并永远处于发展的过程中。① 中国传媒大学教授宫承波在其主编的《新媒体概论》中也提到新媒体有着"新"与"技术"两个维度的概念。以"新"而言,新媒体是一个时间性概念。所谓新媒体,是在与旧媒体的对照中产生的一个相对的、时间性的、历史性的概念。随着时间的推移,今天的新媒体也会成为届时的新媒体,也一样会被更新的新媒体所取代。应该说,在关于新媒体之"新"的认识上,大家的认识是大体一致的,可以认为这是学界的共识。其次,宫承波认为新媒体除了"新"之外,它还是一个技术性概念,"当下的新媒体指的是依托数字技术、互联网技术、移动通信技术等新兴科技而产生的向受众提供信息服务的一系列新的工具或手段……"实际上,宫承波也是将"新媒体"这一概念拆分为"新"与"媒体"两个部分来进行定义的。其中"媒体"部分的重点即媒介、工具或手段,是其背后所依赖的各种新技术。有意思的是,在技术这个层面,宫承波将新媒体分为"新兴媒体"与"新型媒体"两个类型。"新兴媒体"指的是依托全新的传播技术,改变了传播的形态,强调体验与互动,内容的生产也是日趋分散和个性化,简而言之就是新技术、广传播、互动性、自媒体等。例如,目前依赖于计算机技术并且进行网络化传播的大量新媒体都属于这种类型。而"新型媒体"则是指在传统媒体的基础上依托新技术衍生而来的,其传播形态并未发生根本性改变,但是传播的信息质量获得提高,传播的范围也更广,等等。例如,户外新媒体、楼宇电视与车载移动电视等。② 宫承波在技术维度上对新媒体的划分其实有一定借鉴意义,虽然说这样

---

① 熊澄宇.对新媒体未来的思考[J].现代传播,2011(12):126—127.
② 宫承波.新媒体概论[M].5版.北京:中国广播影视出版社,2016:3.

的分类并没有做到严格区分，在学术上的严谨性有所欠缺。这一划分缺陷与麦克卢汉媒体理论中的冷热媒介有一定的相似性。但同时，两者也具有同样的优点与借鉴价值。麦克卢汉提出冷热媒介的观念是想让我们认识到不同的媒介技术与系统会带来不同的传播效果、不同的受众感受，从而使我们重视如何更好地认识媒介的性质与性能，更大程度地提升媒介的选择效率与利用效能。但是随着技术的发展，冷媒介与热媒介是可以相互转化的、传统的冷媒介由于技术的提升而转变成新一代的热媒介。"新兴媒体"与"新型媒体"之说亦是如此，两者之间是可以相互转换、迭代升级的。随着新兴技术的不断变化升级，一些传统媒介形态在新的技术环境条件下摇身一变成为最新的"新兴媒体"。例如，移动通信时代的智能电话就是一个冷媒介在新的技术环境下的热度提升。你也可以将其理解为"新兴媒体"借壳传统媒体的华丽转身的经典案例。

将新媒体横向地切分为"新"与"媒体"两个部分来加以阐述是一种较为平面的认识方法。以内涵与外延来进行定义的模式则可以说是将新媒体视作一个完整的整体，以纵向的形式来对新媒体进行界定。上海交通大学的蒋宏与徐剑在《新媒体导论》一书中就以这样的方式对新媒体进行了定义。他们认为，就内涵而言，新媒体是指20世纪后期在世界科学技术发生巨大进步的背景下，在社会信息传播领域出现的，建立在数字技术基础上的，能使传播信息大大扩展、传播速度大大加快、传播方式大大丰富，与传统媒体迥然相异的新型媒体。就外延而言，新媒体包括了光纤电缆通信网、有线电视网、图文电视、电子计算机通信网、大型电脑数据库通信系统、卫星直播电视系统、互联网、手机短信、多媒体信息的互动平台、多媒体技术广播网等。

我们还可以将对新媒体的考察放置于其所处的整个社会与技术环境中加以考察，罗列出与其相关的各个领域，分析它们之间的关系，这就犹如采用一种更为立体的方式对其进行界定。有一些专业著作正是采用这样的方法，从新媒体所涉及的不同领域、不同框架模型等方面来对其做进一步的探讨。

例如，泰穆·莱诺宁（Teemu Leinonen）在其《学习工具的设计：方法论视角》（Designing Learning Tools: Methodological Insights）[1]一书中认为新媒体

---

[1] LEINONEN T. Designing Learning Tools: Methodological Insights[M]. Helsinki: Aalto University, 2010: 73-74.

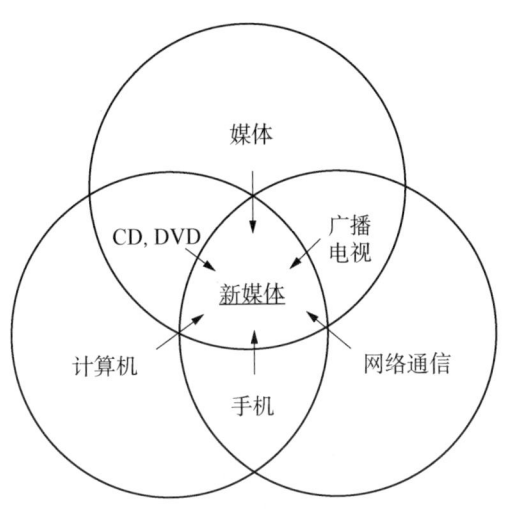

图 1-3　新媒体及其相关领域

这一概念与三个领域相关。首先,毋庸置疑,新媒体来自媒体领域。其次,新媒体之"新"脱不开信息技术的发展,也就是说它与计算机这个领域有脱不开的关系。第三,新媒体所依赖的网络通信这一传播平台也是其最重要的相关领域之一。从图 1-3 可以看出,这三个领域其实两两相关也产生了一些新的媒介工具。媒体与网络通信结合,就有了广播电视。媒体与计算机技术相结合,就有了数字化的 CD 与 DVD。而计算机与网络通信两大领域的结合,就有了手机这样一种新兴的媒介工具。而这三大领域的碰撞结合,所有这些新兴的媒介工具,其交界的核心概念就是新媒体。新媒体正是融汇了这些领域之长,产生了比传统媒体丰富得多的工具与能力。新媒体集聚众域之能所产生的能力促使我们这个社会产生了巨大的变化,也使一些充分利用新媒体之能力的商业公司大获成功,如腾讯、阿里巴巴、新浪、百度等。同时新媒体的丰富多样性与个性化服务能力,也给相当多的政府组织、社会化公益服务机构如图博档领域的建设服务带来更多的可能性、更多的发展机遇等等。

对新媒体概念考察的另一个维度是挖掘这一概念的关键词与主要特性等,这犹如在使用了平面、立体的考察手段之后再用显微镜来深入探究这一概念的内涵。虽然前面提到了新媒体的主要关键词,但那些关键词更多地是从宏观特性来看待新媒体概念,接下来我们要看的是学者们如何从微观层面来界定新媒体概念。

在对新媒体的微观特征的总结方面,美国新媒体研究学者列夫·曼诺维奇

(Lev Manovich)在其著作《新媒体的语言》(*The Language of New Media*)一书中所总结的五条新媒体基本准则很有影响,被引率很高。曼诺维奇所述的新媒体五条基本准则分别是:(1)数值化表示或数字化。这一原则指的是新媒体的内容都是经过模数转化,可以用当今的数字技术来表达的,是"可编程"的内容。(2)模块化。模块化指的是新媒体的内容往往是一个数字对象集合,其内部具有模块化的结构特征。(3)自动化。第三条原则是建立在第一、二条原则之上的,指的是可以用数字来表达,结构模块化的新媒体可以用计算机来制作,操控及访问控制一样可以用计算机来做,有时是不需要人工干预的,这就是自动化的含义。(4)可变性。新媒体与传统旧媒体不同,由于其数字化的内容(原则一)、模块化的结构(原则二),使得它在被创建之后仍可以根据需要进行不同组合,产生各种不同的服务与表达方式,而这些不同的组合版本很多情况下并不需要人工干预,而是由计算机自动生成(原则三)。(5)转码。曼诺维奇所使用的转码原文是"transcoding",但这个转码指的并不是与可变性类似的从一种表现组合转化成另一种表现组合,甚至也不是指从一种语言翻译成另一种语言,一种形态转换成另一种表现形态,而是指"文化转码"(cultural transcoding),是人类文化与数字文化之间的转码。①

曼诺维奇认为,由数字技术支撑的新媒体在表现层面上是人类可以理解接受的媒体形式,如小说、百科全书、照片、电影等,这可以看作人类文化层面。而在数字技术的底层来说,在计算机内部则是数据,是由数字化的表达加上相关的操作运算而形成的层面,包括各种进程和数据包(如通过网络传输的数据包)、分类和匹配、函数和变量、计算机语言和数据结构等。这一层可以看成计算机层。因此,新媒体一般可以认为是由"文化层"和"计算机层"两个不同的层面构成的。在这样的世界中,人类的文化表达被翻译成了电脑化的表达方式,文化意义上的概念与范畴,语言的表达被"转码"成了计算机的本体与算法逻辑等等。因此,"计算机层"会深刻影响甚至是决定"文化层"的表达方式,这和麦克卢汉的媒介决定论的观念逻辑是完全一致的。

曼诺维奇的新媒体五准则是从新媒体的数字化这一基本属性出发,深刻地总结了新媒体的基本原理与主要特征,同时也契合了麦克卢汉的媒体理论基本理念。同样,洛根,传播学媒介环境学派第二代主将,也在其所著的《理解新媒

---

① MANOVICH L. The language of new media [M]. Cambridge: MIT press, 2001: 27-48.

体》中提到了新媒体的15个特征,有一些与曼诺维奇所提的基于新媒体内部特征的概念重合,但其包括更多的外延表现特征,例如文化的整合、通信的特性、设置的聚合、用户与生产者的转换、从产品转向服务的概念等。[①] 无论是曼诺维奇的新媒体五准则还是洛根的15个新媒体特征,都帮助我们用放大镜细致地重新考量了新媒体这一概念的内涵与表征。

最后,让我们回顾一下麦克卢汉的媒体交流理论。麦克卢汉认为人类的交流沟通经历了三个时代:一是口头交流的时代;二是文字文化沟通的时代;三是电子化的时代。这三个时代也是对应于媒体发展、媒介进化的时代。而洛根将其扩展为五个时代,他认为这些时代分别是:

(1) 非语言时代(也就是仅仅依靠符号媒介进行视觉交流的时代);

(2) 口头语言时代;

(3) 文字交流的时代;

(4) 电子化的大众媒体时代;

(5) 数字化的交互媒体时代(也就是我们现在所称的新媒体时代)。

洛根的五阶段论确实要比麦克卢汉的人类交流阶段论更为完整,这是由于麦克卢汉所处的时代并没有达到我们今天所称的新媒体时代。处于那个年代的麦克卢汉提出的媒体理论今天还深深地影响着我们。我们对新媒体的认识考察剖析无论是平面还是立体,无论是内涵还是外延,无论是微观还是宏观,对其本质的认识还是可以说是从麦克卢汉提出的媒体理论出发的。

我们进入了人类文化交流的新媒体时代,这个时代对于图书馆事业意味着什么?我们的社会定位与历史使命是否会因此而有些变化?我们的服务内容、服务方式、业务流程是否因此而有很大的改变?作为从业人员,我们的职业技能要在哪些方面有所提升?应该说,新媒体一定会在方方面面对图书馆事业有巨大的影响,这些影响有些将要发生,有些已然到来,我们也看到了许许多多的实在的现实变化。新时代的新媒体本质在于数字技术,在于技术上的变化,显然它对图书馆的资源选择与保存、资源的组织与管理、资源的服务与推广等整个业务

---

① LOGAN, R. Understanding New Media: Extending Marshall McLuhan [M]. New York: Peter Lang Publishing, Inc., 2016: 5.

流程的方方面面都会有很大影响。

第 6 节　从纸书走向电子书

相对于印本图书来说，电子书是指获有授权的电子文档，一般来说内容可以被检索，并且它可以被视作与印刷图书很相似。很多情况下，对电子书的利用依赖于专门的设备，或者是专门的阅读器及阅读软件。作为电子书，它需要具备几个关键词：数字媒体，相对于印刷书籍而言，需要在个人电脑或其他专用设备上阅读。

美国出版界著名的数据统计网站 BookStats 将书籍大致分为图 1-4 所示的几种类型。

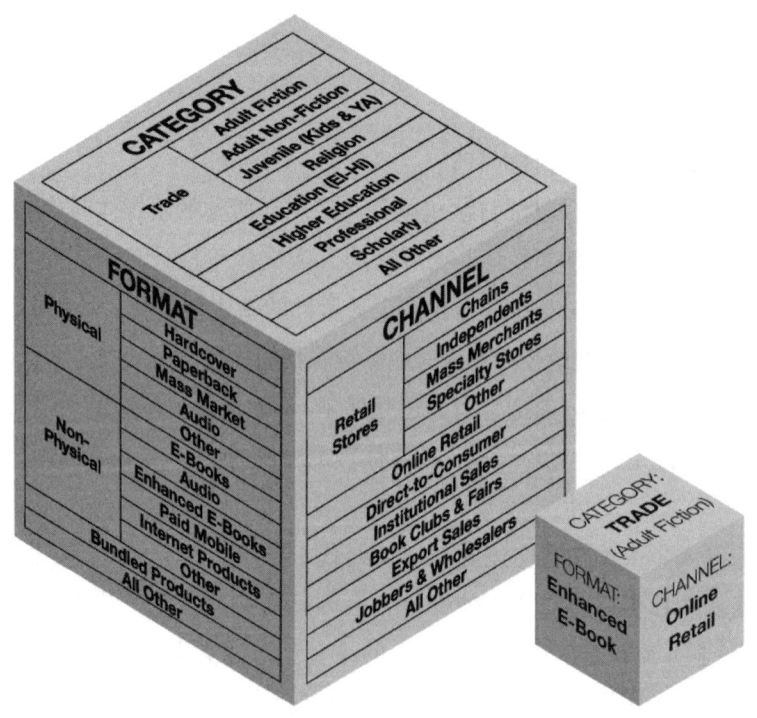

图 1-4　BookStats 书籍分类

BookStats 是按照格式、专业类别以及销售渠道等三个方面对图书的种类进行分类的。按照纸书与电子书的分类区别，这里我们更关心的是按图书格式分类的概念。因此，我们将此图的格式这一方面做成表格（表 1-1），以便大家更清晰地了解这些分类概念。

表 1-1　书的形式分类

Physical	Hardcover
	Paperback
	Mass Market
	Audio
	Other
Non-Physical	E-Book
	Audio
	Enhanced E-Book
	Paid Mobile
	Internet Products
	Other
Bundled Products	All Other

表格中，Physical 代表一种模拟的内容，指物化的、实体存在的东西。其中 Hardcover 指精装书，Paperback 指平装书，Mass Market 指面向大众市场的书籍，Audio 通常指光盘类音频内容。

Non-Physical 代表以数字形态存在的书。其中 E-Book 为电子书；Audio 为有声书；Enhanced E-Book 为增强型电子书；Paid Mobile 为移动支付，通常指 APP；Internet Products 为互联网产品。

Bundled Products 指一些混合型产品，比如一些数字产品、物理产品都包含其中。

从书的表现形式上看，纸质书电子版其实就是书籍电子化的过程，目前，纸质书的生产过程已基本实现数字化。原生电子书是完全脱离纸质的，只是一个原生的电子文档，出版社先出电子版或只出电子版的电子书。增强型电子书，可以是将纸质书转换成电子书后，加上多媒体、声音、互动、游戏等内容，也可以是原生就是多媒体为主的内容。

书的增强型表现形式，还能够称为书吗？在人类历史上，我们常常以过去的概念来表达新的事物。在数字阅读的时代，我们仍然以"电子书"来称呼相当一部分阅读内容，这样的称呼合适吗？如果书的概念与"一堆纸，两张不同的纸以及一些完整的内容"捆绑的话，未来即使那些内容依然如故，我们还会称它们为

"书"吗?

  传统概念中,书必须具有一定的体量。Kindle 推出 Kindle Singles 书籍类别,即长度在一万字到三万字的电子书。但是这些字数长度可以称为书吗?书籍实际上不单单是两张纸那么简单,还包括书号、出版日期等。而电子书在仅仅保留内容的前提下,其他形态都已发生改变,这种情况下还能称之为书吗?与其称之为书,不如按照内容或体裁将这些文字定义出一个概念,这种概念可能比"书"这种单一概念更为复杂且丰富。

访谈

数字阅读爱好者——陈茜

陈茜,数字阅读爱好者。业余从事科幻文学写作,作品曾获星云奖中篇银奖、最佳新人奖。出版有短篇小说集《记忆之囚》、少儿科幻长篇《海底巴士》。目前在图书馆从事各类纸质文献修复工作。

(访谈时间:2019 年 2 月 13 日)

提问:您是什么时候开始读电子书的?当时用的是什么工具?读的是什么内容?对于当时的感受还有记忆吗?

陈茜:我记得大概是在中学刚刚上网时,2000 年左右,用老式的台式电脑连接电话线拨号上网,然后上一个叫"黄金书屋"的网站。这个网站内容很杂,中国古典文学、现代文学、翻译小说,以及刚刚开始有的萌芽阶段的网络小说都有。我基本上将这个网站的内容全看完了。

当时的阅读感受特别震撼。因为 2000 年左右,一位普通少年能接触到的实体书店,或者是中学的校图书馆,图书资源都是很有限的,所以就处于拿到什么就看什么的状态。而在这个网站上,第一次感受到电子书近于无限的选择余地。并且这也就是 2000 年左右的文学内容网站,现在要让我上一个类似的网站,如果要将网站的内容全看完,大概也是不可能完成的任务了。

提问:您现在是读纸书多还是电子书多?有了读电子书的习惯之后,您的总

阅读量是提升了还是下降了？

陈茜：我现在看书，基本上百分之九十的时间是在看电子书，实在找不到电子书才会看纸书。总的阅读量一定是明显比光看纸书的年代增加很多。我基本是用手机看书，并且任何三五分钟的碎片时间都能拿来看书。

提问：您一般喜欢什么内容的电子书？您更喜欢在数字设备上阅读哪些内容形式，又有哪些内容您更愿意在纸上阅读？可以按人文社科、科学技术、教育类等大类来谈一下您的阅读体会，或者是文学类的经典小说、侦探小说、科幻或恐怖小说、当代小说、时事新闻、论文、工具书、漫画，等等。

陈茜：一般是看虚拟的小说类、社科人文类、历史、科普等。只要是没有大量图表和引注形式的读物，我都更愿意在数字设备上看。换一个角度来说，电子书的阅读还是更适合于大众类的读物，有大量图表和引注形式的读物多半是专业著作。如果是用于学习的教材之类，我还是喜欢纸质的，比较方便前后翻页。

看漫画我也喜欢纸质的书，手机屏的大小对于漫画的版面分布就有很大的影响，它只适合看固定大小的四格漫画，而对有节奏变化、有不同区格大小的漫画就没法展示阅读了。我想这也可以看作是版式与流式的差异，大开本的纸质书适合那些有丰富版式变化形式的内容，这些版式和内容的相互关联、节奏的变化都有关系。而手机或者小开本的电子书阅读器则不适于展现这些版式，而只适合看简单流式内容。

其次，形式也反过来会影响内容的表达。比如那些传统的小说，要是放在手机上看，文字的堆叠会有密密麻麻的感觉，很压抑。但网络小说大多是一两句一段，则就适合于在小型电子设备上阅读。

提问：您现在是用哪些设备读电子书？如果是用多类多种设备的话，它们之间的使用排序以及应用场景方面有什么区别？是否会跨终端阅读同一本书？平均每天会花费多少时间使用数字设备读书？

陈茜：现在百分之九十的情况下在用手机APP。我有一个Kindle阅读器，但使用场景也就是出差啦，在长途火车上之类，此外很少拿出来用。跨终端阅读同一内容的情况基本没碰上过。每天阅读电子书内容平均2～3小时吧。

提问：您会花钱购买电子书吗？每年在电子书上的花费是多少？和购买纸

书相比呢？

陈茜：会花钱。我买了亚马逊的年卡，另外可能每年花三五百元购买电子书。虽然纸书看得少，但花钱还是多一些，可能在两三千元。

提问：您获得电子图书的渠道有哪些？是通过阅读 APP，例如"多看"，还是类似 Kindle 的电子书阅读器商城？或通过移动这样的互联网运营商？还是大型商场的网站，例如京东或天猫？在这些平台中，是直接购买电子书，还是以包年/月的方式订阅电子书？

陈茜：基本是在看阅读 APP，常用的有网易蜗牛、多看、阅读星等。直接买和包年都会选择。

提问：过去的一年中，您听过有声书吗？多不多？

陈茜：我没听过有声书，觉得和阅读相比，听书效率太低了。

提问：最后我们聊聊电子书的定义与阅读的概念。从文字到图像到音频、视频，甚至交互内容，电子书的内容边界到底在哪里？您认为什么样的内容或媒体形式才能算得上是电子书？另外，到底什么是阅读？什么样的媒体与内容形式的信息接收才能称为数字阅读？

陈茜：我还是从小看纸书长大的，可能观念比较老派。个人觉得主要由文字或图片组成的，有一定主题，也有一定信息量的，就可以称为一本书了。非纸质媒介的都能算电子书吧？

另外，我认为阅读就是通过文字或静态图像来接受信息，只要在非纸质媒介上阅读，我感觉都可以算数字阅读。

提问：您希望图书馆提供什么样的数字阅读服务？从内容到技术到服务等各方面有哪些期待？

陈茜：现在图书馆的电子书服务给我的主要感受还是内容太少，虽然现在出的新热门书能有一些电子版，但旧书就没有电子版本，哪怕有电子版也是早期的图片扫描版本，看起来非常不方便。

服务方面，我希望能用大数据进行个性化阅读推荐。比如相同主题的书目自动能整理出来，各种版本的差异能提供对比之类的。

提问：作为一位科幻小说作者，您认为阅读的未来会发生哪些变化？

陈茜：阅读的本质是用眼睛来接受解析信息，未来如果信息能直接向大脑传送，而不用通过眼睛、耳朵这些传统的接收器官的话，我们称为"阅读"的这个行为还有吗？阅读还有未来吗？

第 2 章

数字出版

第 1 节 电子书的产生与发展

纸的发明，推动了书籍的诞生。中国宋代的活字印刷术以及 1450 年左右西方古登堡印刷术的发明，都促进了书籍的进一步发展。

联合国教科文组织对书的定义是：凡由出版社出版的不包括封面和封底在内 49 页以上的印刷品，具有特定的书名和著者名，编有国际标准书号，有定价并取得版权保护的出版物称为图书。根据定义可以看出，书最重要的是要有封面封底，要有 49 页以上，要有作者，有出版社，有书号。没有涉及内容。说到底"书"的概念是一种形态名称，是和纸张、印刷以及传统出版紧密关联的一个事物。

那什么是"电子书"呢？电子书是数字出版的最早形态之一，并且一直占据着重要的市场地位。按照维基百科的定义，电子书是"a book-length publication in digital form"，怎么理解 book-length？也就是说要 49 页？该定义也提到，电子书能够在电脑以及其他电子设备阅读等等。那么，传统纸书上 49 页的内容，如果在手机屏幕上阅读，也许每一页都要等于两三页了，而假设在电脑上阅读，也许只有十几页。其实在流式阅读为主的显示屏上，常常根本就没有页码的概念。

《信息服务和使用：图书馆和信息提供者用计量学和统计学数据字典》(ANSI/NISO Z39.7-2013)对电子书(E-Books)的定义是：授权或未被授权的数

字文档，一般来说内容可以被检索，并且可以被视作与印刷图书（专著）很相似。很多情况下，电子书的使用依赖于专门的设备，或者是专门的阅读器和阅读软件。由定义可以看出，将纸书上的内容放入电子设备中，就可以称之为电子书。那么在其中加入图片还能称之为电子书吗？加入视频呢？如果完全用视频填充内容，加上字幕描述，还能够称之为电子书吗？有人认为无论是图书或是电子书，需要一种"封装式"的限制，总是有一种形式将内容限定在内，而不是毫无底线地将任何内容都称为书或电子书。

在人类历史上，新的事物出现后，由于人们的认识局限以及习惯的缘由，常常会以旧时的概念指代新的事物，比如"电子书"这类。按照前面的分析，"书"更多是一种与纸张捆绑的形态概念，"电子书"至少在形态上已经与"书"的形态没有什么关系。也有人称，电子书只是传统纸书的数字化形式，与其他内容无关，牛津版网络词典就是如此定义电子书的。但是，在传统纸"书"或者说传统出版日渐式微的背景下，传统出版人会同意这样的定义吗？

在技术发展推动下，数字出版和自出版内容形式更加丰富，形态也多种多样。由于电子书在内容形态和技术上与传统纸书相差太大，我们很难用"图书数字化"这一概念来简单概括电子书，因此业界就形成了各种各样不同的区分维度，众说纷纭。本书不再引经据典讨论这一概念定义内涵外延的争论，而是直接依据业内较有代表性的程三国的电子书1.0、2.0、3.0的区分方法来讨论。[①]

> **电子书 1.0、2.0、3.0**
>
> 百道网的创始人程三国先生在十多年前提出，电子书可以分为 1.0、2.0、3.0 等三种形态。他说，电子书 1.0 即传统印刷图书对应的电子版；电子书 2.0 是指从生产到发布都是数字化的电子读物，也就是原生的电子书；电子书 3.0 不仅包含文字、图表等数字化资源，还集成了声音、视频、动画等多媒体数字资源，也叫作增强型电子书（Enhanced E-book）。

目前常见的电子书平台上通常包含了多种形式的数字资源。电子书 1.0 指的是纸书的电子版，纸书电子版其实就是书籍电子化的过程，目前，纸书的生产

---

① 程三国，马学海. 把握电子书产业的发展步伐[J]. 出版科学，2012，20(2)：10—14.

过程已基本实现数字化,如亚马逊上出售的电子书;电子书2.0指的是原生电子版,原生电子书是完全脱离纸张的,只是一个原生的电子文档,出版社先出电子版或只出电子版的电子书,盛大文学是这种原生电子书的典型代表;电子书3.0指的是添加多媒体及互动内容的数字化产品,其实就是将纸书转换成电子书后,加上多媒体、声音、互动、游戏等内容,即增强型电子书,也是网络世界中在电脑上的几乎所有多媒体应用的通用形式。

应该说,程三国先生所提出的分类方法在分类逻辑上存在一定的问题,因为他提到的1.0、2.0、3.0的区分与进化不是基于一个统一的分类维度来区分的,而是综合了电子书内容类型的不同与产业视角的逻辑。但是程先生的区分方法仍然是业界较为大家所接受的分类方法,因为这是至今为止较为全面以及简洁的对电子书行业现状的准确认识,对业界的发展以及类似图书馆这样的下游服务机构也有很大的帮助。依照这个分类逻辑,图书馆的电子书服务以电子书1.0、2.0为主,而3.0电子书在传统图书馆的服务中往往是作为单个的数据库或多媒体产品进行服务,往往也没有将其作为图书馆的电子书服务主流类型。

第2节 电子书市场

电子书市场至今经历了从概念、产业发展初期到现在的高速发展等三个阶段。让我们先看一下最具代表性的美国电子书市场的发展。

1998年全世界第一台电子书阅读器火箭电子书(Rocket eBook)诞生,它也是电子书产业诞生的一个标志。同期国内外的电子书服务商开始销售电子书,并主要针对图书馆及机构进行服务。这时国内外的图书馆电子书服务开始起步,但服务内容比较受限,偏专业化,服务模式较单一。这是电子书产业与图书馆电子书服务的发展初期阶段。

2007年底,美国亚马逊公司推出Kindle电子书阅读器,标志着电子书产业真正开始面向广大消费者,进入高速发展期。2011年5月,销售电子书才4年不到的亚马逊公司宣布,其电子书的销售已全面超越纸书,这是电子书行业趋向成熟的标志性事件。国内的图书馆从2008、2009年起开始出借电子书阅读器,电子书的服务也从专业资源走向大众阅读,在图书馆服务中所占比重越来越大。

在 2009 年,德国的《书业报道》杂志做了一项对世界各地出版人的调查。结果 50% 以上的人认为,到 2018 年数字化出版将超越传统的图书。因此,第 40 期的《第一财经周刊》以此为主题在这期杂志上做了一个封面报道(图 2-1)。

图 2-1　2009 年第 40 期《第一财经周刊》封面

那么自那时起,是否电子图书正如大家所预测的那样一路前行,并将在 2018 年站上胜利的巅峰呢?我们先来看看这个产业发展最好的美国市场的数据。

美国出版行业近年来的收入数据,数据来源有三方,美国出版商协会(Association of American Publishers,简称 AAP)、BookStats 公司和国际数字出版论坛(International Digital Publishing Forum,简称 IDPF)。

年度数据以及行业概况数据主要来自 AAP 以及 BookStats 公司。AAP 代表着一批美国领先的书籍、期刊和教育出版商,该组织致力于出版行业法律和政策方面的事务,倡导出版创造性表达、专业内容和学习方面的成果。BookStats 公司由 AAP 与图书行业研究小组织(Book Industry Study Group,简称 BISG)共同出资创办,专注于制作出版行业年度报告,但这一合作仅持续到 2014 年,并在 2011—2013 年 3 年间推出过合作出版的年度报告。

AAP 独立推出的"StatShot"报告,每月生成一次,基于参与出版商(大约 1 200 名参与者/月)的实际数据。它获取的是主要行业部门、类别和模式的收入,不仅包括数据,还有与前一年的时间段相比较的变化。每年年底的统计数据涵盖了 12 个月,本质上是该行业全年的初步概况。

AAP 同时还与 BISG 共同创办了 BookStats 公司,合作制作全年报告,即对行业、类别、格式和销售渠道的更全面的行业估计。为了确定估计数,BookStats 结合了来自参与出版商和其他来源的数据,包括对整个行业规模的经济分析和估计(外推)。该调查的特点是净收入和单位数量,以及对商业小说、非小说、青少年和宗教类别的更细致的调查,并对出版商的销售渠道进行了分析。BookStats 在销售渠道上的数据反映的是出版商如何将图书带入市场,而不是图书随后可能如何分销、终端零售商从消费者那里获得的销售,或者这些渠道之间的竞争收入。AAP 与 BISG 合作的全年报告截止于 2013 年,不过合作的终止不影响 AAP 独立收集数据,因此 2013 年之后每年仍有全年报告推出,为 AAP 独立出版。

电子书数据部分来自 AAP 统计的"StatShot"报告得出的年度数据,2011 年之前的数据来自 IDPF 与 AAP 在早期合作收集的每季美国贸易零售电子书销售情况,IDPF 和 AAP 从 2006 年第一季度开始共同收集数据,因此 IDPF 汇总了来自 AAP 的季度统计数据和早期 IDPF 收集的统计数据。

由于合作关系的变更与更迭,这三部分的数据收集时间段各有不同,因此可能不能完整地比较一个较长的时间段内的美国出版行业数据。但从 2012 年起获得的数据基本比较连贯,时间距现在较近,时效性比较好,因此可以从几个数据报告提供方的数据分析近年美国出版行业的主要趋势。

国际通用图书分类方法大致将图书分为大众、教育和专业三大类。对于大多数国家而言,大众图书是整个图书市场占比最大、增速最稳的图书类别,其或许能决定一国图书市场的体量,故可看作维持图书市场整体规模的稳定器。大众图书部门出版商的收入从 BookStats 开始跟踪(2008 年)以来,无论经济和其他因素怎样,收入都在稳步增加。从不同载体形式方面来看,一直在稳步增加的是精装书和可下载有声读物,在波动中增加的是平装书,而出现下降趋势的是电子书。电子书销量的回落使得其销售额占比从 2012—2015 年的 20%～24%这一区间回落至 12%上下,与电子书市场崛起初期的 2011 年相当(图 2-2)。

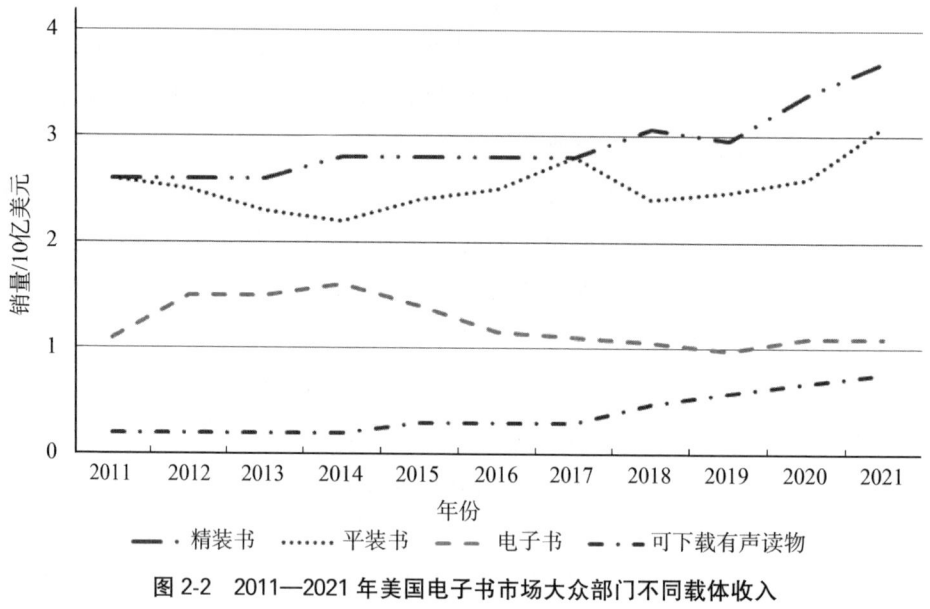

图 2-2　2011—2021 年美国电子书市场大众部门不同载体收入

接下去,聚焦电子书部分,单独收集大众图书部门电子书收入的数据,对电子书的收入变化进行更全面的观察。这里统计的电子书是指"所有通过互联网或手持阅读设备以电子方式交付的图书"。

2002 年全美电子书销售只有 210 万美元,从 2007 年底 Kindle 阅读器问世以来,美国电子书市场如火箭般飞升,在 2011 年之前电子书销售收入几乎每年都以翻倍的形式上升,其中 2009 年尤为显著,相比 2008 年增加了 3 倍。在 2011 年销售收入达到 11 亿美元之后,增长速度开始明显放缓,在 2013 年来了个急刹车,并且从 2014 年到过顶点后开始回落,平均每年约下降 9%,直至 2020 年,由于新冠疫情的影响,才略有回升,但大体依然稳定在 11 亿美元上下(图 2-3)。

这些数据都表明美国的电子书销售增长碰到了天花板效应,进入一个停滞

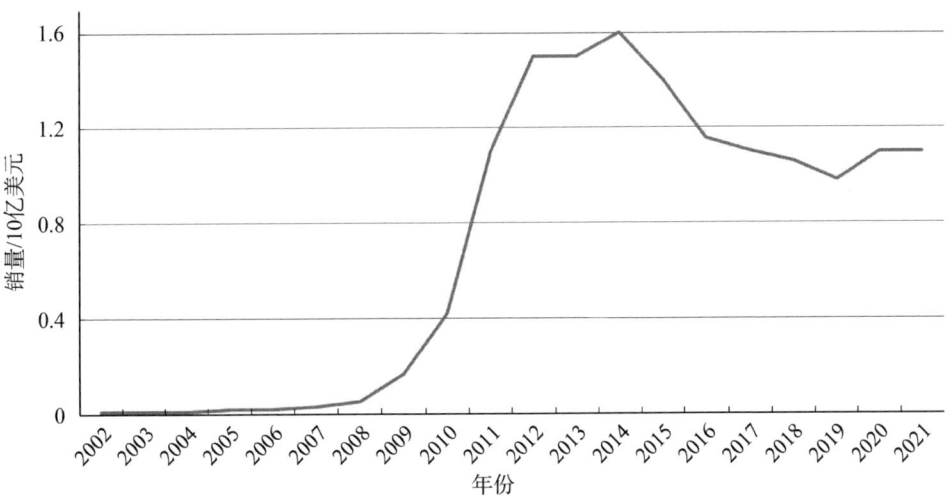

图 2-3　美国电子书市场销售额

甚至倒退的时期。这是为什么呢？2018 年已经过去，电子书很难一枝独秀。也就是说，纸书与电子书并存发展的时间与空间要远比我们想象得大得多。

有一种说法是美国电子书市场销售确实饱和了。因为曾经有人对 Kindle 用户论坛上的用户进行调查，结果发现 50% 以上的用户超过 50 岁；超过 40 岁的用户占 70%；另外一个调查表明电子书阅读器用户的平均年龄在 35～55 岁之间。总体来说，电子书阅读器用户的年龄偏大，并且往往原来就是阅读量偏大的人群。那么，在这批受众当中，能够接受电子阅读器产品的用户基本都已经有了阅读器之后，这个市场是否就饱和了？

其实这个说法不太具有说服力。一是因为电子书的销售与传统以电子墨水为标志的电子书阅读器的销售不是一回事，后者的市场饱和甚至下降并不意味着前者的停滞。因为现在有相当多的电子书是在手机、平板电脑甚至是桌面电脑上阅读的。

还有一个说法是电子书的销售增长十分依赖于某些畅销书，尤其是本身就是网络小说的实体出版物，其内容也似乎更适合电子书的形式。不可否认的是，电子书的增长相当依赖于这些畅销小说。但这种说法的说服力也有限，因为这类畅销书几乎年年都会有一些。然而电子书市场销售增长放缓已经不是旦夕之时。

电子书的增长有些依赖这些畅销小说的现象令我们反思,电子书是否基本就是针对这些畅销小说的阅读市场,而对于其他的专业出版、教育出版市场等相当无力呢?简言之,电子书增长乏力的真正原因是否是其目标人群与目标内容市场本身确实已经饱和了呢?电子书市场的增速放缓是不是其自身的技术与应用局限所造成的呢?数字化技术并不是万能的,它不能替代人们对于精装书的热爱,它在应对各种内容的形式上也不见得有很强的适用性与兼容性。

在美国,这个电子书增长的故事高潮早已经过去。但是在我们这里,这个故事还没有开始。

根据2010年10月《新闻出版总署关于发展电子书产业的意见》,电子书产业包括内容提供商、技术提供商、设备制造商和渠道运营商等环节,其产业链由内容原创、编辑加工、数字转换、芯片植入、平台投送、设备生产、市场销售和进出口贸易等环节构成,是出版发行和互联网、数字化等高新技术相融合的产物。[①] 电子图书产业链的上游包括传统出版社、作者等内容提供者;中游主要是技术平台提供商,如OverDrive(赛阅)、方正Apabi、超星、中文在线、畅想之星等;产业链下游以机构消费者为主,主要是图书馆。从服务对象来看,电子书涵盖了大众类、专业类、少儿类和教育类等所有类别。

虽然电子书产业这几年发展势头强劲,但从我国整体数字出版产业来看,根据《2022—2023中国数字出版产业年度报告》,2022年电子书收入在整个数字出版产业中的占比仅0.50%;从细分领域来看,专业类和少儿类电子书发展较好[②],面向图书馆电子书服务的市场还有很大的发展潜力。在技术推动和数字阅读快速增长的环境下,平台提供商更加注重提升内容的质量和服务多元化,电子图书终端设备的普及,都促进了电子书阅读的发展。另一方面,图书馆作为电子书产业的主要消费机构之一,通过阅读推广等平台和服务,促进了电子书需求的增长。《中华人民共和国公共图书馆法》的颁布实施,促进了公共图书馆事业的发展,也将进一步推动电子书产业的发展。

---

① 中国政府网.新闻出版总署关于发展电子书产业的意见[EB/OL].(2010-10-09)[2024-04-23]. https://www.gov.cn/gongbao/content/2011/content_1808615.htm.
② 崔海教.2022—2023中国数字出版产业年度报告[M].北京:中国书籍出版社,2023.

第3节　数字出版

出版是指编辑、复制作品并向公众发行,以传播科学文化、信息来进行思想交流的一种社会活动。作品是出版的前提,编辑、复制是手段,向公众发行是目的。

出版的关键词就是三个:编辑、复制、发行。编辑是一个修整、过滤、再加工的过程,同时,编辑还具有一种评价功能,判断内容的好坏。编辑的评价功能在网络信息时代也扮演着重要角色,比如,一些信息聚合网站搜集信息进行聚合,表明是对所取内容的一种认同,实质上就是一种评价功能。传统出版行业中,复制是传播的前提,发行是传播的渠道。

从传统的出版业流程来说,存在着从个人写作到编辑成稿,到工业化生产,再到物流,到零售或其他通路渠道(例如图书馆),最后到达消费者这样一个流程。在这样一个流程中,存在着内容为王的局面,而拥有内容强势地位的并不是创作者个人,而是出版机构。在当前的数字化、网络化时代,内容是否还为王就值得探讨了。

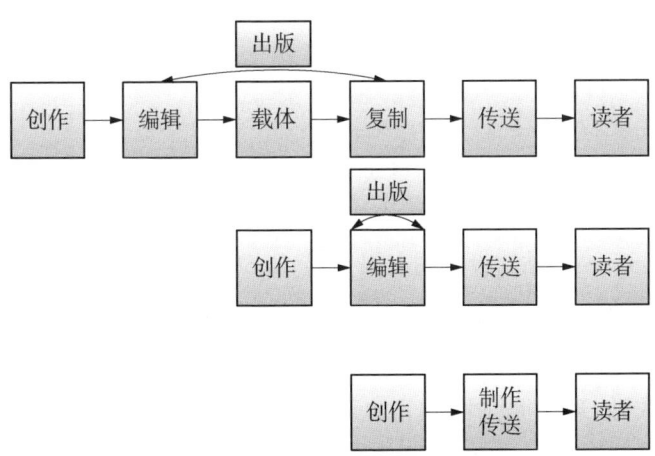

图2-4　图书传播流程的转变

传统的图书传播流程,从知识创作开始,经过编辑以及载体,进行一个物化、载体化的过程,然后进行复制、传送,直至读者。其中,编辑、载体、复制称为出版。

逐渐地,出版被缩减为仅有编辑过程。创作可通过网络、网站进行上传,然后进行编辑。在此过程中,实际上也存在物化、载体化的过程,但这个物化的过程被虚拟化了,载体化也只是计算机或数字世界的载体,从而直接进入传送阶段(图 2-4)。

最后,出版最重要的关键词"复制"已经不复存在,出版也就无从谈起。创作完成后,作品不需要专业团队的编辑加工,直接传送给读者。

数字出版(Digital Publishing)最早起源于西方发达国家,包括传统出版业的数字化以及新型的数字媒体。20 世纪 90 年代初,英美等发达国家的专业出版商就在积极开发在线数据平台,在专业出版领域取得了显著成绩。数字出版的发展进程中,新旧媒体不断融合,传统出版加快数字化转型、自助出版快速增长、数字终端不断进步,从内容整合、平台到商业运作,已形成一套完整的产业体系。

对电子书来说,我们看到的是内容提供的多样化。这里既有传统的出版社,也包括像谷歌公司这样借助市场强势地位而拥有许多内容的企业,还有在网络条件下的个人直接出版模式,更重要的是未来一些网络运营商建设的网站与社区直接提供的内容。内容来源的多样性、技术环境与消费需求的变化,使得传统的流程与商业模式逐渐式微。这也使得一些传统强势的出版机构地位逐渐不如以往。

电子书销售或交易的平台,一部分是各大电子书销售商如亚马逊公司及巴诺公司等所建设的网络销售平台,也包括索尼公司以及一些电子书阅读器厂商自行建设的平台,如国内的方正、汉王以及易狄欧、福昕公司等。另一部分是第三方建设的一些通用平台,它们往往打着公益与政府的旗号,如由互联网档案馆(Internet Archive)网站建设的图书服务器(BookServer)项目。其他如曾经由中国出版集团承建的中国数字出版网,盛大网络公司的云中图书馆等商业平台。其实就连苹果公司前总裁乔布斯此前也一直嘲笑亚马逊公司的 Kindle 战略,说 Kindle 必然失败,理由是美国人再也不读书了。然而等苹果发布其平板电脑 iPad 时,随 iPad 一起发布的还有苹果公司独立的网上书城(iBook Store)。

在我国,数字出版是 2000 年之后才逐渐出现的概念,《2005—2006 中国数字出版产业年度报告》中对数字出版的定义是:用数字化(二进制)的技术手段从事的出版活动。① 2005 年之后,数字出版的产业链逐渐形成,数字出版的技术提

---

① 郝振省. 2005~2006 中国数字出版产业年度报告[M]. 北京:中国书籍出版社,2007.

供商包含了出版软件提供商和数字媒体提供商,后者同时提供了内容发布的平台,他们通过和出版商、著者的签约授权获得合法的内容,并进行加工,再结合运营商提供服务。2010年公布的《新闻出版总署关于加快我国数字出版产业发展的若干意见》中对数字出版的定义是:指利用数字技术进行内容编辑加工,并通过网络传播数字内容产品的一种新型出版方式,其主要特征为内容生产数字化、管理过程数字化、产品形态数字化和传播渠道网络化。目前数字出版产品形态主要包括电子图书、数字报纸、数字期刊、网络原创文学、网络教育出版物、网络地图、数字音乐、网络动漫、网络游戏、数据库出版物、手机出版物(彩信、彩铃、手机报纸、手机期刊、手机小说、手机游戏)等。这也是广义的数字出版的概念。相对狭义的数字出版是指传统出版业利用数字技术来制作、传输及销售传统出版现有内容与形式的出版方式。①

数字出版行业近几年的发展是十分迅速的。媒体融合加快、大数据应用影响内容生产方式、内容呈现趋于多屏融合与互动等成为未来发展趋势。无论是广义的数字出版,还是狭义的数字出版,以现在的产业环境来看,它们都应该是属于全媒体数字内容产业的一部分。

纵观中国新闻出版研究院每年的"数字出版产业年度报告",可以发现仅仅十年间,数字出版产业的发展趋势已有了十分显著的变化:十年前的产业链,尚处于初步形成的阶段,整体形势不够明朗,从收入规模上看,尚不足以对传统出版产业构成颠覆性冲击;到了2018年,数字出版产业的发展方向和发展模式已逐渐成熟,产业发展的核心也更加明确,在政策层面,"数字出版"在国民经济行业中已成为一个独立的分类。②

在最新的产业发展报告中我们可以发现,由于数字出版行业拥有广泛的用户和海量的内容,具有自我要求的从业者们普遍开始重视对数字出版内容生产方面的正向引导,致力于促进产业升级和产业的良性发展。而在经济发展方面,随着数字出版的产值逐年更创新高,国家也将数字经济视为推动经济发展的动力之一,其中国家对于文化产业发展的一系列支持政策,既是给予数字出版产业

---

① 新闻出版总署. 新闻出版总署关于加快我国数字出版产业发展的若干意见[EB/OL]. (2010-08-16) [2024-03-18]. https://www.gov.cn/gongbao/content/2011/content_1778072.htm.
② 张立. 2017—2018中国数字出版产业年度报告[M]. 北京:中国书籍出版社,2018:37—44.

新的发展机遇,也是希望通过多个新兴产业的融合发展,打造新的经济增长极,促进经济增长。

从数字出版产业发展阶段来看,2011年数字出版行业在我国开始步入成长期[①],在2011年前后几年的时间中,行业报告中的一些概念和量化分类也逐渐有所改变,统计方法渐趋系统和成熟。表 2-1、表 2-2 整理自不同年份的数字出版产业年度报告,为了方便阅读和比较,其中数字出版物品种数(2007—2015 年)和数字出版产业收入情况(2006—2021 年)的表格皆以 2011 年为界分为两部分。

产品规模

2007 到 2011 年,除多媒体互动期刊外的其他数字出版物的品种数都显著增加,其中增幅最高的为互联网期刊产品规模,增长率超过 170%;而电子图书和数字报纸产品的品种增幅也都在 50% 以上。这一发展趋势也与云计算、数字内容加工转换等技术的迅速发展相符,云计算发展有利于云出版和云数图的推出,也促进了互联网期刊产品的发展成熟;而电子图书和数字报纸产品的推广对于多终端、跨平台的转换技术的要求也显著提高,这些技术方面的突破,对于电子图书和数字报纸产品种类的增加也起着正向积极的作用。

与以上三类数字出版物的高速增长相对应的,是多媒体互动期刊的种类规模的明显下降。多媒体互动期刊主要依托于网络编辑、出版和发行,是一种增加了多媒体表现形式的电子期刊;与之类似又有着显著区别的数字出版物是互联网期刊,它是指传统纸质期刊的数字化,在互联网上出版,并以期刊为主要内容。[②] 这两种数字出版物都以期刊为名,也都通过互联网途径出版,看似相近但又各有特点。其中最明显的特点大概就是多媒体互动期刊不像数字出版的互联期刊那样,版式上要参照对应的传统纸质期刊,形式可以更加新颖;而互联网期刊是以纸质期刊的内容为依托,可以说是为传统纸质期刊增加了互联网上的出版途径。这项区别导致两者对互联网用户的消费习惯及使用特点有着各自不同的理解,而 2007 至 2011 年的产品规模的变化或许说明,新的数字出版物如果难以迎合用户的消费习惯和使用特点,也会被互联网所淘汰。[③]

---

① 郝振省. 2011—2012 中国数字出版产业年度报告[M]. 北京:中国书籍出版社,2012:15.
② 张立. 2014—2015 中国数字出版产业年度报告[M]. 北京:中国书籍出版社,2015:79.
③ 郝振省. 2011—2012 中国数字出版产业年度报告[M]. 北京:中国书籍出版社,2012:11.

表 2-1　2007—2011 年数字出版物品种数

产品	出版者	2007年		2009年		2011年	
互联网期刊产品种数	同方知网	8460	减去平台之间重复授权数量,总数应在9000左右(包括学报等)	9185	减去平台之间重复授权数量,总数应在16000左右(包括学报等)	9109	减去平台之间重复授权数量,总数应在25000左右(包括学报等)
	万方数据	—		学术期刊5792		7300	
	维普资讯	8000		—		8000	
	龙源期刊	2000		约3000		3800	
多媒体互动期刊种数	Zcom	20483	4家合计数为41926,减去少量的传统期刊的数字化,实际数为40000种左右	16485	4家合计数为23772,减去少量的传统期刊的数字化,实际20000种	13572	4家合计种数约为15624,减去少量的传统期刊的数字化,实际约12600种
	Xplus	20000	0.9万种互联网期刊+4万种多媒体互动期刊+50万种电子图书+54万种互联网原创作品+0.05万种数字报纸=108.95万种数字书报刊(总计)	5872	1.6万种互联网期刊+2万种多媒体互动期刊+60万种电子图书+118.67万种互联网原创作品+0.05万种数字报纸=182.32万种数字书报刊(总计)	533	2.5万种互联网期刊+1.26万种多媒体互动期刊+90万种电子图书+175.7万种互联网原创作品+0.09万种数字报纸=269.55万种数字化书报刊(总计)
	Vika	927		869		约880	
	Poco	516		546		639	
电子图书出版种数	方正阿帕比	—	超过540家出版社开展了电子图书出版业务,共出版电子图书超过50万种	—	超过540家出版社开展了电子图书出版业务,共出版电子图书超过60万种	—	超过540家出版社开展了电子图书出版业务,共出版电子图书超过90万种
	超星	—		—		—	
	当当	—		—		—	
	京东	—		—		—	
	亚马逊	—		—		—	
电子书原创平台出版种数	起点中文网	176447	537365	412724	约等于1186766	765311	1757000
	搜狐读书原创连载小说,文学频道	16632	—	34478		38522	

续　表

产品	出版者	2007年	2009年	2011年
	晋江原创网	79 872	633 850	936 900
	子归原创文学网	—	4 714	15 267
	红袖添香	259 700	888 888	未查到
	潇湘小说原创网	—	—	—
	诸子原创文学网	—	—	—
	方正阿帕比	400	396	900
数字报纸家数	Xplus	100 500	231	164
博客注册数		10 000万	>20 000万	31 864万
网络游戏款数		250	321	353

数据来源:《2011—2012 中国数字出版产业年度报告》,"—"/"未查到"为原表标识。

表 2-2 2012—2015 年数字出版物品种数

产品	出版者	2012 年		2013 年		2014 年		2015 年	
互联网期刊产品种数	同方知网	8900	减去平台之间重复授权数量，总数应在25000种左右（包括学报等）	10000	减去平台之间重复授权数量，总数应在25000种左右（包括学报等）	10434	减去平台之间重复授权数量，总数应在25000种左右（包括学报等）	12000	减去平台之间重复授权数量，总数应在25000左右（包括学报等）
	万方数据	7300	2.5万种互联网期刊+0.34万种多媒体动期刊+100万种	8935	2.5万种互联网期刊+0.2899万种多媒体互动期刊+100万种	8551	2.5万种互联网期刊+0.1009万种多媒体互动期刊+160万	7600	2.5万种互联网期刊+0.0552万种多媒体互动期刊+170万种
	维普资讯	9000		8000		8304		9100	
	龙源期刊	3800		4700		3104		4200	
多媒体互动期刊种数	Zcom	2369	100万种电子图书+214.43万种互联网原创作品+0.09万种数字报纸=317.36万种数字化图书报刊(总计)	1702	3家合计数为2899种左右	未查到	2家合计约为1009种	未查到	1家合计种数约为552种
	Xplus	524		549		283		>60万	
	Vika	未查到		未查到		未查到		>120万种	
	Poco	535		648		726		552	
电子图书出版种数	方正阿帕比	—		超过540家出版社开展了电子图书出版业务，减去平台重复种数，共出版电子图书超过100万种		超过540家出版社开展了电子图书出版业务，共出版电子图书超过160万种		超过540家出版社开展了电子图书出版业务，减去平台重复种数，共出版	
	超星	—		—		—		>40万种	
	当当	—		—		—		>13万种	
	京东	—		—		—			

注：电子图书出版种数列含 0.09万种数字报纸 = 278.6599万种数字化图书报刊（总计）（2013）；0.09万种数字报纸 = 363.6909万种数字化图书报刊（总计）（2014）；0.09万种数字报纸 = 428.6452万种数字化图书报刊（总计）（2015）

续　表

产品	出版者	2012年	2013年	2014年	2015年
电子书平台原创出版种数	亚马逊	电子图书超过100万种	—	—	电子图书超过170万种 >23万种
	起点中文网	960515	790734	949100	1435811
	搜狐读书原创,连载,小说,文学频道	36182	22137	22109	22093
	晋江原创网	1141400 约等于2144300	897800 约等于1757751	949979 约等于2010031	1023893 约等于2559896
	子归原创文学网	6261	暂时关闭	15340	暂时关闭
	红袖添香	未查到	14800	12000	15600
	潇湘小说原创网	—	32280	61503	62499
	诸子原创文学网	—	—	—	—

续表

产品	出版者	2012年	2013年	2014年	2015年
数字报纸家数	方正阿帕比	900	900	900	900
	Xplus	173	166	141	—
博客注册数		37 299万	43 700万	11 000万	47 457万
网络游戏款数		580	549	515	750

注：减去平台之间重复授权数量，总数约900家为原表标识。

数据来源：《2013—2014中国数字出版产业年度报告》《2015—2016中国数字出版产业年度报告》，"未查到"及之后的《中国数字出版产业年度报告》不再提供数字出版物品种数数据。

在 2012 至 2015 年之间,电子书原创平台出版种数出现了震荡中上升的情况,其出版种数在 2013 年出现了明显的下降,相比 2012 年降幅达到 18%,而在 2014、2015 年又以平均每年 22% 的速率上升,震荡明显与 2011 年之前的持续高速增长趋势有着明显区别。究其原因,自 2011 年开始数字出版产业对于内容深度开发和知识服务提供的追求,无疑对种数变化有重要影响,对于原创作品的自查和整顿虽然影响了作品种类数量的高速增长,但也可以达到遏制不良题材作品、提高优质作品品牌价值的效果,这种震荡反而有利于产业发展,是产业进入转型升级期的特征之一。

收入规模

数字出版这一概念自 2005 年在我国正式诞生以来,这一产业由幼稚至成熟经历了多个发展阶段,其中 2011 年是步入成长期、行业开始普遍重视产业升级的一年,也是数字出版标准建设年,因此 2011 年前后两年产业收入的统计指标和行业归类标准都有所变化。

为了方便分析数字出版产业收入这一重要指标,由于部分分类统计范畴的变化主要发生在 2011 年之前,因此这里将 2006 至 2021 年的产业收入情况自 2011 年分为表 2-3、表 2-4 两张表,从而能更清晰地解释部分统计类目的具体变化。

在 2006 至 2011 年之间,不仅产业收入的总量有着显著增长,从各个指标的备注中我们也会注意到,各个分类的统计范畴也在逐渐发生着变化。

首先互联网期刊从 2008 年开始,去掉了单独列出的多媒体互动期刊,这与数字出版物种数表格中这一时期多媒体互动期刊的种数大幅下降相互呼应;而电子书在 2009—2011 年增加了对于电子阅读器收入规模的统计,但从 2012 年开始,由于国产阅读器销量不佳,这一单独统计也被取消;2011 年开始数字报纸类的产业收入情况中,一项重要变化是不再包括手机报,不过与被取消的多媒体互动期刊和电子阅读器不同,手机报的收入只是更换了统计范畴,从 2011 年开始计入移动出版的收入规模[①];提及移动出版领域,除前述在 2011 年增添了手机报的收入统计外,在 2010 年手机动漫的统计范畴改变也是一项重要变化,从 2010 年开始,手机动漫的收入便不再计入移动出版分类,而成为网络动漫的一部分。[②]

---

① 郝振省. 2011—2012 中国数字出版产业年度报告[M]. 北京:中国书籍出版社,2012:174.
② 郝振省. 2009—2010 中国数字出版产业年度报告[M]. 北京:中国书籍出版社,2010:147.

经过不断的调整,2012—2021 年数字出版产业收入情况表格(表 2-4)中统计范畴基本稳定,从而更加方便做数值方面的分析和比较。

表 2-3　2006—2011 年数字出版产业收入情况　　　　　单位:亿元

数字出版分类	2006 年	2007 年	2008 年	2009 年	2010 年	2011 年
互联网期刊	5+1(多媒体互动期刊)	6+1.6(多媒体互动期刊)	5.13	6	7.49	9.34
电子书	1.5(电子图书)	2(电子图书)	3(电子图书)	14(电子图书4+电子阅读器10)	24.8(电子图书5+电子阅读器19.8)	16.5(电子图书7+电子阅读器9.5)
数字报纸	2.5(网络报+手机报)	1.5+8.5(网络报+手机报)	2.5(网络版)	3.1(网络版)	6(网络版)	12(不含手机报)
博客类应用	6.5	9.75			10	24
在线音乐	1.2	1.52	1.3		2.8	3.8
移动出版	80	150	190.8	314	349.8(未包括手机动漫)	367.34(未包括手机动漫)
网络游戏	65.4	105.7	183.79	256.2	323.7	428.5
网络动漫	0.1	0.25			6	3.5
在线教育						
互联网广告	49.8	75.6	170.04	206.1	321.2	512.9
合计	213	362.42	556.56	799.4	1051.8	1377.9

数据来源:《2007—2008 中国数字出版产业年度报告》《2011—2012 中国数字出版产业年度报告》。

2012 至 2021 年,随着统计指标的稳定,数字出版产业不同分类的收入情况对比也更加明显。其中值得注意的是,虽然总收入规模在持续上升,但个别分类也存在逆势下降的情况。数字出版产业收入增长的主要动力,来源于移动出版、网络游戏、在线教育和互联网广告,这反映了新型互联网产品和休闲娱乐类产品,更能吸引用户的消费力,在数字出版产业中占有重要地位。

与之相对的是由互联网期刊、电子图书、数字报纸代表的传统出版单位的数

表 2-4　2012—2021 年数字出版产业收入情况

单位：亿元

数字出版分类	2012 年	2013 年	2014 年	2015 年	2016 年	2017 年	2018 年	2019 年	2020 年	2021 年
互联网期刊	10.83	12.15	14.3	15.85	17.5	20.1	21.38	23.08	24.53	28.47
电子书	31	38	45	49	52	54	56	58	62	66
数字报纸（不含手机报）	15.9	11.6	10.5	9.6	9	8.6	8.3	8	7.5	6.7
博客类应用	40	15	33.2	11.8	45.3	77.13	115.3	117.7	116.3	151.56
在线音乐*	18.2	43.6	52.4	55	61	85	103.5	124	710	790.68
移动出版*	472.21	579.6	784.9	1055.9	1399.5	1796.3	2007.4	2314.82	2448.36	2963.13
网络游戏*	569.6	718.4	869.4	888.8	827.85	884.9	791.1	713.83	635.28	415.7
网络动漫	5	22	38	44.2	155	178.9	180.8	171	238.7	293.4
在线教育		1100	1540	180	251	1010	1330	2010	2573	2610
互联网广告	753.1			2093.7	2092.7	2957	3717	4341	4966	5435
合计	1935.49	2540.35	3387.7	4403.85	5720.85	7071.93	8330.78	9881.43	11781.67	12762.64**

* 2020 年，移动音乐数据归于数字音乐，2021 年继续对移动出版数据模块数据进行调整，将移动游戏数据归于网络游戏。至此移动出版数据主要由移动阅读数据进行体现。

数据来源：《2015－2016 中国数字出版产业年度报告》《2021－2022 中国数字出版产业年度报告》。

字化转型产品①，数字报纸的收入规模有着明显的下降趋势之外，虽然互联网期刊和电子图书的收入规模仍在上升，但三者在数字出版产业的总收入中的占比却在逐年降低。

这十年的数据显示，电子书经历了 2012—2016 年的快速发展期、2017—2019 年的平稳增长期、2020—2021 年开始步入新一轮增长期。这一轮增长或与新冠疫情的持续影响，以及国民数字阅读习惯的进一步养成有关，这一发展态势与全球出版业发展态势基本同步。

用户规模

中国数字出版产业年度报告的用户规模数据，有多个沿用自 2006 年的指标，由于数据缺失的原因，已无法进行对比。但这并不影响 2006 年开始数字出版产业用户规模总量的累积增长。

数字出版产业用户规模的增长也在一定程度上受到大环境的激励，近几年互联网网民及手机网民用户数量的增长也有很大关系。互联网经历了十余年的快速发展阶段，互联网网民与手机网民数量快速增加，使我国互联网的普及率显著提高，据中国互联网络信息中心（CNNIC）第 51 次《中国互联网络发展状况统

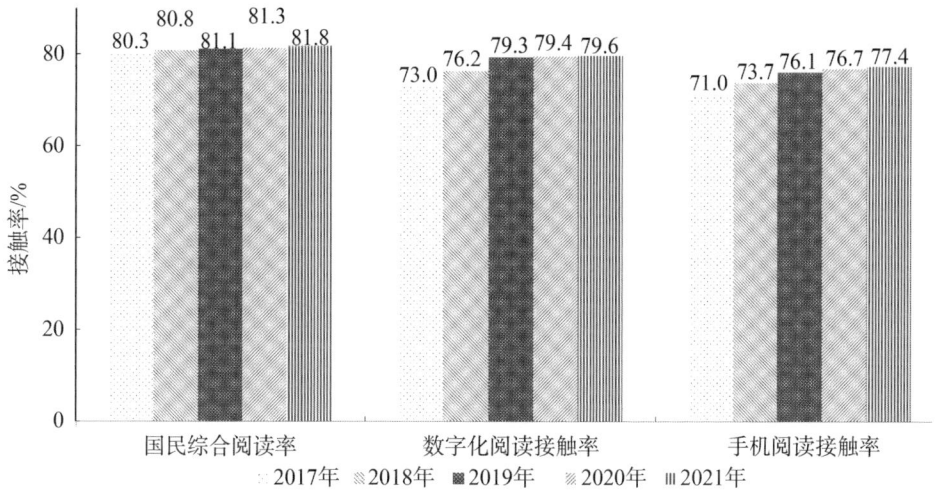

图 2-5　2017—2021 年国民阅读接触率

---

① 崔海教. 2021—2022 中国数字出版产业年度报告[M]. 北京：中国书籍出版社，2022.

计报告》，截至 2022 年 12 月，我国互联网普及率达到 75.6%。而且在互联网使用方面，我国网络用户更偏好娱乐化和可视化的应用，也说明传统出版单位与互联网融合发展的思维需要进一步开拓，探索数字出版时代的业务发展方向。

数字出版产业的发展、互联网用户的增长又促进了数字阅读环境的成熟，数字阅读成为势不可挡的发展方向。中国新闻出版研究院 2017—2023 年的《全国国民阅读调查报告》数据显示，数字阅读方式的接触率经历了一个较明显的增长之后，达到了 81.8%（图 2-5）。其中，网络在线、手机、电子阅读器、Pad 等平板电脑阅读接触率均有所上升，特别是手机阅读的接触率不断增长，手机已经成为数字化阅读的主要媒介。从数字阅读人群来看，18~59 周岁人群是数字阅读的主要群体，60 周岁及以上的中老年群体则是近几年增幅最快的年龄段，老年群体的数字阅读需求日益旺盛。另外有声阅读增长显著，成为数字阅读新的增长点。中国音像与数字出版协会《2022 年度中国数字阅读报告》显示，有三成以上（35.5%）的成年国民有听书习惯。在数字出版大环境下，电子书具有生产快、内容丰富、支持移动终端、阅读方便快捷等优势，成为数字阅读最为重要的一个组成部分。

我国数字出版产业历经了十几年的发展，数字出版政策环境进一步趋好，产业发展环境日益成熟，出版商和传统媒体加快数字化转型，网络文学等自出版也向着规范化、产业化方向发展。同时，数字媒体业务更加完善，产生各种创新产品和服务，以及"付费"策略。数字媒体类型和内容更加丰富，从开始的电子图书（E-book）、期刊数字化平台、手机彩铃、游戏、动漫等五大类，发展扩充为互联网期刊、电子书、数字报纸、博客类应用、在线音乐、移动出版、网络游戏、网络动漫、在线教育、互联网广告等十个大类。除数字化之外，人工智能、VR 技术、视频直播等多种元素融合到数字出版中，新兴技术的应用也促进了产业发展。

访谈

出版行业专家——朱文秋

朱文秋,华东师范大学出版社编审。担任过编辑、策划、营销和管理等多种角色,2008年至2012年领导出版社数字出版工作。曾发表过《一个传统出版从业者的反思》《e时代版权:走上绝路还是浴火重生》《项目经理:西方出版的成功法则》等文章。也应邀在上海市新闻出版教育培训中心开课。

(访谈时间:2019年1月7日)

提问:多谢朱老师的大力支持。那我们先从最基本的问题说起。朱老师,第一个问题就是什么是电子书?对电子书的定义到底应该怎么去看?如果将这个问题再扩展一些,您如何看待在业内比较有影响的程三国先生关于电子书1.0、2.0、3.0的分类方法?

朱文秋:其实关于什么是电子书的定义并不简单,业内也不见得有共识。简单地说,我认为一切数字化形式的内容,以阅读的形式为主的,都可以算电子书。但是这么说也不见得完全对,因为这又涉及什么是出版的问题,甚至涉及出版与传播的关系,以及出版本身的边界问题。所以,我认为这个问题还是挺难回答的。说到出版,比如我们会默认出书就是做出版,报纸跟期刊并不是书,但它们也处于新闻出版管理部门管辖范围之内。报纸算新闻行业,日常语言里也会说出版报纸,期刊更是介于二者之间。实际上,从我个人的角度来讲,我觉得电子书这个概念没有那么重要,只要是可阅读的数字化形式的内容,就是广义的电子书,比如免费发布于 Kindle 的《知乎周刊》,由浙江出版集团数字传媒有限公司出版。要声明是:《知乎周刊》由问答社区知乎上的用户创作产生,经知乎工作人员和志愿者团队的合作制作完成。内容产生于用户生产内容(User Generated Content,UGC),经过组织、编辑、审校,提供给没有了解知乎或无法长时间使用知乎的用户。知乎在 Kindle 上也同时发布一些收费的内容。这些都是电子书吧。

但书的概念似乎也不能无限扩大,是不是被阅读的内容都是书呢?从书的角度而言,可能还是有几个必要条件:一定的系统性,接近于传统书的结构形式。比如我们似乎不会把微信公众号叫作电子书,即使有些公众号的内容非常丰富,也不缺乏深度,但这样的形式似乎与期刊更接近一些。另外一方面,有些数字内容整合了音频、视频甚至互动的内容。比如 iPad 问世之初有一个"爱丽丝漫游奇境"的 APP,增加了很多只有应用程序才能展现的内容,但我们会认为这是一本书。而慕课(Massive Open Online Course,MOOC)视频以及现在像"得到"上的课程,虽然其内容的结构形式、系统性、深度跟书相去不远,但我们还是会把它们叫作音频、视频或者课程。

电子书与传统纸书最大的不同,不光是其内容数字化了,而是增加了一些新的形式,比如超链接什么的,传统纸书是线性的、历时性的,电子书可以是多维的、共时性的。

其次对于程三国的电子书 1.0、2.0、3.0 的分类法,尽管这个观点提出有很多年了,但目前的电子书发展也没跳出这个框架,只是我感觉 3.0 的发展还是慢了点。

提问:说到电子书的 1.0、2.0、3.0,有个很有趣的现象。那就是中国与所谓电子书 1.0 相对应的市场,与美国相比差别很大,整体规模要小得多;而我们在所谓的 2.0 这块,也就是网络文学,却比世界上其他地方的市场要大得多,您如何看这个现象?

朱文秋:我个人认为与亚马逊这个大平台做得成功有关。因为对于电子书销售来讲,平台越大,垄断性越好,做成功的可能性就越大。过去汉王最早在国内的阅读器市场领先,但他们没有内容,没有资源,人家买书不会到汉王去买。可是亚马逊的话,因为你买纸书在那里买,然后你买电子书也会在那里买,所以这就很容易地将亚马逊打造成电子书销售一统天下的一个大平台。其实当时我在国内也有参加一个研讨会，个人认为当时的当当这个平台是有这个机会的。因为那个时候京东卖书还没有做起来，亚马逊也还没有进来，但是当当错过了这个机会。亚马逊是从卖书起家的，中国京东这种都是卖3C产品（computer，communication，consumer，计算机类、通信类、消费类电子产品）起家的，所以我始终觉得买书的人还是挺愿意在亚马逊买书的，因为他会觉得这是个卖书的地方，在书的下面会有读者的评价什么的，会觉得那里是个书店。可是京东就让你就觉得那里是个大卖场，他们卖书也只是为了引入流量，一个爱书人很难在那里逗留。当时亚马逊受制于政策，京东尚未开始卖书，当当如果发力电子书业务的话，是可以改变竞争的砝码的。最早参与阅读器竞争的还有方正、中国移动和盛大，但各有自己的优势与劣势，也基本都败下阵。中国现在卖书的大平台有天猫、京东、当当、亚马逊，太分散了，卖电子书的平台有亚马逊、微信读书、豆瓣阅读、掌阅等，很难形成一个成熟的市场，出版社做电子书要对接很多平台，也很累，在不同平台促销时也会造成很大的价格困扰。而美国这种平台比较集中，这使得亚马逊把Kindle推出来了以后，读者就比较容易从传统的纸书迁移到电子书上面。至于今后中国的市场是否能发展出好的具有相当影响力的平台，我也不好说，亚马逊中国？微信读书？天猫读书？它们也可能对应着不同的阅读人群。其实我觉得天猫读书还是有点意思。一是原来很多线下的销售商现在线上线下同时销售，出版社向天猫上各种书店的发货也在持续增长。以阿里巴巴的实力，只要运营得当，是有可能持续增长的。二是天猫读书的APP比Kindle胜出一筹的是，内置了文字转语音功能，还可以设置定时关闭，太适合听书了。但目前天猫读书的巨大问题是，跟网络文学差不多，除了少数极流行的作品，严肃阅读和深度阅读的高品质书比较少，或者至少在商城中不醒目、不容易找到。微信读书充分利用了微信擅长的社交功能，对装机推广很有帮助，书目比天猫略好一些，也有内置语音功能，有些还是工作室播出的，当然听起来体验就更好。三家相比，当然还是亚马逊最懂书，可选图书的品质最高。

至于对网络文学，说实话，我这个60后认识还是不足的。很多互联网服务，都是先有国外的成功模式，后有中国的模仿甚至超越。我记得曾当面请教过起点中文网的创始人吴文辉，确认网络文学是中国首创。最近看到文章说阅文集团高薪延请翻译，使外国读者看得如痴如醉，倒是文化输出的商业成功。

提问：除电子书的市场以外，朱老师，您如何看待数字出版呢？

朱文秋：传统出版的从业者可能很受制于"出版"这个概念，传统出版的概念认为"出版"要有三个环节：编辑、复制、发行。如果你将观念放到电子书的逻辑上来看，复制跟发行就合起来了，并且它们也不是传统的复制与发行的概念。现代的出版应该是变成了两个词——编辑与传播，就是编辑一定质量的内容进行高质量的传播。到了电子书时代，这两个词还是有意义的。出版的形式会改变，但是编辑的专业性不可或缺。就是自媒体的内容都是需要经过编辑策划的，虽然它们跟专业出版还是有一定距离。第二个就是说传播的质量和效率可能也不太一样，无论是传统出版还是数字出版，好的内容都需要更广泛的传播或者更专业的规模化的推广。所以说，作为传统出版的核心，到了所谓的数字出版，它的概念仍是可以继续套用。另外一开始的"数字出版"概念也发展为现在的"融合出版"概念。

但是我个人还是很诟病从编辑、复制、发行来定义"出版"这个概念，这样的定义很容易把我们这个行业框死。好像传统出版从业者就只能耕自己那一亩三分地。比如说像"得到"所做的内容产业领域，这块领域是原来做传统出版社的人就应该去做的事情，做传统出版的人，擅长做内容，完全可以在这个领域有所建树。但因为传统出版人首先想到的就是编辑、复制、发行，他根本就没觉得那个活儿是可以做，其实那是我们可以去耕耘的很大的一块市场。

提问：对，说到大市场，对出版业者来说市场的边界问题，这也让我想到如何来定义阅读的边界。我过去在和大家交流时，经常引用的概念是用狭义阅读与广义阅读的分类方法。首先阅读应该主要还是从视觉输入，然后进行解码，接受信息，这就是阅读。如果你给我的输入信息以文字为主，或者加上图片之类，这就是狭义阅读。所以说，传统阅读基本上就是狭义阅读。但如果你接受的信息不光有文字、图片，还有音频、视频，甚至还有交互的内容，这就是所谓的广义阅读。对于这样的阅读分类方法，您认同吗？觉得有意义吗？

朱文秋：这个在概念上我没有异议，但我也觉得其实不用太花时间去区分这个概念。也许做研究者可能会需要去区分这些问题。我是觉得我们这些从业者总归是要去解决一些实际问题，如果对我们解决问题没有帮助的话，我觉得我们可以悬置这些概念定义。我们需要更关注技术的发展与应用，而不必太在意概念的分类。如果要将这样的概念应用到出版中，那也是可以有狭义融合出版与广义融合出版之分的。只是狭也好,广也好,我们不要太过局限于出版行业的边界,在整个内容产业的市场发展之中我们能得到什么,我们应该如何去做才能生存得更好,这是我们所需要真正去关注的。融合出版就是未来的方向,我们要坚定地走向这条道路,关注技术的发展,关注什么样的商业模式对我们更有利。

提问:对,朱老师说得非常好。如何跳出行业的传统边界思路来找到新的发展方向,也是我们作为图书馆界的从业人员可以好好学习的。

朱文秋:其实跨过传统行业边界不等于抛弃传统。比如新闻出版总署目前强调融合出版,数字出版这个概念现在已经不太用了。这也可能是业界觉得单纯讲数字出版可能引起误解,会与传统出版割裂吧,现在就叫融合。融合出版侧重新技术与传统的内容产业的融合,内容环境发生变化,内容的形式更加丰富多元了。

但是融合出版其本质还是数字化,就是不要孤立地将其去分成纸质的和数字的,反正就是大家都提到的互联网+的生态环境。比如我们做的奥数书后面加二维码链接到相关视频,这个就是融合出版,二维码链接的那个部分其实就是数字的部分,这个二维码是印在纸质的书上的,所以我们不用去强调这个概念,我只是觉得它的本质是数字化。

提问:我接下来的问题也是与出版环境的变化有关。出版业是内容提供者,是图书馆的行业上游,出版行业的变化,也意味着对图书馆而言,就是内容环境变化了。从您的角度来说,您认为这对图书馆会有什么影响?举个例子,传统的纸质书出版的时候,这本书卖掉了,到了图书馆,有一个被称为"首次销售原则"的概念,它是规定版权作品被销售之后,版权所有者不能限制购买者对版权作品承载物的处置权,包括转让、出借等。但是在数字时代,这个原则就有争议了,如果对电子书的出借服务不做限制的话,也许对版权所有者的利益就会有冲击。从一个出版业者角度来说,您如何看这个利益冲突?

朱文秋:在目前的市场状况下,这个从出版业的角度上来讲,我觉得版权上是不存在问题的。最关键的事就是说纸质书它是有一个复本概念,而电子书在物理上是没有这个逻辑的。我记得以前有一个资源厂商采购,还提出来什么采购多少个电子书的复本,当时我们就觉得很奇怪,我们最后也没以这样的逻辑卖过。但为了保证版权所有者的利益,采用这样的复本控制逻辑也无可厚非。不过,从我的角度来讲,我觉得无所谓复本控制,因为还是要看实际的效果,我也是上海图书馆微阅读的使用者,上海图书馆这个模块有些书还是很新的。但是现在资讯渠道这么多,也不能因为这些书可以借阅就只看这些书,人一辈子其实也看不了多少书,一般喜欢的书还是会买了放在手边,图书馆更多是用于查资料做研究,有些可能市面上是买不到的,有些则可能是只需要看那么几页的。对我来讲,自己大部分的阅读兴趣并不在图书馆电子借阅的范围之内。从这个意义上说,电子书做不做复本控制都无所谓。当然,像金庸小说这样常年高居借阅前列的畅销书,如果出借电子书,可能需要一些特别的考虑,最后还是要看服务效果与利益均衡。

提问:是,并且这个复本控制也有不同的逻辑。一种是说我买了你的电子书,但同时只能有十个人看,那就是十个复本。还有一种是买的电子书,图书馆最多只能借 500 次。500 次之后图书馆要重新买,这显然也是一种类复本控制,并且也模拟了纸质书物理载体会自然消耗的情况。

接下来另一个问题是关于另一种形式的书籍,就是对近年来高速发展的有声书您怎么看?

朱文秋:有声书我觉得还会再发展,它还能再发展的一个主要原因是现在注意力稀缺,眼睛不够用的时候只能用耳朵了,对吧?你走在路上,或者说你做家务的时候注意力稀缺,再加上知识焦虑,就会成为有声书的很好的消费场景。其次中国汽车市场的增长也形成了这样的应用场景,有使用的需求与可能性。我觉得有声书应该还会再增长一段时间,只是我们出版社做得很少。我们出版社有很多英语听力的资料都放在网上,大家可以直接下载文件或者直接扫码听都可以。但这些音频不是独立的有声书,它们是纸质书的附加材料,你也可以把它看成是融合出版作品,对吧?

这个我们也是有一个发展过程。过去这些音频是被做成磁带和书一起卖的,比如说一本书卖 10 元,两盒磁带再卖 14 元。但是现在书的定价就不可能直接把这个音频的钱都加进去,而是买不买书都可以下载了。另外做有声书的话,出版社没有自己的平台,还是要到"喜马拉雅"或者"得到"这样的平台上去运营,这其实和传统纸书的销售平台逻辑是一样的。虽然出版社做传统纸书的时候,还是有机会做自己的网络销售平台与线下实体书店,但到了有声书与电子书时就会涉及一个开发成本的问题。有些公司依托微信提供知识付费产品的服务,为出版社发展这方面的业务创造了条件。另外也有些出版机构积累了内容和读者社群,构建了自己的运营闭环。

提问:非常感谢朱老师您今天和我们交流这么长时间,也使我们获益匪浅。最后我想请您简单地谈一谈对我们国内图书馆的电子书服务有何期待,多谢。

朱文秋:我觉得图书馆做得很好,应该是出版社用更开放的心态拥抱电子书的借阅服务。只有读者群扩大了,出版才有未来。图书馆和出版社都需要做阅读推广的工作,而电子书的免费出借,也是培养读者的一个重要途径。说实话,我自己经常同一本书买实体和电子两个版本。有时候是实体书太重了,就买个电子版的;或者买了实体书,但找不到了;或者是为了搜索方便,那就买个电子版。有时候是先买了电子版,觉得不够直观,就又买一本实体书。所以是不是免费出借,有没有复本控制真的不是最重要的。最重要的就是要有爱书的读者。

第3章

图书馆电子书服务

图书馆与电子商务一样,都是具有服务性质的,也都是以用户为中心对象的。它同电子商务一样包括了 B2B(数字图书馆对数字图书馆、文献机构、出版机构等)、B2C(数字图书馆对用户)、C2C(用户对用户)。[①]

就公共图书馆而言,其面对的多是读者个体。读者在馆内自主使用数字图书馆或通过网络进入数字图书馆寻找需要的文献或资料,这就是典型的 B2C 服务模式。除了针对个体读者的 B2C 服务之外,图书馆与大型数据库提供商之间也存在合作,以传统的 B2B 方式帮助大型数据库提供商实现创收,同时与图书馆之间形成对接,手段多为开放数据库接口或者设置本地镜像。[②]

在电子书产业链中,电子书服务平台除了向大众消费者市场进行电子书的服务以外,也可以向图书馆等机构用户进行电子书的服务,这实际上是电子书服务市场 B2C 与 B2B 的两端。如果认为图书馆的电子书服务只是和电子书产业链上的电子书整合服务平台打交道,而和上游的内容以及下游的终端是没有多大关系的,这个观念应该说是不正确的。图书馆的电子书服务其服务内容、技术手段与服务方式等都是在不断变化发展的,不仅和产业链的发展相关,也与图书

---

① 林群霞.论数字图书馆用户服务——以电子商务 B2C 事业鉴[J].现代情报,2011,31(8):154—156.
② 汪筱萍.数字图书馆之于 B2B 多终端服务模式的拓展研究——以通信运营商的"电子书屋"等项目为例[J].图书馆工作与研究,2013,1(6):38—40.

馆自身的定位与服务对象的需求变化息息相关。因此,图书馆的电子书服务不会仅仅与电子书整合服务平台相关,而是会和产业链上的方方面面产生联系。

面向图书馆的电子书服务离不开电子书产业的发展,电子书产业涉及内容、平台与终端等各个环节,也涉及知识产权、服务方式、技术、与终端设备等各个相关层面。其覆盖面与复杂程度远超传统纸质文献服务。电子书在图书馆中涉及采、编及服务,从产业角度,电子书在内容供应、技术与标准,以及发行和商业模式等方面都会给图书馆带来影响。图书馆需要积极参与到整个电子书产业链的发展中,有责任和义务打造一个合理有效的图书馆电子书产业链生态环境。① 因此,我们以图3-1来概括电子书相关产业链及相关概念,以便更好地说明电子书服务的研究对象与研究内容。

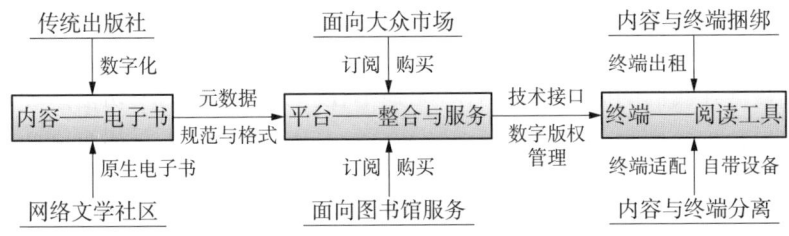

图3-1 图书馆电子书服务模式

内容、平台与终端是电子书产业链不可或缺的三个组成部分,其每个部分都与图书馆电子书服务息息相关。三者缺一不可,相辅相成、相互联系,三者系统的串联才能将电子书产业链的服务功能发挥到最大。

传统出版社数字化(电子书1.0)、网络文学或自出版(电子书2.0)、电子书3.0都属于内容。平台面向大众市场,采用B2B、B2C模式进行订阅、购买,也可直接面向图书馆进行电子书的订阅、购买。终端分为内容与终端捆绑、内容与终端分离。比如亚马逊大多数电子书只能够在亚马逊电子书阅读器上进行阅读,就是内容与终端进行捆绑。内容与终端分离中应注意,自带设备(Bring Your Own Device,BYOD)的概念有界定,不是单纯地携带自己的设备,而是组织内部信息化环境的一种选择和变化,可以携带自己的设备去组织中进行工作。

分析考察内容、平台与终端及其相关特性组配而成的各种服务,是研究电子

---

① 刘术华,谢强. 产业链视角下图书馆电子书服务模式构建[J]. 图书馆杂志,2017,36(4):11—18.

书服务模式的基础。图书馆电子书服务模式与内容、平台和终端一整套服务链相关，通过考察它们之间的相互关系，找到适合图书馆服务的合作模式。内容的选择、整合，采用购买或租赁的方式；平台的选择、购买或是自建；终端的服务模式或匹配兼容；服务的流程与规范；等等，这一系列的因素相互影响构成了不同的电子书服务模式。图书馆选择电子书服务模式的重点是考察外部环境，结合自身特点与适用性，通过服务链上各环节不同的组配方式，从而形成自己特色的服务模式。例如，有传统电子资源服务的模式，电子书整合服务商的云服务模式，侧重出借阅读终端的服务模式，等等。同时图书馆要考虑新技术如何作为一种工具更好地服务读者，随着电子书阅读器成本的下降，图书馆如何吸引读者，这些都需要通过研究和日积月累的服务实践，制定出图书馆的最佳服务框架。

第 1 节　电子书元数据

元数据在我们的周围无时不在，无处不在。我们身边的一切信息和资源都可以用元数据来描述。当代社会中随处可见的电子设备，不是依靠元数据来运行，就是用于产生元数据，或者两者皆有。图书馆应该是最早应用元数据并把它具象化的行业。图书馆的图书目录信息就是最典型的元数据之一。

元数据（Metadata）是定义和描述其他数据的数据，用于描述数据的内容，覆盖范围、质量、管理方式、数据的所有者、数据的提供方式等有关的信息。为用户回答已经存在什么内容的信息（What），覆盖哪些区域范围（Where），跨越的时间范围（When），找什么人联系（Who）或通过什么方式可以获取（How），它是数据集与数据应用者之间的桥梁。元数据字段一般从资源中抽取，用来说明其特征和内容的结构化数据，用于组织、管理、保存、检索信息和资源。

元数据按用途可分为描述型元数据、管理型元数据和保存型元数据等。在网络信息时代，描述性元数据规范中应用最广泛的非"都柏林核心元数据元素集"莫属。都柏林核心元数据元素集是一个用于资源描述的、由 15 个元素组成的元素集，由都柏林核心元数据倡议（Dublin Core Initiative，DCMI）负责维护。2009 年，国际标准 ISO 15836—2003《信息与文献都柏林核心元数据元素集》发布。2010 年，国家标准 GB/T 25100—2010《信息与文献都柏林核心元数据元素集》发布描述型元元数据描述对象的基本信息，比如标题、摘要、作者等，这些信息有利于对象被发现和识别，技术型元数据是保存信息资源的加工存档、结构、使用管理等方面的相关信息。管理型元数据一般与资源的知识产权、入库时间、审校员和审校时间等相关。保存型元数据是用来描述有关数字资源保存特征信息的元数据,是由负责数字资源维护机构保存的一种内部信息,一般包括数字对象识别元数据和数字对象生产元数据。① 关于某一对象或资源的元数据规范一般都应包括以上三种类型的元数据。

电子图书元数据规范

21 世纪初以来,在科技部科技基础研究重大科技专项"我国数字图书馆标准规范研究"的引领和带动下,国内各研究机构开展了对各种专门元数据的研究工作,电子图书元数据属于专门元数据之一。随着研究工作的开展,一批学术论文相继发表,有程军的《针对电子图书的元数据标准》②、曾婷等的《电子图书元数据研究》③、陈幼华和郑巧英的《关于电子图书描述元数据方案的思考》④、史晓刚和黄铁军的《电子图书元数据的自动检查》⑤等论文。2013 年,国家图书馆出版社出版了《国家图书馆电子图书元数据规范和著录规则》一书。2014 年,由国家图书馆牵头,联合上海交通大学图书馆和广东省立中山图书馆起草,由中华人民共和国文化部发布了中华人民共和国文化行业标准 WH/T 65—2014《电子图书元数据规范》。这是国内迄今为止唯一关于电子图书元数据的相关标准。

该标准规定了电子图书的范围、著录对象、著录对象间的关系,确立了电子图书元数据规范的元素集及扩展规则,详细定义了元素及其修饰词,并声明该标准只是针对电子图书的通用性元素进行定义和说明,若具体行业或单位需要描述特殊类型的元素,可以在本标准的基础上进行扩展,但建议遵循本标准的扩展原则。

WH/T 65—2014《电子图书元数据规范》中对电子图书的定义是"以数字形式制作、出版、存取和使用的图书,一般以磁性或电子载体,并借助一定的阅读软件和设备阅读"。该定义可以归纳出电子书的一些特征和关键词,如多种形态、数字出版、内容可检索、被视作与印刷图书很相似、需借助电脑和专用设备阅读

---

① 王军. 保存型元数据研究[J]. 图书馆理论与实践,2006(5):30—32.
② 程军. 针对电子图书的元数据标准[J]. 图书情报工作,2002(7):67—70.
③ 曾婷,张成昱,牛金芳,等. 电子图书元数据研究[J]. 图书情报工作,2003(8):16—19,25.
④ 陈幼华,郑巧英. 关于电子图书描述元数据方案的思考[J]. 现代图书情报技术,2004(9):13—14,101.
⑤ 史晓刚,黄铁军. 电子图书元数据的自动检查[J]. 现代图书情报技术,2005(7):7—10.

等。这些特征是确定电子书元数据的著录对象、著录单位和著录对象之间的关系等的重要参考和依据。

从来源看，电子书可分为纸质书电子版和原生电子书。纸质书电子版其实就是纸版书籍的数字化形式，如目前大多数图书馆提供的电子图书都属于纸质书电子版。原生电子书是完全脱离纸质的原生电子文档，出版社先出版电子版再出版纸质版或者只出版电子版的电子书。盛大文学就是原生电子书的典型代表。电子图书的著录单位为具有独立标识（如 ISBN、URI 等）的一个发布单元。电子图书的不同对象之间的关系主要有包含关系、并列关系和派生关系三种关系。如本书前文中所述，目前还有一种增强型电子书，除了文字以外，还包括声音、互动和游戏等内容，它可以来源于纸质书，也可以是原生的电子书。从载体形式来看，电子图书可分为封装型电子图书、网络型电子图书和便携式电子图书。①

该标准采用修饰词的方法来对电子图书元数据语义单位进行细化。修饰词又分元素修饰词和编码体系修饰词两种。元素修饰词对元素的语义进行修饰、提高元素的专指性和精确性。编码体系修饰词用来帮助解析某个术语值的上下文信息或解析规则，其形式包括受控词表、规范表或者解析规则。在该标准中的第 7 部分"元素及其修饰词定义"中，对每个元素、元素修饰词和编码体系修饰词进行了详细的定义。该标准的元数据规范主要复用了都柏林核心元素集（Dublic Core Element Set，DC）的 15 个核心元素，元数据对象描述模式（Metadata Objects Description Schema，MODS）的 2 个元素，还有 2 个电子图书馆的个性元素，总计 19 个元素，元素集详见表 3-1。

表 3-1 《电子图书馆元数据规范》元素集

	元素修饰词	编码体系修饰词	复用标准
题名			dc: title
	交替题名		dcterms: alternative
创建者			dc: creator
主题		国会图书馆主题词表	dc: subject

---

① 陈幼华，郑巧英.关于电子图书描述元数据方案的思考[J].现代图书情报技术，2004(9)：13—14，101.

续　表

	元素修饰词	编码体系修饰词	复用标准
		医学主题词表	
		杜威十进分类法	
		国会图书馆分类法	
		汉语主题词表	
		中国分类主题词表	
		中国图书馆分类法	
		中国科学院图书馆图书分类法	
描述			dc: description
	摘要		dcterms: abstract
	目次		dcterms: tableOfContents
出版者			dc: publisher
其他责任者			dc: contributor
日期		GB/T 7408—2005	dc: date
	出版日期	Period	
	创建日期		dcterms: created
	获取日期		dcterms: available
类型		DCMIType	dc: type
格式		因特网媒体类型（IMT）	dc: format
	资源载体		dcterms: medium
	文件大小		
	页码		
	技术细节		
标识符		国际标准图书编号（ISBN）	dc: identifier
		统一资源标识符（URI）	
		数字对象唯一标识符（DOI）	
来源		ISBN	dc: source
		URI	
		DOI	

续表

元素修饰词	编码体系修饰词	复用标准
语种		
	GB/T 4880.2—2000	dc:language
	RFC 4646	
关联		dc:relation
包含		dcterms:hasPart
包含于		dcterms:isPartOf
参照		dcterms:references
被参照		dcterms:isReferencedBy
其他版本		dcterms:hasVersion
原版本		dcterms:isVersionOf
其他格式		dcterms:hasFormat
原格式		dcterms:isFormatOf
时空范围		dc:coverage
空间范围	Point	dcterms:spatial
	GB/T 2659—2000	
时间范围	Period	dcterms:temporal
	GB/T 7408—2005	
权限		dc:rights
版权拥有者		dcterms:rightsHolder
使用权限		dcterms:accessRights
版本		mods:edition
馆藏信息		mods:location
价格	GB/T 12406—2008	
书评		

来源:《电子图书元数据规范》(WH/T 65—2014)。

在该标准中,元素名为英文,以便于计算机标记和编码,并与其他语种和其他元数据标准(如 DC)应用保持语义一致性;标签为中文,便于人们阅读。

根据 DCMI 命名域政策[DCMI-NAMESPACE],元素名("name")应附加于 DCMI 命名域 URI 后,构成统一资源标识符,作为该元素的全球性唯一标识符。

规范中的标签只是元素名的一个语义属性,在具体的应用领域,为突出资源的个性和元数据的专指性,更好地体现该元素在具体应用中的语义,允许赋予其适合的标签,但语义上与原始定义不允许有冲突、不允许扩大原始的语义。

为了规范元数据标准中元素及修饰词等术语及定义,该标准素有元素术语的定义借鉴 DCMI 术语的定义方法以及《信息技术元数据注册系统(MDR) 第 3 部分:注册系统元模型与基本属性标准》(GB/T 18391.3—2009)根据实际使用情况,按表 3-2 中给出的 14 个方面进行定义。

表 3-2 电子图书资源元数据规范术语定义属性表

No.	属性名	属性定义	约束
1.	名称(Name)	赋予术语的唯一标记,一般为英文小写	必备
2.	出处(Defined By)	一般给出定义术语(特别是给出术语"名称"与"统一资源标识符")的来源名称及来源的 URI。如无来源名称与 URI,也可以是定义术语或维护术语的机构名称。或者也可以是书目引文,指向定义该术语的文献	必备
3.	标签(Label)	描述术语的可读标签,一般为中文,可随资源不同选择不同的描述术语	必备
4.	定义(Definition)	对术语概念与内涵的说明	必备
5.	注释(Comments)	关于术语或其应用的其他说明,如特殊的用法等	可选
6.	术语类型(Type of Term)	术语的类型。其值为:元素、元素修饰词和编码体系修饰词	必备
7.	限定(Refines)	在定义元素修饰词时,在此明确指出该术语修饰的元素。一般给出所修饰元素的名称,推荐同时给出 URI	有则必备
8.	元素修饰词(Refined By)	在定义元素时,在此项中给出限定此元素的元素修饰词。一般给出元素的名称,推荐同时给出 URI	有则必备
9.	编码体系应用于(Encoding Scheme For)	在定义编码体系修饰词时,在此给出该术语修饰的元素。一般给出所修饰元素的名称,推荐同时给出 URI	有则必备
10.	编码体系修饰词(Encoding Scheme)	在定义元素时,如果元素有编码体系修饰词,在此给出编码体系修饰词,一般给出术语的名称,推荐同时给出 URI	有则必备
11.	数据类型(Datatype)	术语允许取值的数据类型	可选

续 表

No.	属性名	属性定义	约束
12.	版本(Version)	产生该术语的元数据规范版本	可选
13.	语言(Language)	用来说明术语的语言	可选
14.	频次范围(Occurrence)	术语使用的频次范围。采用区间的表示方法：[min, max]，同时包括了对必备性和最大使用频次的定义。min = 0 表示可选；min = 1 表示必须；max = 10 表示最大使用频率为 10 次；max = ∞ 表示最大使用频次没有限制	可选

上述属性中的四项作如下固定取值：

a) 版本:1.0

b) 语言:缺省为简体中文

c) 数据类型:字符串

d) 频次范围:一般不限,为[0,∞),在制订著录规则时应给出实际的范围

在该标准中的最后一部分,使用上表中定义的 14 个属性对前表中的 19 个元素进行了详细定义。其中需要特定说明的有以下几个方面：

(1) 该标准规范中定义的所有元素均为非限制性的,如果在特定的项目或应用中使用,可进行必要的扩展,并增加使用说明。该标准规范中的元素描述及示例中有可能涉及扩展描述。

(2) 一般而言,每一元素均为可选,且可重复。但题名是必备的,标识符有则必备。

(3) 该标准规范定义的所有元素与顺序无关。同一元素(如创建者)多次出现,其排序可能是有意义的,但不能保证排序会在任何系统中保存下来。

(4) 为了便于理解与使用,每一元素后增加一些示例,说明其具体用法,但元素的使用当不限于示例所举。

(5) 为促进全球互操作,很多元素描述建议其元素的值取自受控词表。同样,为了某些特定领域内的互操作性,也可以开发利用其他受控词表。

(6) 建议特定项目或应用中的其他元数据规范建立与该标准规范核心集的映射以便数据转换,以该标准规范中的元素集为核心扩展元素应遵循元数据设计规范,以保证不同类型资源对象的元数据规范间的互操作性。

图书产品信息在线信息交换元数据规范

在线信息交换（ONline Information eXchange，ONIX）是一种以电子形式获取、传输出版物产品信息的国际标准，是一种描述、传递和交换丰富出版物元数据的国际标准，是用于图书、连续出版物以及各种媒体电子出版物信息的基础标准和贸易标准。它是由图书馆、出版商、批发商、零售商以及在这条供应链上各个环节的经营者团体共同发起建立的。其主旨是为了构建成功的、有竞争力的电子书市场，让消费者可以方便地接受不同渠道不同来源的信息，并自由地在各种数据之间按一定方式筛选，从而满足自己的购买和阅读的需要。该标准包括多项标准，有"ONIX for Books"（图书在线信息交换）、"ONIX for Serials"（连续出版物信息交换）和"Licensing Terms & Rights Information"（出版许可在线信息交换）等。ONIX for Books 是第一个，也是 EDItEUR ONIX 系列标准中最广泛采用的成员。ONIX for Books 产品信息消息是以电子形式表示和传达书籍行业产品信息的国际标准。它最初由国际书业电子商务标准化组织（EDItEUR）、英国的书业交流会（Book Industry Communication，简称 BIC）和美国的书业研究集团（Book Industry Study Group，简称 BISG）共同开发，现在由国际指导委员会指导，包括北美、欧洲大部分国家、南非和亚太地区（澳大利亚、中国、日本、韩国）。

对于出版商而言，经验表明 ONIX for Books 带来了两个重要的商业利益。作为一种通信格式，它可以在供应链中以标准形式向批发商和分销商、大型零售商、数据集成商和关联公司提供丰富的产品信息。通过为产品记录的内容和结构提供模板，ONIX 有助于促进更好地引入内部信息系统，能够汇集描述和推广新的作品名称和再版名称（title）所需的所有"元数据"。相同的核心数据也可用于生成预先信息表、目录和其他宣传材料。对于"下游"供应链合作伙伴，ONIX for Books 意味着他们可以加速将最新的产品信息加载到面向客户的系统中，减少对人工干预的需求并降低错误风险。它可以确保在高度动态的信息流中保持准确和最新，从而减少供应链中每个环节的客户服务问题。[①]

---

① EDItEUR International Standards. ONIX for Books Product Information Format Introduction to ONIX 3.0［EB/OL］.（2017－10－01）［2024－04－08］. https://www.editeur.org/files/ONIX％203/Introduction_to_ONIX_for_Books_3.0.4.pdf.

为了使ONIX更好地为我国的出版发行行业所用,CNONIX国家标准于2014年7月1日正式实施。该标准的中文名称为"中国出版物在线信息交换图书产品信息格式规范"。CNONIX标准保持国际图书ONIX标准中的数据元素和代码表等架构不变,去除了不符合我国国情的数据元素,修改和增加了符合我国实际的若干代码表。现行图书信息交换标准为GB/T 30330—2023《中国出版物在线信息交换图书产品信息格式》,新发布的标准中数据元素非常之多,这里不再赘述。可通过访问国家标准全文公开系统在线阅览该标准。[①]

关于电子图书的这两个元数据规范,侧重点非常不一样,电子图书元数据规范中说明了该标准适用于图书情报行业,该标准规定了电子图书的范围、著录对象和著录对象间的关系。图书产品信息在线信息交换元数据规范的目标则是为产业链上所有参与者提供完整的图书电子信息交换格式,以解决多种格式并存给书业信息交换带来的困扰,满足出版社、发行单位、网络书店、图书馆、图书物流企业等的需求。

遗憾的是,电子图书元数据规范自2014年颁布以来未有机构负责对其进行持续维护,也未有版本的更新和升级。对比之下ONIX自从2000年发布以来,一直由EDItEUR负责对其维护,其版本一直处于不断更新的状态,这些版本的更新内容以及最新的版本都发布在由EDItEUR维护的网站。用户在使用过程中有任何问题都可以联系EDItEUR请求帮助。

除了版本的更新之外,ONIX中的元素和内容也一直随着时代和环境的变化不断地更新。例如,ONIX不仅支持传统的电子图书,还有专门的元素用来描述"增强型电子书"和"包含图书内容的移动应用"等新的图书形式和内容,如使用<ProductContentType>可以列出增强型电子书中的各种类型的内容,包括文本、视频和音频等。

CNONIX是在国家新闻出版广电总局的领导下,由全国出版物发行标准化技术委员会组织全国数十家出版机构、发行机构以及部分专家,成功借鉴国际ONIX标准并充分结合中国出版业的实际需求进行持续维护。现行标准是对10

---

① 国家新闻出版署. 中国出版物在线信息交换 图书产品信息格式:GB/T 30330-2023[S]. 北京:中国标准出版社,2023.

年前发布的 GB/T 30330—2013 的更新,包含了一系列技术变化。国家新闻出版署还推动了一系列的应用示范工作。《出版业"十四五"时期发展规划》要求,推动国家出版发行信息公共服务平台的应用,完善国家出版发行信息公共服务平台功能,提升公共信息交换和服务水平,推动建立行业数据服务规范,基本实现 CNONIX 国家标准应用全覆盖。截至 2023 年 2 月 1 日,国家出版发行信息公共服务平台已接入出版发行单位和互联网电商 166 家、门店 4 571 家,累计交换书目数据 142.8 万条、销售数据 4.35 亿条、库存数据 104 亿条、电子单证交换 20 万笔。

第 2 节　电子书格式

内容格式规范一般指是开放的还是封闭的,是出版专用格式还是通用文档格式、流式或版式,以及采用的语言是标记语言还是非标记语言。这里主要讲一下流式和版式的区别。流式(Formless)是指无关形式的内容,即没有事先定义好表现形式的内容;版式(Definite)是指定义形式的内容,即事先定义好表现形式的内容。可以从图 3-2、图 3-3① 来了解一下流式和版式的区别。

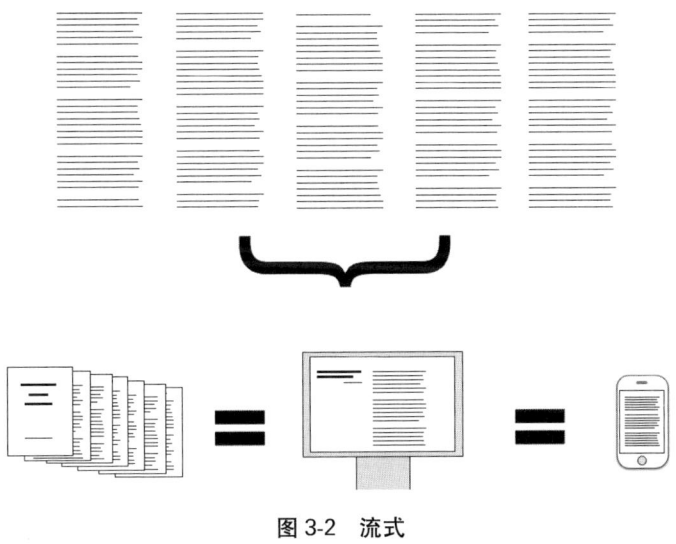

图 3-2　流式

---

① 爱范儿.iPad 时代的书.[EB/OL].(2010-03-22)[2023-11-23].http://www.ifanr.com/8028.

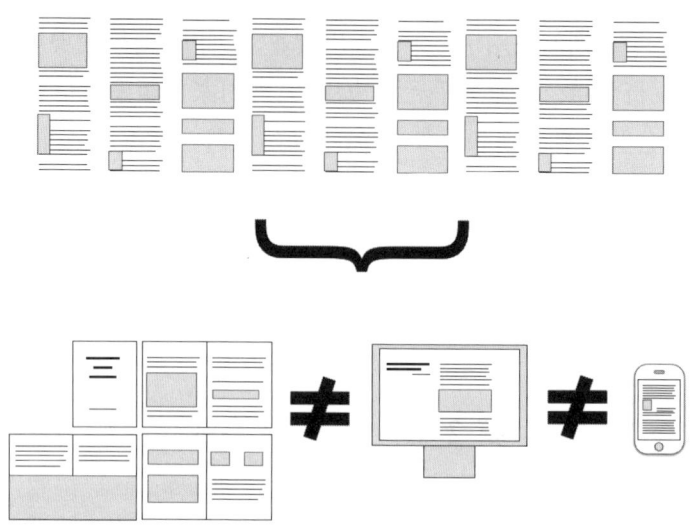

图 3-3　版式

流式排版是相对于版式排版而言的，指对文档包含的文字、数字、表格和图形图像进行特定的版排处理，保存后的内容是原始的编辑元素，用户通过阅读软件能查看到编辑后的排版风格，并且可以在不同的缩放比率间自适应版面大小显示。在小屏幕的电子书阅读器上，最好的表现是放大后能够对初始版面自动重排，根据屏幕宽度调整段落的换行以适应单页的视野范围。

简而言之，流式排版没有明确的页的概念，行宽、字号皆可调整，根据屏幕大小可以重新排版，适应多数阅读设备。版式排版相对于流式排版最大的区别则是其版面是固定的，阅读过程中始终以原始编辑版式显示，缩放后不会自动根据页宽进行重新排版。如利用扫描得到的初始图片稿件制成的 PDF 文件，还有一些就是固定版式制作的 PDF 图文与纯文本文件了。

目前，国内外电子资源的格式标准多达数十种，包括私有格式和通用格式两类，前者如亚马逊的 AZW、方正的 CEB、超星的 PDG、中国学术期刊网的 CAJ 和维普的 VIP 等，后者如 Adobe 的 PDF。从"版式与流式"上说，电子书格式中版式以 PDF 为代表，流式以 EPUB、TXT 为代表。从"开放与封闭"上说，方正 CEB、PDG 即为封闭格式，EPUB 为开放格式，等等。从"环境要求"上说，不管何种数据格式，都需要有一种与之相适应的要求。比如电子书内容都必须在类似计算机的设备上进行阅读；一些电子书格式跟操作系统相互捆绑，在特定环境下才能进行阅读。

TXT 格式是一种计算机内使用的基本文件格式。TXT 格式的特点是其采用的都是统一的编码的字符，没有特别的格式要求，就是最简单的文本字节的组合。因此，TXT 格式也是一种兼容性最好的格式，所有的操作系统和计算机都能读取，而无需特别的工具和软件。TXT 格式电子书的另一个优点是图书大小非常小，适合数据流量小的用户进行使用。而 TXT 格式电子书的缺点也是显而易见的，TXT 格式电子书没有版权保护，没有特定的排版和格式，也不能支持图片和多媒体的内容浏览。因此，在近年来，除了一些公版的电子书以外，TXT 格式电子书越来越少，逐渐被其他格式所取代。

EXE 是 Windows 系统中可执行文件的后缀。EXE 格式的电子书，一般是指在电脑上通过直接运行就可以阅读的电子书，其内容可以是文本、图片甚至是音频和视频。与 TXT 格式相比，EXE 格式的内容展现形式非常丰富。无论什么样式的排版和布局均可以实现。同时，由于 EXE 文件是一个独立的编译后的文件，对用户来说无法解密，因此也就无法将其中的内容和文字进行复制出来，对于版权保护的效果较好，在 PC 计算机时代是一种比较流行的阅读格式。

随着互联网的普及和技术的发展，EXE 格式逐渐产生了诸多的弊端和问题。首先，EXE 格式的电子书仅仅支持 Windows 电脑操作系统，用户无法在别的终端，如智能手机上进行浏览。在移动互联网时代到来以后，不支持移动阅读的电子书逐渐失去了主要的地位。其次，EXE 格式本身就是一种可执行的文件，而可执行文件对于操作系统来说拥有的权限非常大。与其他格式相比，如果有人恶意利用 EXE 文件来进行攻击将会十分简单。通过捆绑和植入木马、病毒等，对用户的计算机会造成非常大的威胁。特别是很多人的计算机并没有安装杀毒软件和防护软件，对于此类威胁基本上是无法解决的。因此，EXE 格式电子书除了少数资源厂商提供以外，越来越多的厂商都通过"定制格式+专门的阅读器"来解决版权保护的问题。时至今日，EXE 格式电子书已经基本绝迹。如果偶有发现，也会被人误以为是病毒程序而删除。

CEB 是 Chinese E-paper Basic 的缩写，是北大方正电子公司拥有自主知识产权的一种版式文件格式，由于在文档转换过程中采用了"高保真"技术，从而可以使 CEB 格式的电子书最大限度地保持原来的样式。正是基于这种特点,不少电子书发行机构和数字化图书馆都已经开始采用这种格式,国家有关部门还把 CEB 格式作为电子公文传递的标准格式。方正 Apabi Reader(阿帕比)是 CEB 格式的指定阅读软件,Apabi Reader 还具有字体缩放、书签、作笔记、书籍管理、翻译和文字部分拷贝功能,符合大多数读者传统的阅读习惯。

HTML 其实是一种超文本标记语言,它是互联网的重要基石之一。由于 HTML 的通用性,可以说 HTML 是互联网事实上的通用格式。为此,通过 HTML 方式展示的电子书具有和传统电子书不同的特点。首先,HTML 格式的电子书无须下载,一般都是按照章节形式进行加载和阅读。因此,具有省流量和无须安装阅读软件的特点。其次,HTML 格式的电子书支持各种丰富的多媒体展示和交互内容,阅读体验较好。同时,HTML 格式的电子书也是一种自适应的电子书格式,通过浏览器网页的拉伸,可以达到适应不同终端的效果,从个人电脑(PC)到手机屏幕都有类似的展示效果和阅读体验。然而 HTML 格式的优势同样也是它的弊端,因为在浏览器中可以直接浏览,版权保护对于浏览器来说非常难以控制,或者说无法控制,因此很少有资源厂商会基于浏览器进行电子书的服务。为此,一些资源服务商一般是通过 HTML 格式的页面,并通过其自己的阅读器打开,以达到两者兼顾的目的。

目前,主要采用 HTML 格式的电子书的资源服务商,一般是一些连载的网络文学的服务商,因此网络文学的特点是边写边更新,作者写、读者追的模式。因此,需要时时更新电子书内容,也就不适合采用其他格式的电子书了。

Mobipocket 是一家法国的公司,于 2000 年 3 月创立。Mobipocket 公司发明了 MOBI 电子书格式,并配套开发了一个 mobipocket 的电子书阅读器的软件。该软件可以用于智能手机设备,个人电子助理 PDA 等设备中。同时,也支持在个人电脑的操作系统中运行。因此,具有非常好的兼容性,受到用户的欢迎。

Mobipocket 公司的策略是提供免费的软件,这些免费的软件适用于各种阅读器和工具,支持大量的终端和设备,包括智能手机、PDA 设备、电子书阅读器等。同时,也支持各种手机操作系统的软件版本。亚马逊公司 2005 年收购了 Mobipocket 公司,这被认为是在亚马逊公司希望购买 Adobe 公司电子书打包和服务软件未果之后的第二选择。

在亚马逊公司收购以后，Mobipocket 公司的相关的服务不再继续增长了。包括软件支持、用户支持和对于更多平台软件的支持。2011 年亚马逊官方宣布不再继续支持 mobipocket 这款免费的电子书阅读器软件，并最终在 2016 年正式将 Mobipocket 公司的相关服务和网站关闭。用户之前购买的基于 mobipocket 的电子书也就不再继续支持服务和阅读。这也是数字版权管理（Digiral Rights Management，DRM）技术所带来的固有的缺陷。

由于亚马逊公司是一家巨大的电子书内容提供商。同时，亚马逊公司通过其 Kindle 电子书阅读器垄断了电子书的上游和下游，打造了一条从出版到销售服务的链条。在这种情况下，亚马逊公司有足够的能力去建设和设定自己的电子书标准和格式。这种格式是亚马逊推出和颁布的格式，只有在支持这一格式的设备上才能阅读内容。同时，亚马逊公司自己的 Kindle 设备，也仅仅支持有限的几种电子书格式，其中的一种就是 MOBI 格式。

无论其电子书的格式叫什么，本质就是亚马逊为了保护自己的电子书而指定的一套标准和规范，也就是亚马逊公司的 DRM。虽然 MOBI 是一种带有版权保护的格式，但是用户依然可以将不同的电子书格式通过工具软件的转换，转换成 MOBI 格式，从而支持在 Kindle 电子书阅读器上阅读的目的。比如目前市面上比较常见的电子书格式 EPUB、PDF 或者 TXT 等，都支持直接通过工具转换成 MOBI 格式。

同时，亚马逊电子书商店中也有各类 MOBI 电子书的下载，用户，包括作者在内，也可以通过亚马逊自己的自出版（KDP）平台发布。Kindle 自出版平台上，作者只要上传 Word 文档，亚马逊公司会为其自动加工成 MOBI 的格式。这种模式的好处是，亚马逊通过统一的方式和工具不仅加工了电子书，而且减少了因为人工加工或者不同工具加工而产生的格式标准差异或者错误，从而避免了因为电子书在 Kindle 阅读器中读取异常而带来的用户体验不良的问题。

AZW3 格式逐渐取代 MOBI 成为 Kindle 电子书的主流格式。可以将 AZW3 理解为亚马逊给 MOBI 电子书加的一个"壳"，目的是更好地保护电子书的版权。AZW3 格式主要是以 EPUB3 为目标进行设计和支持的，但是也可以支持其他版本的 EPUB。

CHM（Compiled Help Manual，已编译的帮助文件）是微软 1998 年推出的

基于HTML文件特性的帮助文件系统,以替代早先的WinHelp帮助系统,它也是一种超文本标识语言。由于与网页浏览器有着高度的相似性及众多优点,CHM格式的电子书广受用户的喜爱。

PDF格式全称叫作可移植文档格式(Portable Document Format,PDF)。PDF格式是一种用独立于应用程序、硬件、操作系统呈现文档的文件格式。每个PDF文件包含固定布局的平面文档的完整描述,包括文本、字形、图形及其他需要显示的信息。PDF文件格式在20世纪90年代早期开发,用于分享包括文本格式和内置影像的文档,能跨平台操作,哪怕是完全不同的操作系统、平台或者软件。

在互联网及HTML格式尚未兴起的时候,PDF在桌面出版工作流的技术当中很受欢迎。但是PDF是由Adobe控制的专有格式。直到2008年7月1日,Adobe的官方才将PDF作为开放标准发行,并由国际标准化组织以ISO 32000—1:2008标准发布。2008年,Adobe发布对ISO 32000—1的公共专利许可,赋予对所有Adobe拥有的制作、使用、销售,以及分发兼容PDF的实现所需的专利的买断式授权的权益。PDF格式也有很多的版本,包含了一些由Adobe定义的专有技术,这些专有技术没有被规范化。

目前,PDF主要由三项技术组成:派生自PostScript页面描述语言的子集,用以生成和输出图形。字体嵌入/替换系统,可使字体随文件一起传输。结构化的存储系统,用以绑定这些元素和任何相关内容到单个文件,带有适当的数据压缩系统。PDF可能会被加密,以致查看或编辑内容时会要求输入密码。PDF文件可能还包含嵌入的DRM限制,提供限制复制、编辑或打印的进一步控制。

EPUB(Electronic Publication,电子出版)是一种电子图书标准,由国际数字出版论坛(IDPF)提出;其中包括3种文件格式标准(文件的扩展名为.EPUB),这个格式已取代了先前的Open eBook开放电子书标准。EPUB格式电子书最大的特点就是通用性强,是目前支持阅读软件最多的电子书。除此之外,EPUB格式对于复杂的排版,对图表、公式等元素的兼容性比MOBI格式好。目前EPUB格式的优势主要体现在图文混排、图片嵌入字体上。EPUB3.0是基于最新的HTML5标准的。这也就意味着EPUB的内容可以包括视频、音频和交互内容。这种最新的EPUB格式和网页浏览的方式一样,仅有的区别是EPUB在EPUB阅读器中打开,而网站需要在浏览器中打开。

EPUB 是一个自由的开放标准,属于一种可以"自动重新编排"的内容;EPUB 文件的一个重要特点就是,EPUB 文件没有页码的概念,因为 EPUB 文件是流式的内容,内容会根据用户的显示屏自动进行适配,动态地调整每一页展示文字和内容的多少,从而为用户提供最合适的阅读体验。通过让内容来适应显示器的方式,而不是让用户去放大缩小调整页面去阅读(阅读预先排版好的内容),这种方式是 EPUB 和 PDF 的最主要的也是最重大的区别。因为 PDF 是用来展示一种和出版内容相同排版的格式,而 EPUB 3.0 则不同。EPUB 3.0 也可以像 PDF 一样去固定布局和内容。这样一来,对于某些强内容版式的内容就会非常有帮助,这些内容可能是儿童绘本、音频杂志等。因为这些内容就是设计在大屏幕的设备上使用的,比如 iPad、电脑等。

EPUB 文件内部使用了以 XML 格式编写的 HTML 展现文字,并以 zip 压缩格式来包裹文件内容。EPUB 格式中也包含了数字版权管理相关功能可供选用。2023 年 5 月,最新的 EPUB 3.3 版本成为 W3C(World Wide Web Consortium,万维网联盟)正式推荐标准,这项工作也是数字出版标准计划的一部分(IDPF 与 W3C 于 2017 年合并成立数字出版标准计划)。但由于 EPUB 规范没有指定任何特定的数字版权管理系统,所以出版商可以自由地选择适合的数字版权管理计划。因此,在不同数字版权管理标准下的 EPUB 文件可能出现不兼容的问题,从而导致 EPUB 这一标准格式名存实亡,变成一个个版权壁垒。所以,当前拥有数字版权管理的 EPUB 文件必须在其 ZIP 容器的根级 META-INF 目录中包含一个名为 rights.xml 的文件。

第 3 节　数字版权管理

随着互联网技术的快速发展,全球数字内容服务业开始进入高速增长阶段。日新月异的数字化新世界,对现实生活正在产生越来越大的影响,同时其自身也正面临着各种各样严峻的挑战。随着无线、网络、存储、计算等技术的快速发展,复制和传输数字内容越来越方便、容易和隐蔽,这一方面极大地促进了数字内容产业的快速发展,另一方面也对各种数字内容的原创者、提供商、服务商以及运营商等各利益方带来了严峻挑战。为了保护数字内容的版权,从技术上防止对数字内容的非法复制和非法使用,数字版权管理应运而生。DRM 提供了对数字内容进行安全分发、权限控制和运营管理的能力,使得数字内容相关权益方能对每个数字内容定义不同的使用权限,每个权限对应不同的商业价格。用户必须得到授权后才能按照相应的权限消费数字内容,并支付相应费用。在一些特定领域,版权一直是一种非常重要的个人权益,如一本畅销书的版权,一部最新大片的版权,等等。设想在一个没有版权的世界里,作者、出版社没有任何利益可言,电影公司投资拍电影只能亏本,大家都在坐享其成吃免费午餐而无需任何付出,那么终将导致劣币驱逐良币。

为了解决如上的问题,对于电子资源内容的版权保护一直是一个发展方向,并且随着技术的更新在不断的迭代和升级中。

在最早的时候,互联网不发达,我们安装软件和内容,都需要通过光盘和软盘等方式安装。那时候的版权保护主要是保护光盘这一介质的安全性,比如光盘的防拷贝防刻录,软件运行需要读取光盘数据,等等。

在互联网兴起以后,大家都通过网上下载软件,版权保护的方式从限制安装介质转向了限制运行终端。也就是说,你想要运行我的特定软件,你需要问我买一个授权,比如一个序列号;而一个序列号只能对应你自己的设备,或与你的硬件设备关联,强制捆绑。这一版权保护的方式也是目前很多收费软件选择的方案。

那么,对于一些内容文件,如何做好版权保护呢?比如说电子书,电子书的内容无法像通过卖序列号一样的方式进行销售,因为其内容是直接可读取的。为此,一般有几种做法:

(1) 数字内容在受控制的范围内阅读:这种方式实现简单,比如将电子书内置在用户的手机或阅读器内,禁止拷贝和访问。比如在特定的网络内才能访问内容,如在图书馆内网查询资料等。

(2) 通过在用户的终端内部署或运行可信任的程序:这种方式是目前主流的移动互联网的阅读方案,比如安装QQ阅读、微信阅读等软件。通过软件,我们可以阅读相关的电子书内容,而无法拷贝出来。

(3) 通过交付加密的内容,让符合一定条件的设备或终端可以打开:这种方式的特点在于方案是公开的,其安全性不在于特定的机密内容和信息,而在于特定的技术手段的安全性。为此,这种交付方案更加轻量级和灵活,更加容易被用户所接受。

数字版权管理主要就是通过安全密钥加密内容,用户在使用内容的时候需要验证安全密钥。数字版权管理通过定义许可证的生命周期、用户行为等方式管理用户使用情况,或者联合商业进行金融消费等。不同的用户拥有不同的使用权限,不同的权限需要支付相应的费用。

一个典型的数字版权管理系统包括三个模块:内容服务器(content issuer)、权限证书服务器(rights issuer)和客户端(DRM agent)。

内容服务器

一般包括了存储数字内容和进行加密操作等数据加工处理的服务器。加密以后的数字内容才能正式成为数字版权管理系统的服务内容。

权限证书服务器

数字版权管理系统最主要的任务是生成对应的证书和元数据信息,这一工作主要是通过权限证书签发服务器来实现的。证书的签发需要第三方的专业机构进行认证,因此,网关一般都是具有可信任的第三方签发证书的。随后,基于这个可信任的证书再去签发每个数字版权管理系统用户的相关证书。

通常情况下,一个权限证书服务器需要与用户认证体系进行对接。只有在用户通过登录认证以后,才会签发相应的资源权限的证书。否则,相关内容访问将会被一律拒绝。

除了签发证书以外,权限证书服务器还担负着证书的验证和校验的功能。如果某些用户对数字版权管理系统的安全性产生了影响,将会触发吊销相关证书的操作。因此,需要在每次使用证书进行电子书服务之前,调用权限证书服务器的相关接口会验证用户身份,最终保障实际阅读的用户是合法的守信用户。

此外,权限证书服务器还有一些基础的服务和功能需要提供,比如一些数字版权管理系统会提供全局统一授权服务,通过统一系统时间来避免因用户主动修改设备时间从而继续使用资源的缺陷。

客户端

数字版权管理提供的是端到端的加密和保护,为此只有在可控的范围内对相关的数字内容进行加密解密才能满足实际的需求。因此,数字版权管理系统通常在用户端采用定制 SDK 或者提供阅读软件来实现。

客户端的基础的功能是根据用户的身份进行校验,允许具有权限的用户去下载和打开对应的加密图书。在用户关闭程序时消除解密的数据,以保障安全。同时,需要在设备的安全区域和位置内存储用户的个人密码,从而针对不同的图书进行加密和解密的操作。

除此之外,还需要有一些相关的管理能力。以图书馆的数字版权管理系统为例,需要制定相关的图书借阅规则,比如一次可以借阅几本、每本图书可以看几天、是否可以续借、续借几次、每次多久等。这些都是数字版权管理系统模块所需要管理和考虑的,并通过相关的管理工具和协议将这些内容形成规范。

在这个过程中,应用和阅读器通常还提供一些基于图书阅读的管理和配置功能,比如阅读的字体、字号行距等。

一个典型的数字版权管理系统的业务流程如图3-4所示。

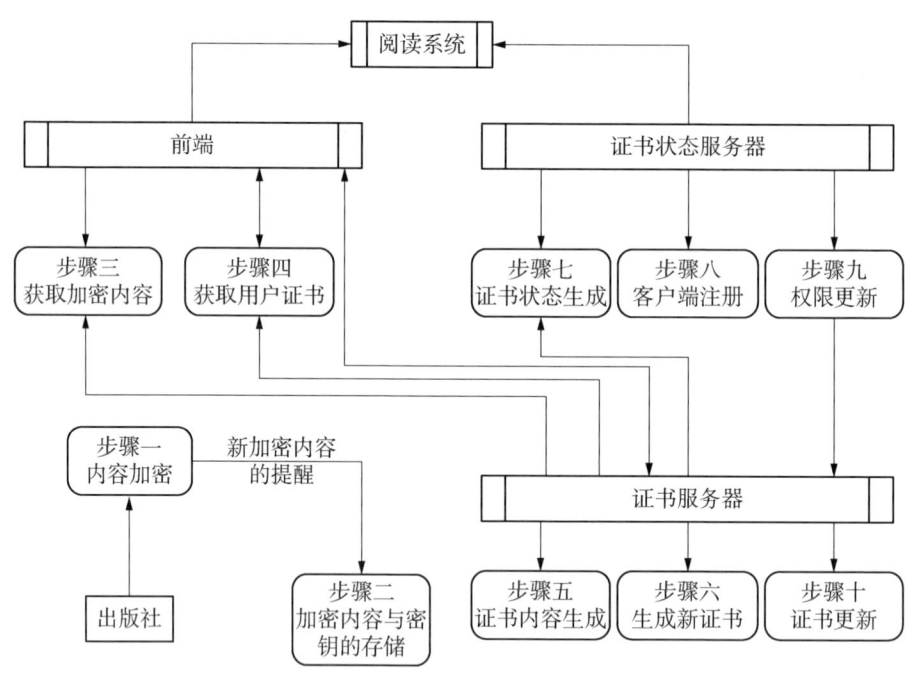

图3-4 典型的数字版权管理系统业务流程

步骤1:对数字内容裸数据进行加密。

步骤2:针对加密的内容和相关的密钥进行安全存储。

步骤3：获取签发加密后的电子书文件。

步骤4：获取一个为用户签发的有效的证书文件。

步骤5：为证书文件和数字内容进行对应的加密处理并生成最终的文件。

步骤6：生成新的证书。

步骤7：获取查询相关证书的有效期和信息。

步骤8：客户端注册。

步骤9：查询并确认所需要的权限。

步骤10：更新相关的证书权限（如归还、续借等）。

第4节　图书馆电子书服务研究

图书馆的电子书服务最早始于21世纪初，早期服务效果与影响有限。近年来国内外图书馆电子书服务发展迅速，这主要是归功于这些年来全球电子书产业的迅猛发展。美国最大的面向图书馆电子书服务商赛阅公司（OverDrive, Inc.）曾在2018年发布数据称，数字内容流通量在该年取得了大幅增长，电子图书借阅量正处于一个快速增长的轨道，增长最快的机构渠道——K-12学校已经实现了39%的同比增长，其"大图书馆阅读"（Big Library Read）计划已覆盖全世界超过19000家图书馆和学校。国内图书馆电子书服务起步并不晚，在20世纪末就已经有一些尝试案例和图书馆电子书服务提供商，甚至可以说我们国内的电子书服务是早于国际同行的，例如国内图书馆行业至今有影响的电子书服务提供商方正与超星等，它们在20世纪末就向国内的图书馆提供了相当规模的电子书服务。

从宏观视角来看，图书馆电子书服务不是孤立存在的，它必须依赖整个电子书行业乃至数字出版产业生态的成熟。图书馆电子书服务研究必须以环境扫描和策略研究为前提，从整个数字出版产业链以及数字阅读环境的理论框架下，探讨图书馆电子书服务的意义与定位。因此，本章的内容就是秉承这样的理念基础，跳出图书馆行业的约束，从整个产业链的视角来对图书馆的电子书服务进行宏观考察，同时从图书馆的具体实践问题与案例来对图书馆的电子书服务进行微观研究。力图为国内图书馆界的同行，以及相关的公共文化机构提供宏观视野与微观实践的参考。

以整个产业链的宏观视角和业务流程的综合考虑分为以下几个主题:电子书阅读器(下一章单独讨论);采购模式与资源选择;知识产权;平台与技术;管理与服务模式;调研与评价研究等,通过对以 Web of Science 数据库为主的西文数据库进行了文献检索,检索词为"电子书""电子书阅读器"的组合,包括 electronic book、e-book、e-reader、ebook,加以"图书馆"的限定;对以万方、维普、知网为代表的中文数据库进行了文献检索,检索词为"电子书""电子图书",同样加以"图书馆"的限定。

综述与文献调研

由于相当多的关于图书馆电子书服务的研究论述主题广泛,因此宽泛一点说的话,相当部分的这一主题的文章可以被归入综述类。为了有效地分类调研在这个大主题范围的研究论文,在这个章节中,我们仅讨论一些以宏观视角来讨论观察这一主题,且论述内容较为全面或复杂,以及在该主题范围内较有影响力的论文。同时,我们也将对一些文献调研综述类的文章介绍放在这个部分。

早期关于图书馆电子书服务这一主题的研究论文并不多。冯洁音[1]的文章介绍了电子书与阅读器在图书馆的服务这一概念,主要是介绍 netlibrary 在图书馆的服务,但其文后的思考今天看来也是可以参考的。赵继海[2]的文章虽然重点是放在电子书阅读器及其对图书馆的影响探讨,但此文的影响较大,实际上可以称为国内探讨图书馆电子书服务的开篇之作。这两篇文章都是 2001 年发表的。

几年后,更有影响且更全面的研究论文开始出现。如聂华[3]的文章是在图书馆电子书服务领域早期比较完整地考察图书馆电子书服务的具有一定水准的论文,影响也比较广泛。此文全面讨论了电子书在图书馆中的采购、编目及服务业务,并跳出图书馆行业,以电子书内容供应、技术与标准以及发行和商业模式等产业的角度来考察电子书对图书馆的影响。此文发表于 2005 年。大概四五年后,类似比较全面的图书馆电子书服务论文才重新出现。如 2010 年,颜芳[4]从电子书

---

[1] 冯洁音.电子图书与图书馆[J].图书馆杂志,2001,20(2):8—9,25.
[2] 赵继海.电子书阅读器的发展及其对图书馆的影响[J].大学图书馆学报,2001,19(4):22—25.
[3] 聂华.电子书的发展及其对图书馆的影响[J].大学图书馆学报,2005,23(2):28—33.
[4] 颜芳.电子书对图书馆的影响与挑战研究[J].图书情报工作,2010,54(19):94—97.

的定义、发展及其对图书馆服务的影响与挑战角度来论述图书馆电子书服务的各个角度,但此文并没有能真正对电子书的宏观环境与图书馆的电子书服务方方面面做到有深度的探讨。此文比较可取之处是最后提及如何以电子书为契机创新图书馆服务,例如提供电子书阅读器的外借,与多方合作提供各种类型的电子书内容,提升用户体验,同时充分重视版权相关的问题与人员配备,等等。

图书馆的电子书服务是既有宏观产业背景,同时也是实践性很强的应用领域,所以对这个主题领域的研究与实践有着比较明确的内涵与外延。但是,几乎在每一个专业领域的相关研究与实践中,总有着一些以独特视角或创新与发散性思维着力的研究见解或创新案例。例如,早在2003年,肖沪卫、潘洁毅[①]没有从电子书在图书馆服务的框架或实践角度出发,而是从图书、读者、员工、基础设施、版权、图书馆服务、图书馆评价等方面讨论电子书将对图书馆各方面所造成的影响,并提出应对策略与建议。从此文讨论的这七个方面来看,囊括了传统图书馆从运营到服务几乎所有的方面,实际上,它是从管理运营的思维逻辑来探讨一个新兴技术与服务形态对图书馆的影响,而不仅局限于业务。

讨论图书馆电子书服务自然也无法摆脱宏观产业背景的环境变化所带来的约束。王念祖、隋鑫[②]考察了整个出版产业链从传统出版到数字出版,并分别讨论了在传统出版产业价值链以及数字出版产业价值链中的角色定位,以宏观环境的变化来讨论图书馆如何应对电子书服务方面的问题与挑战。苏海明[③]同样是从出版产业链的变化来考察图书馆电子书服务的环境因素,但此文更多地讨论考察出版模式的变化及其影响,有趣的是,此文引入并探讨了一个"数据废气"的概念。

何瑶、邵波[④]分别对国外以及国内对图书馆电子书管理的研究与应用做了文献综述,其时间跨度涵盖了21世纪初起的十五年左右,最后根据文献调研的分析比对,从管理、资源利用与服务三个方面提出了建议。

---

① 肖沪卫,潘洁毅.电子图书对图书馆的影响及对策[J].中国图书馆学报,2003,29(1):47—51.
② 王念祖,隋鑫.价值链视角下图书馆电子书服务的问题与挑战[J].图书馆建设,2013(8):40—43,49.
③ 苏海明.电子书出版产业链变革的探讨[J].新世纪图书馆,2015(12):26—29,78.
④ 何瑶,邵波.近十五年国内外图书馆电子书管理的研究与应用[J].图书馆学研究,2016(22):19—24,35.

采购模式与内容建设

电子书在图书馆服务中最重要的基石,毫无疑问是内容的建设,而内容的建设又可以分为自建或者采购两种形式。如果是采购,又可以分为不同的采购模式,打包、租赁或纯粹购买按需付费的网络服务等。对于内容的选择原则有各种途径与方法,其中近些年来较多被同行们所探讨的就是读者驱动采购 PDA (Patron-driven acquisition)或用户驱动采购 DDA(Demand-driven acquisition)的方式,这些也就是所谓的采购模式,根据用户的需求进行按需采购来进行资源选择。

如 Jeanne Richardson[1] 的文章谈不上是研究论文,只是一篇介绍性的专栏文章。介绍了亚利桑那大学图书馆联盟(The Arizona Universities Library Consortium)的电子书 PDA 采购模式中的一些细节,这些书的采购流程是如何做的,各个大学图书馆如何分担费用,以及纸质书与电子书 PDA 数据的对比等。最后提到 PDA 模式为用户提供了不错的体验,也是一个看起来非常经济的模式。

Yin Zhang 等[2]研究了 DDA 方式中的模式选择,是选择用户行为(如 10-10-1-1-1,指你翻了 10 页、阅读了 10 分钟,或者打印、复制、下载了一次的行为)触发机制还是采用短期借阅(short-term loan, STL)的方式更有效更经济。研究收集了肯特州立大学图书馆(Kent State University Libraries, KSUL)电子书使用/触发购买的数据,得出研究结论是短期借阅模式并不见得是一个性价比高的选择。Cristóbal Urbano 等[3]的文章是与 Yin Zhang 同一个团队做的同一案例但角度不同的研究。这篇论文详细分析了基于 PDA 模式(基于 10-10-1-1-1 的触发机制)的用户检索日志与电子书供应商所提供的可供书目信息等,详细分析用户行为与用户体验。此文是少有的基于用户使用日志对 PDA 模式进行分析的研究,也有一些很好的启示与建议,如指出 PDA 模式遇到的挑战,有些用户在

---

[1] RICHARDSON J. The Arizona Universities Library Consortium Patron-driven E-book Model. [J]. Insights, 2013, 26(1):66-69.
[2] ZHANG Y, DOWNEY K, URBANO C, KLINGLER T. A Scenario Analysis of Demand-Driven Acquisition (DDA) of E-Books in Libraries [J]. Library Resources & Technical Services, 2015, 59 (2):84-93.
[3] URBANO C, ZHANG Y, DOWNEY K, KLINGLER T. Library Catalog Log Analysis in E-book Patron-Driven Acquisitions (PDA): A Case Study [J]. College & Research Libraries, 2015, 76(4): 412-426.

访问供应商目录时可能无意之中触发了购买机制,这些被购买的电子书对于图书馆完整的馆藏建设发展是否有利?最后此文提的建议中也强调了在 PDA 模式中,完整与完善的书目揭示是很重要的保障机制。

Timothy Bailey 等[1]通过调查蒙哥马利的奥本大学(Auburn University at Montgomery)在采购纸书与电子书之间的价格对比,发现电子书价格普遍高于纸书价格,再加上电子书服务所需要的平台支持与维护成本,这使得经费紧缩的高校图书馆在将资源从纸书转向电子书时困难重重。另一个需要考量的因素是空间成本,图书馆希望提供更多的空间供读者使用,因此从纸质资源向数字资源转移似乎是一个不得不做的选择。文章最后建议,采用 PDA 模式或许能够提高在短期内所购买电子书的使用效率,进一步促进图书馆的纸电转型。

Magdalini Vasileiou 等[2]通过详细的文献调研对比,并对 27 位高校图书馆员进行了半结构化访谈,研究最后的结论是,购买电子书时复杂变化的商业模式、使用许可的复杂多样性、数字版权管理的限制以及相关较高的价格是馆员们在电子书的采购选择上最关心的问题。

国内学者在 2005 年前后,对当时的电子书服务供应商调查做过一些比较分析,但因为时间较早,市场情况已经过时。课题组因此对公共图书馆大众类商业电子书服务平台进行了调研分析,下一节将详细介绍这次调研。在电子书采购方面,梁宵萌、王雪莲[3]对高校图书馆电子书采购的现状进行了分析,重点研究了采购经费,包括自主、联合以及读者荐购等采购方式,以及主要供应商和使用模式。吴云珊[4]分析了高校图书馆电子书采购存在的版权、质量、使用中的各种问题,以及重复投资、价格以及业务规范方面的诸多风险,并对这些风险提出了建议对策。齐东峰[5]对图书馆学术电子书方面的采购方面碰到的问题做了很好

---

[1] BAILEY T P, SCOTT A L, BEST R D. Cost Differentials between E-Books and Print in Academic Libraries [J]. College & Research Libraries, 2015,76(1):6-18.
[2] VASILEIOU M, HARTLEY R, ROWLEY J. Choosing e-books: a perspective from academic libraries [J]. Online Information Review, 2012,36(1):21-39.
[3] 梁宵萌,王雪莲. 高校图书馆电子书采购问题研究[J]. 图书馆学研究,2013(19):24—27,63.
[4] 吴云珊. 高校图书馆国内电子书采购风险与对策[J]. 图书馆论坛,2011,31(1):91—94.
[5] 齐东峰. 图书馆学术电子书采购诉求与出版商利益的矛盾与平衡[J]. 国家图书馆学刊,2014(3):99—104.

的总结,也对解决图书馆方面的采购诉求(包括在使用方面碰到的种种问题)与出版商利益之间的矛盾提出了一些建议。

在更为宽泛的内容建设主题方面,刘磊等[1]对图书馆电子书馆藏发展中的各方利益相关者的需求做了详细精到的分析,这是难得的对产业链上的利益相关方的总结,并由此提出电子书馆藏发展中的利益生态链和利益管理,并提出如何基于这样的需求角度,制定电子书资源馆藏发展政策。毕艳芳等[2]对高校图书馆增强型电子书的馆藏建设模式进行了探讨,并对增强型电子书的采购与建设模式进行了总结。此文最后认为增强型电子书将会是未来发展的趋势。因此,毕艳芳、李泰峰[3]又对图书馆在未来增强型电子书发展中所具有的各种角色定位进行了探讨。

值得讨论的一点是海外同行对 PDA 的研究较多,也比较认同这种模式。但如果图书馆的所有资源都采用 PDA 的方式采选,是否会对图书馆的长远发展有益呢?从业务角度看,PDA 模式只适用于部分资源的采选,不能因采用 PDA 而减弱馆员采选的权力,削弱对馆藏建设长期目标的坚持以及完整性与系统性的保障。吕娜娜[4]对加利福尼亚州立大学图书馆电子书 PDA 项目做了很好的案例分享,并对我国图书馆如何依据国情推广 PDA 提出了一些建议。

平台与技术

与传统纸质书相比,图书馆电子书服务所涉及的技术复杂得多,牵涉的面也更广。例如,就内容层面来说,牵涉到内容的格式标准与规范、元数据标准与资源发现相关的议题,也牵涉到内容的组织与展示相关的技术。从平台层面来说,包括内容管理平台、内容服务平台以及 DRM 技术等。

先说内容格式层面的研究。Matthew Gibson 和 Christine Ruotolo[5] 在 21 世纪初的研究介绍了弗吉尼亚大学电子文本中心将 TEI 格式的文档转换成

---

[1] 刘磊,胡曦玮,朱锁玲,等.基于利益相关者需求的图书馆电子书馆藏发展政策研究[J].图书与情报,2017(4):72—82.

[2] 毕艳芳,李泰峰,曹学艳.高校图书馆增强型电子书馆藏建设模式探讨[J].图书情报工作,2014,58(6):75—78.

[3] 毕艳芳,李泰峰.增强型电子书的发展及图书馆的角色[J].图书情报工作,2015(s1):37—40.

[4] 吕娜娜.加利福尼亚州立大学图书馆电子书 PDA 项目分享[J].图书馆建设,2014(10):27—31.

[5] GIBSON M, RUOTOLO C. Beyond the Web: TEI, the Digital Library, and the Ebook Revolution[J]. Computers and the Humanities, 2003,37(1):57-63.

OEB 格式的项目,同时讨论了一系列不同格式规范所碰到的适应性及转换问题。该研究时间较早,虽然说 OEB 格式规范是 EPUB 规范的前身,但包括 EPUB 在内的内容格式规范标准发展较快,因此该研究的参考价值并不是很大。其次,就文档格式规范本身而言,今天基本上是流式的 EPUB 规范与版式的 PDF 两分天下。前者更多应用于公共图书馆的大众电子书服务,后者则更多应用于高校与研究型图书馆的学术电子资源服务。

除了内容格式,在内容的展示方面也有一些技术性很强的研究项目。Hsiu-lien Yeh 团队[①]为了解决电子书显示中的低效与矢量变形问题,开发了一个被称为"云书"(CloudBook)的系统,利用图形处理器(GPU)和大数据处理 Hadoop 系统来解决上述问题。实验结果表明,CloudBook 系统可以将矢量图形算法标准(OpenVG)库的性能提高 73%,将文件转换的执行时间缩短 50%~75%。这是一个纯技术的研究项目,深入到电子书应用基础技术层面。关注电子书应用中的一些技术问题,包括不同的文件格式转换、性能低效和图像失真等。但这些技术也往往会随着一些通用技术的发展,以及计算能力的提升而得以解决。例如,此研究利用了擅长并行计算的图形处理器来大大提升文字显示的性能。

在图书馆引入电子书进行服务时,元数据的应用与管理是不可避免的问题。这里涉及两个层面,一是编目,二是发现。Richard E. Sapon-White 的研究[②]是基于俄勒冈州立大学图书馆电子书服务的案例研究。它主要关注图书馆在引进 Kindle 电子书进行服务时,对传统编目工作的挑战。此研究详细分析了在本案例中,传统编目与 Kindle 电子书的不同编目流程,也讨论了在电子书服务时代传统编目的许多规则与要求是否还适用,工作流程和职责分工是否要重新分配的问题。此案例对电子书在图书馆的服务所带来的管理上的挑战具有很好的借鉴意义。

同样是元数据的应用研究,William H. Walters[③] 探讨了大学图书馆电子书

---

① YEH H L, CHEN T Y, WEI H W, et al. CloudBook: Implementing an E-book reader on a cloud platform by an optimized vector graphic library [J]. Computer Standards & Interfaces, 2016(43):68-78.
② SAPON-WHITE R E. Kindles and Kindle E-Books in an Academic Library: Cataloging and Workflow Challenges [J]. Library Resources & Technical Services, 2012,56(1):45-52.
③ WALTERS W H. E-books in Academic Libraries: Challenges for Discovery and Access [J]. Serials Review, 2013,39(2):97-104.

服务中的发现难题。在传统图书服务中行之有效的机读目录（MARC）书目记录在电子书服务中遇到了一系列挑战，包括有些电子书没有相应的 MARC 书目记录，或者书目记录不够标准化，数据质量不佳等。这给读者查找与发现电子书带来很多问题。本文研究了多种发现和访问机制，包括直接使用电子书供应商的检索界面、图书馆自身的目录和资源发现工具，同时也讨论了这些不同方式的得失。由于电子书在内容的生产与组织上与传统的出版产业链有很大的不同，更为多元与多样化，更为快捷与节约成本，这也带来了其元数据的规范化等方面与传统纸书的巨大差别。本研究所提及的各种解决方案各有各的好处，但是成本都很高，只有依赖联盟或者更为标准化的服务才是更好的选择，或依赖更为成熟的集成商所提供的服务。

  近年来，国际图书馆界一直纠结于能否有自行掌控的完整电子书内容管理与服务平台，以帮助实现大量公版电子书或自建电子书资源的服务，或在与电子书资源服务商的谈判交流中拥有更有力的手段与技术实现方案。在这方面，Kevin Beswicka 等[1]进行了相当有价值的研究，讨论了纽约公共图书馆的 SimplyE 项目是否在高校图书馆也适用。SimplyE 是纽约公共图书馆主导的一个开源软件项目，通过自建电子书服务平台，将自建电子书资源及来自各个电子书供应商的内容整合起来，从而在电子书服务中，为读者提供一个完整的一站式的用户体验。本文最后的结论是，虽然 SimplyE 项目对公共图书馆来说几乎是最佳选择，但高校图书馆可能不同，因为它有不同的应用需求与应用场景，需要进一步的技术开发，也涉及与供应商之间的磨合。

  SimplyE 项目是近年才开始开发实施的项目，作者在做这一研究时，这一项目本身还处于早期阶段。作者在描述时，也没有完全说清楚 SimplyE 项目与 Library Simplified 计划的差异，实际上前者是开源的应用客户端，后者才是纽约公共图书馆牵头的自建电子书服务内容管理与支撑平台。其次是作者在讨论 SimplyE 项目的适用性时，更多的是从需求与服务模式来考虑，而没有在技术需求层面加以讨论。实际上，SimplyE 客户端还是针对流式内容的移动客户端，而不是针对高校图书馆常用的 PDF 版式资源，其技术适用性本身就有不少问题。

---

[1] BESWICK K, KHAN N, LEWIS D. Single-Stop Ebook Reader "SimplyE": Is It APPlicable for Academic Libraries? [J]. Serials Review, 2017, 43(2): 179-182.

国内这方面的主要研究有,邵波[①]等讨论数字版权管理技术的论文并不是讨论具体的技术,而是将其放在整个电子书服务平台的流程框架下介绍了其概念。虽然邵波一文提出了一个完整的电子书服务平台框架,但未明确说明这是一个构建设想还是实际实施案例。牛现云[②]等提出图书馆应该自建电子书服务平台,并以开放性、可扩展性、模块化为原则构建整个服务平台。在业务层面,此文在借阅流程、开放接口管理以及基于大数据分析的用户行为分析等方面提出了设想。张磊[③]一文介绍了上海图书馆基于元数据整合的电子书服务平台的实际案例,该案例在国内具有独特与独创性,有一定的参考价值。

在图书馆电子书服务平台设计与研究中,国家图书馆的谢强团队可以说是独辟蹊径。如郭丽霞等[④]关于公共图书馆电子书服务平台的设计构想,是从采选、组织、发布与服务这四个部分构想图书馆电子书服务平台的构成。实际上,这样的思路更接近于完整的媒体内容服务系统。谢强、刘术华[⑤]对图书馆电子书服务体系及平台做了更为宏观的构想与概括,从产业视角来考察图书馆电子书服务,不仅提出了图书馆电子书服务评价的完整指标体系,还对服务平台的整体设计思路与体系架构做了描述。

在平台与技术相关层面,有些研究不一定涉及很多技术细节,而是描述使用功能或运营思路。如武利红[⑥]对国内外常用电子图书服务平台检索功能进行了详尽的比对分析,可惜此文成文已久,如果这样的研究能有后续更新,仍具有相当的参考价值。

总体而言,国内关于平台与技术相关层面的研究最大的问题在于对技术层面关注度不高,现有研究在技术细节与技术实现方面,都有相当的不足。其次对于下游应用服务行业来说,我们应更多关注技术规范与标准方面的内容,以规范与提升供应链上的产品水准,促进同行之间的合作,最终提升图书馆电子书的服务水平。再次,在服务平台的建设层面,对电子书服务商的平台研究较少,这不

---

① 邵波,何瑶,杨安培. 基于 DRM 技术的高校图书馆电子书管理服务平台的构建[J]. 图书馆学研究,2017(4):45—50.
② 牛现云,刘术华,童忠勇. 图书馆电子书借阅服务架构研究[J]. 图书馆,2015(12):97—100.
③ 张磊. 基于元数据整合的图书馆电子书阅读平台[J]. 图书馆杂志,2015,34(11):13—17.
④ 郭丽霞,谢强,季士妍. 公共图书馆电子书服务平台设计与研究[J]. 图书馆理论与实践,2017(3):104—108.
⑤ 谢强,刘术华. 图书馆电子书服务体系及平台研究[J]. 数字图书馆论坛,2018(2):21—26.
⑥ 武利红. 国内外电子图书服务平台检索功能探析[J]. 图书馆理论与实践,2008(5):57—61.

利于真正理解与掌控相关产品服务的供应选择。同时在自建平台的实际建设方面，无论是具体技术实现还是实践案例，尚未看到真正成熟且技术上可行的实现。现有的讨论与案例要么不算是真正的电子书服务平台，要么未实现完整的电子书服务平台。这是未来图书馆界需要努力的方向。

案例与实证调研

如果要对海内外许多领域的研究现状做个综合评价对比，可能最大的区别还是研究课题的选择和研究方法的差异。国内往往选题相对宏观，侧重于大块的主观的理论阐述研究而言，海外则侧向于微观研究，偏重于采用调研方法和实证评价。

从传统纸书服务走向电子书服务，大家所关注的一个出发点就是纸书与电子书之差异。不少的学者对这些问题进行了研究，做出了回答。例如 Barbara L. Folb 等[1]对匹兹堡大学医学中心的图书馆用户进行了有关电子书与纸书使用偏好的问卷调查，并基于数据分析模型做了详细分析。包括不同学历、不同工作背景的受访者电子书的使用比例、检索工具偏好等。不仅如此，此项研究还考虑了许多相关的因素，使用者的统计，距离图书馆的远近、是否有时间去图书馆、电子书与纸质书使用比例、对电子书功能的偏好、对电子书与纸质书偏好的类型等。同时这项研究也访问了图书馆员的感受，并得出一个有趣的结论，那就是读者更关心内容，但图书馆员更关心介质。此项研究虽然只是对一个馆的用户进行调研，但其调研样本量较大，随机样本数 5 292 人，收到 871 份完整答卷和 108 份不完整答卷。

Justin Littman 和 Lynn Silipigni Connaway[2] 统计了杜克大学图书馆（Duke University Libraries）7 880 种同样有纸书与电子书的书籍流通量的对比，发现在顶尖学科中电子书和纸书的使用量相当，因此增加电子书馆藏是合理的。除了对比分析，本研究还提出了一些在电子书的藏书建设以及服务上与纸书的不同策略。

---

[1] FOLB B L, WESSEL C B, CZECHOWSKI L J. Clinical and academic use of electronic and print books: the Health Sciences Library System e-book study at the University of Pittsburgh [J]. Journal of the Medical Library Association, 2011, 99(3):218-228.

[2] LITTMAN J, CONNAWAY L S. A Circulation Analysis of Print Books and E-Books in an AcademicResearch Library [J]. Library Resources & Technical Services, 2004, 48(4):256-262.

在电子书与纸书的对比方面,David J. Gray 和 Andrea J. Copeland[①] 做了一个有意思的研究,这个研究比对了电子书与印刷纸质书在图书馆服务中的使用成本。研究采用了来自一个郊区小型公共图书馆使用 OverDrive 电子书服务数据以及其对应的纸本流通量。研究结果表明电子书的流通率与第一复本的纸书大体相当,而计算电子书与纸书的总流通量后,两者的每次流通成本差不多,电子书略高一些。但这个研究计算两者之间的每次流通服务成本的差别时只是考虑了书的价格,而没有考虑电子书所需要的系统与设备的成本,也没有考虑纸书所需要的空间价值。如果能有关于这方面的全面性研究将是非常有意思的一个选题。

除了电子书与纸书的对比分析,有些调研只是一些简单的个案,虽然没有明确的重点,但却比较完整,是以整个业务管理的视角来进行的。如 Katie Nicholas[②] 调研了英国国民医疗图书馆(NHS libraries)中的电子书使用情况,对服务平台数量、电子书数量、商业模式等都做了调研,也对使用情况做了分析,发现在 NHS 图书馆中,电子书的供应量与使用量比之高校图书馆都要少。

也有些案例调研,虽然是立足于一个馆的考察,也是基于业务管理与财务规划的视角,但却立意更为广泛,着眼更加高远,通过案例调研将整个行业的宏观背景数据分析与发展趋势的调研都纳入其中,使读者能借此对图书馆电子书服务的发展有个全面认识。Michael Artiles 等[③]所做的研究采用 SWOT 分析的方法,研究电子书对美国国会图书馆的影响,包括对设立在美国国会图书馆的美国版权局的影响。该研究全面考察了近年来电子书产业发展的数据、电子书用户的情况、相关法律法规、美国国会图书馆包括版权局在内的机构情况(尤其是历年来的经费预算)以及技术发展所带来的影响。对电子书行业的发展,本研究做出了肯定的预测,认为其趋势不可动摇。该研究对美国国会图书馆以及版权局提出了一系列建议,包括如何应对美国国会图书馆馆藏数字化的需求,如何调整人员配备和运营方式,整个预算安排,等等。本文也对版权局提出了一些建议,

---

① GRAY D J, COPELAND A J. E-Book versus Print A Per-Title Cost and Use Comparison of a Public Library's Popular Titles [J]. Reference & User Services Quarterly, 51(4),334-339.
② NICHOLAS K. eBook management in NHS libraries in the North of England: perceptions and practice [J]. Health Information & Libraries Journal, 2018, 35(1):64-69.
③ ARTILES M, BEAULIEU C, CAREY S, et al. The Impact of E-Readers and E-Books on the Library of Congress and the US Copyright Office [J]. Journal of Scholarly Publishing, 2013, 45(1):1-34.

包括调整版权登记费、设立咨询委员会、分析需修改的版权相关法律、确定技术支持所需要的成本等。最后该研究也认为电子书阅读器与电子书对出版行业来说属于颠覆性的技术,会带来行业生态的巨大变化,这种"变态"一定会使行业相关各方成为新的赢家或输家,而如何在这样的行业变化中立于不败之地,则是每一个机构与组织要认真去面对与做好充分准备的。

Stefanie Havelka[1]的研究团队来自纽约城市大学(The City University of New York)雷曼学院(Lehman College)的 Leonard Lief 图书馆。他们在 2009 年秋季实施了一个试点电子书阅读器和电子书出借服务的先导计划,使其成为纽约城市大学的第一个相关实践案例。作为一个较早期的案例,该研究讨论了电子书阅读器和电子书的供应商选择、用户指南、培训、借阅数据的统计和营销推广等内容,也提及一些未曾预料到的挑战。该文发表于 2012 年,因此对该计划实施两年多的情况进行了详细回顾。虽然说来自这个图书馆的电子书服务案例由于经费的原因,规模并不算大,无论是阅读器还是电子书的种类数量都不多,但这个案例还是很好地总结了这个相对早期的计划所碰到的一些问题,而这些问题至今对现在的实践仍然有着借鉴作用。例如,研究提到用户认证与电子书资源服务商的互联,提到阅读器的多样性以及阅读器向其他多用途电子设备发展时(如平板电脑)所带来的技术难点,对用户培训的要求,DRM 技术对用户体验的困扰,电子书馆际互借与无障碍服务的需求,等等。当然,尽管图书馆电子书服务存在很多需要解决的痛点,本文最后的结论也认为图书馆电子书服务是大势所趋,"电子书已经从图书馆世界的潘多拉盒子里解放出来,我们不能再把它塞进去,而必须弄清楚如何处理好与它相关的问题"。

有些案例研究其特点就是其研究的依据与技术手段,例如,采用纯技术的手法,典型的是采用日志分析方法对采集的数据进行条分缕析、归纳总结。如 Haley Littlewood[2] 等利用新西兰怀卡托大学(The University of Waikato)自 2003 年起的 ebrary 电子书数据库 10 年的访问日志做了分析,研究了电子书访问量影响因素(不受馆藏量和用户数影响,随着电子书的普及而增长)、不同分类

---

[1] HAVELKA S, KING J A, SOTO A. Brave New Library World: Lending e-readers and e-books in an urban academic library [J]. Practical Academic Librarianship: The International Journal of the SLA Academic Division, 2012, 2(2), 1-17.

[2] LITTLEWOOD H, HINZE A, VANDERSCHANTZ N, et al. A Log Analysis Study of 10 Years of eBook Consumption in Academic Library Collections [C]. Cham: Springer International Publishing 2014: 171-181.

电子书受欢迎程度、打印次数、排队人数等。但这项日志文件分析研究也遇到很多问题,最大的问题是由于没有电子书访问的标准化日志记录,所以统计分析的结果无法与其他机构的统计数据进行比对。其次是由于缺乏标准规范的记录方式,对有些数据无法做出有效的解释,如打印这么多书籍或页面的原因,以及夏季月份电子书使用水平的波动等。

Pervaiz Ahmad 等[1]进行了一项在高校图书馆中改善电子书体验、提高接受度的研究。通过伊迪斯科文大学(Edith Cowan University)高校电子书平台三年的日志数据,寻找明显满意和高频使用的用户即高级用户,并确定了寻找这些用户的变量(浏览时间更长,查询更多独特的书目,阅读量更大,与系统发起更多对话,等等),形成了通过日志预测用户是不是高级用户的模型,从而可以通过相应的调整界面改善用户体验。

除了纯日志分析外,还有一些研究是采用了兼容的研究方法。如 Daniel G. Tracy[2] 通过调研本学院学生在高校图书馆环境下的电子书使用用户感受,研究的方法包括日志分析与用户问卷。研究中发现,如果电子书使用不受限,可以随意下载至自己更习惯使用的环境下的话,用户可能更容易接受电子书的使用。在比较用户体验与感受时,很多研究都在关注纸书与电子书的差异,而没有认识到电子书的感受差异往往与电子书的服务环境有关,比如平台、终端、软件功能等。如果电子书有一个完全不受限,类似于纸书的服务环境与技术特性,同时加上其自身的优势,那用户可能更偏向于使用电子书。用户也对重度数字版权管理的环境及特殊要求持抵触态度。这个研究就触及我们在知识产权这一节文献调研时特别强调的电子书的受限与不受限的两种服务模式。

也有一些调研是采用通用及规范化的方法与工具。如 Terry Plum 和 Brinley Franklin[3] 就采用 MINESforLibraries ®[4]的电子资源调查方法收集的

---

[1] AHMAD P, BROGAN M, JOHNSTONE M N. The E-book Power User in Academic and Research Libraries: Deep Log Analysis and User Customisation [J]. Australian Academic & Research Libraries, 2014, 45(1):35-47.

[2] TRACY D G. Format Shift: Information Behavior and User Experience in the Academic E-book Environment [J]. Reference & User Services Quarterly, 2018, 58(1):40-51.

[3] PLUM T, FRANKLIN B. What Is Different About E-Books?: A MINES for Libraries ® Analysis of Academic and Health Sciences Research Libraries' E-Book Usage [J]. Libraries and the Academy, 2015, 15(1):93-121.

[4] MINES for Libraries ®. About [EB/OL]. (2024 - 03 - 12) [2024 - 04 - 05]. http://www.minesforlibraries.org/about.

数据，来对学术和健康科学图书馆从印刷书籍到电子书的过渡提出建议。该研究调研了 2009 年 7 月至 2013 年 6 月期间，在 13 个学术和健康科学研究图书馆的电子资源使用样本中分析了大约 6 000 本电子书用途。作者报告了有关电子书使用情况的调查结果，并提出了一个有趣的结论，即电子书替代印刷书籍的发展途径与电子期刊取代印刷期刊的发展途径是不同的。笔者也认为，这两者之间至少在发展趋势与发展速度上都有很大的不同。但这个研究没有对此得出明确的结论，而是认为目前看来，电子书的增长似乎不会遵循电子期刊增长所采取的可预测路径，而是会走向一个新的、不太可预测的方向。

在一些打包的服务商电子书资源集合中，由于版权等各种原因，电子书被下架是经常发生的事。Helen Georgas[①] 对高校图书馆电子书订阅包中的电子书被下架现象做了跟踪研究。该研究选择了纽约城市大学的布鲁克林学院（Brooklyn College）所订阅的 ebrary 的电子书订阅包在 2013 年整年的电子书被下架情况做了分析研究，对下架的数量、分类等都做了详细解说，同时建议图书馆员应关注被下架的作品，并有相应的对策与工作流程，使馆员和读者第一时间了解相关信息。这一研究并没有明确解释电子书被下架的原因，因为供应商不会提供相关信息。但本研究分析认为这些书被下架仍然是关乎作者、供应商与图书馆用户之间的利益均衡问题，是关乎整个市场的平衡问题。目前，图书馆方面找不到更有效的应对方法，只能做好信息的收集和服务上的应对工作。

图书馆在提供电子书服务后，如何推广也是一个重要的课题。玛格达丽尼·瓦西列欧（Magdalini Vasileiou）和珍妮弗·罗利（Jennifer Rowley）[②]进行了关于高校图书馆电子书推广的调查，他们采访了图书馆员，了解了各自图书馆的推广工具、遇到的挑战、未来的推广计划。研究发现，各高校馆在电子书服务推广方面存在推广战略与实践操作之间的不匹配。没有一家图书馆采用成熟的推广战略，但另一方面，大多数受访者都能够指出一系列用于推广电子书的工具，如信息传播途径、网站、会议甚至是联机公共目录检索系统（Online Public Access Catalog，OPAC），还有一些受访者报告了使用虚拟学习环境（Virtual

---

[①] GEORGAS H. The Case of the Disappearing E-Book: Academic Libraries and Subscription Packages [J]. College & Research Libraries, 2015, 76(7): 883-898.

[②] VASILEIOU M, ROWLEY J. Marketing and promotion of e-books in academic libraries [J]. Journal of Documentation, 2011, 67(4): 624-643.

Learning Environment,VLE)、博客、口碑传播、传单和一系列其他工具。本研究认为应对电子书的推广和营销以及电子书管理的其他方面进行更多研究,例如它们对图书馆服务的提供,访问和可用性,元数据及其影响,等等。而图书馆从业者则需要加强营销知识的学习,为制定相关的营销策略和方法打好基础。

国内关于图书馆电子书服务的实证研究也有不少。不少学者采用调查问卷的方式对各单位电子书的服务情况、用户意愿与评价等进行了调研。如任会兰[1]以上海交通大学图书馆为例,对125位学生(有效问卷)进行了有关对电子书服务的使用情况与满意度的调研,也包括其行为方式与主观评价等。此研究对早期的高校馆电子书服务做了不错的案例调研,其总结也比较全面。陈铭[2]做了类似的研究,以南京大学图书馆为例,对本校513位学生(有效问卷)进行了问卷调查,全面考察了其对纸书、电子书的使用情况与使用偏好。最后对高校馆更好地开展电子书服务提出了建议。陈铭的研究与任会兰的相比,时间更晚一些,样本数更多,主题更为宽泛。类似的案例调研还有孙玉玲[3]对中国科学院国家科学图书馆的用户进行的调研(有效问卷204份),以及王丽娜和周伟斌[4]对化学工业出版社的专业电子书消费行为进行的调研,后者对象包括社里的员工与所谓的潜在读者,样本数较少。这两个调研总体而言,都存在调研内容、分析与总结过于简单的问题。

还有一些学者采取其他实证方式进行案例研究。如唐守利等[5]以上海大学图书馆为例,考察其电子书与纸书如何协调发展,主要考察这两者的入藏与使用对比情况,计算其不同的使用成本,最后提出两者协调发展的策略建议。宾锋[6]一文则对上海图书馆购买的方正电子书数据库的使用情况进行了统计分

---

[1] 任会兰.电子图书使用行为实证研究——以上海交通大学为例[J].情报理论与实践,2011,34(2):72—76.
[2] 陈铭.基于用户使用行为和需求的高校图书馆电子书服务调查——以南京大学图书馆为例[J].图书馆论坛,2015(3):73—77.
[3] 孙玉玲.中国科学院国家科学图书馆用户电子图书利用和需求调查分析[J].图书馆学研究,2011(20):77—83.
[4] 王丽娜,周伟斌.专业电子书的消费者行为研究——化学工业出版社电子书读者调查问卷分析[J].科技与出版,2009(4):48—50.
[5] 唐守利,朱丽娟,陈琳.高校图书馆电子图书与纸本图书协调发展研究——以上海大学图书馆为例[J].现代情报,2016,36(6):113—118.
[6] 宾锋.基于使用情况分析的电子图书采购和服务建议——以上海图书馆为例[J].图书馆建设,2010(11):28—31.

析，分析了借阅次数、借阅成本以及借阅内容的分类统计情况等，借此提出加强电子书采购与服务的建议。

也有一些学者在更广泛的领域中做调查研究。如郑文晖[①]对112所"211工程"高校图书馆的电子书服务现状进行了调查，调查方式包括网站浏览、邮件咨询、电话咨询等，总结了现状与存在的主要问题（包括检索便利性不够、电子书阅读器外借较少、培训不够等），并对如何更好地开展电子书服务给出了建议。

在如何对电子书服务进行有效评价的研究方面，国内一些学者也做出了有益的尝试。如陈铭[②]基于叶继元教授首创的"全评价"理念，参考国内外对电子资源服务评价的规范与实践，提出了较完整的图书馆电子书服务评价指标体系框架。陈雅[③]等也对图书馆电子书服务评价指标体系提出了自己的设想。

纵观国内外电子书服务的研究结论，焦点在于整个产业链利益的得失，这一点大家有共识。但如何解决这个问题？大家一致的意见是联合起来去争取利益，这个出发点是合理的，但仅仅采用这样的方法是否能够解决实际问题？实际上，产业链健康发展的基础是每一个相关行业与个体的利益都能均衡。

在当前的数字时代，与图书馆数字资源相关的服务环境也在不断成熟，一些通行规则也逐渐为各方所接受，数字版权管理技术本身也在不断发展，这些都为图书馆在新时代的发展提供了更好的环境。作为产业链中的一环，我们行业更应关注上下游的技术规范与标准。只有在技术规范与标准方面应用更充分，甚至掌握更大的话语权，才有利于规范和提升供应链上的产品水准，也有利于我们同行之间的合作，最终提升图书馆电子书的服务水平。

---

① 郑文晖. 高校图书馆电子书服务现状的调查与建议——以"211工程"院校为例[J]. 图书馆工作与研究，2013(2)：40—44.
② 陈铭. 基于"全评价"体系的图书馆电子书评价研究[J]. 图书与情报，2012(1)：22—26.
③ 陈雅，薛祯祯，梁颖. 我国图书馆电子书服务评价指标体系研究[J]. 图书馆学研究，2015(22)：60—64，44.

第 4 章

电子书阅读器

上一章讨论了电子书服务的"容",这一章将围绕电子书服务的"器"展开。在图书馆电子书服务的产业链中,阅读终端是重要的组成部分。电子书的阅读终端包括传统的电脑、移动与其他多媒体终端,其中移动终端包括电子书阅读器、平板电脑、手机等。根据中国新闻出版研究院第二十次全国国民阅读调查结果,2022 年我国各媒介综合阅读率持续稳定增长,其中数字阅读方式的增幅稍高于纸质书阅读增长。成年国民数字化阅读方式的接触率为 80.1%;电子图书终端使用情况显示,手机阅读成为最主要的阅读方式,占 77.8%;其他依次是网络在线阅读 71.5%、电子阅读器 26.8%、Pad(平板电脑)21.3%。①

电子书普及的关键因素是手持设备的普及,因为设备更便于携带也更经济实惠,这使得图书馆在实现电子书借阅或为研究提供资源方面处于一个更有利的位置。其中,电子书阅读器是个特别的存在。其他阅读终端都是通用的电子设备,而电子书阅读器,从这个名字就可以看出,是专门用于阅读电子图书的专用设备,因此成为图书馆提供的主要电子书终端借阅服务的载体,其采用的电子墨水技术为读者的阅读带来了自然的纸张视感,也使显示设备更省电、轻薄、易携带。② 图书

---

① 中国出版网.第二十次全国国民阅读调查成果发布(2022)[EB/OL].(2023-04-23)[2024-05-08]. http://www.chuban.cc/yw/202304/t20230423_32710.html.
② 赵亮.电子书阅读器,现在与未来的桥梁——2009 年电子书阅读器产业的发展与影响述评[J].数字图书馆论坛,2010(6):1—19.

馆可以选择提供电子书移动终端外借服务,或是提供内容适配读者自己的终端(BYOD)。在提供终端服务的过程中,图书馆需要考虑各类移动终端的技术特性、操作系统(内容生态)、内容的兼容性以及图书馆如何进行管理与服务等各个方面。并非所有的电子书都可以在所有设备上阅读,这是近年来电子书发展的最大挑战。实现内容与终端的分离,可以从读者阅读的便捷性角度加强资源的适配性。从运营上来看,"内容+终端"的服务模式更有利于优化内容资源,发挥终端市场的优势。终端市场的发展可以带动资源内容的增长;内容提供商在优化内容资源的同时,通过与终端设备的融合,更好地带动电子书产业的发展。

2007年Kindle阅读器刚推出时,美国新泽西州的斯巴达(Sparta Public Library)公共图书馆就采购了两台Kindle阅读器进行出借服务。2008年9月,中国国家图书馆推出了手持电子书阅读器的借阅服务。上海图书馆于2009年3月正式对外提供电子书阅读终端的外借服务,提供了16种型号的电子书阅读器和平板电脑。各类终端主要采用内容和终端捆绑的方式,适用于特定的电子资源,并支持 TXT、PDF、EPUB 等通用格式文档。[①] 电子书阅读器对资源内容的兼容性一直是其使用过程中最大的瓶颈。

随着移动阅读的发展和阅读方式的改变,终端外借已经不是图书馆电子书服务发展的主要方向。内容资源的质量和终端兼容性变得更加重要,图书馆需要找到切合读者需求的新型服务模式,如通过手机 APP、微信公众号等方式为读者提供覆盖面广、内容丰富、更新及时的电子书服务。

第1节 电子书阅读器的诞生和发展历史

数字阅读终端,有广义与狭义之分。广义上,所有被用于数字化内容展示、利用、生产的终端设备都是数字阅读终端。然而既然命名为阅读终端,狭义上,可以专指用于传统数字内容阅读的设备。以数字出版行业的范围来说,我们也可以专注于电子书阅读终端的讨论。电子书与传统纸书不同,其阅读必须依赖专门的硬件或软件。有各种各样的设备可以用于阅读电子文档,这里讨论的是其中专门为阅读电子书而诞生的电子书阅读器。

电子书阅读器是模拟纸书的阅读方式并主要以阅读电子书为特征的电子产

---

① 周寅. 数字阅读终端流通服务研究——以上海图书馆为例[J]. 图书情报工作,2014(12):91—94.

品。近年来，随着电子书阅读器产业的影响日益扩大，电子书阅读器在市场上更加深入人心。因此，大量媒体在报道相关新闻时，常常混用"电子书"与"电子书阅读器"的概念。"电子书"一词不仅指电子书，也经常被用来代指电子书阅读器。阅读器的发展历史可以追溯到 1971 年的古登堡计划（Project Gutenberg），先后经历了不同的发展阶段，产生了不同大小和技术的电子书阅读器。

第一阶段：开创期

电子书阅读器的技术发展史可以追溯到 1974 年，来自施乐的帕罗奥多研究中心公司（Palo Alto Research Center, PARC）的尼古拉斯·谢里登（NicholasSheridon）发明了名为 Gyricon 的电子墨水技术。Gyricon 属于粒子显示技术，可以算是 E-ink 技术的鼻祖。但遗憾的是，这种技术并没有走向商品化。

阅读电子文档的电子设备可以说由来已久，但真正意义上的电子书阅读器仅可以追溯到 20 世纪末。1998 年，由 NuvoMedia 公司开发的火箭电子书是公认的第一台电子书阅读器。火箭阅读器的问世改变了电子书市场的结构。在此之前，电子书只能通过计算机阅读。从此之后，人们可以通过计算机下载，通过便携的工具阅读。同时，在 1998 年，Gemstar 公司开发了软书 Softbook Reader 电子书阅读器。该阅读器可以存储 100 000 页的文本内容，包括文件、表格和图画。两台电子书阅读器都运用液晶技术。Rocket eBook 文件格式是 RB，Softbook Reader 文件格式是 HTML。

这两家公司以及当时推向市场的其他一些电子书阅读器，可以被称为电子书市场上的第一代先驱。由于技术、产品、市场的诸多约束，这些第一代产品最后都遭遇了失败，但这些先驱为这个市场未来的成长奠定了良好的基础。在世纪之交和 21 世纪初的国内市场，也有大量的公司涌入这个市场，制作了各种各样的电子阅读设备。其中更多的是一些小屏幕的阅读器，这个时期可以说是市场较为混乱、群雄割据的时代。我们可以将 1998 年到 2004 年视为电子书阅读器行业的第一代开创期。

第一代电子书阅读器大多采用纯液晶显示技术，与真正的纸书视感相去甚远。它们需要背光照明，而且不是一种显示内容能达到稳态的技术，必须一直通电来刷新显示内容。此外，其存储容量有限，最早发布的电子书阅读器一般只有 4M 到 8M 的存储空间。以"火箭书"为例，它的 4M 内存仅能存放约 10 本书，或加起来相当于 4 000 页左右的图书。这完全不能与今天主流阅读器动辄号称可以存放几千本书的容量相比。

第二阶段：电子墨水技术成熟

2004 年，电子墨水阅读器开始商品化。索尼公司推出了第一台商品化的 E-ink 电子书阅读器 SONY Librie。这是全世界首个大规模量产、商业化，采用电泳显示器件（Electrophoretic Display，EPD）或者称为电子墨水（E-ink）的产品，它标志着整个电子书阅读器行业进入了一个新的时代。现在，我们终于能看到非常像传统图书视感的电子阅读设备了。

2005 年，采用电子墨水技术的柔性面板出现（图 4-1）。由 LG. Philips LCD 与 E Ink 公司共同开发，这是第一张大尺寸可弯曲的 E-ink 电子纸。

图 4-1　采用电子墨水技术的柔性面板

2006 年，Philips 公司的衍生公司 iRex 推出了更高端的采用电子墨水的电子书阅读器 iLiad（图 4-2），支持触摸屏手写，这个产品在涂涂画画中又实现了进一步接近阅读传统书籍的用户体验。

2006 年，索尼公司在美国的消费者电子大展（CES）中推出了 Sony eBook Reader，成为当年展会的明星。同时索尼公司也站稳了当年电子书阅读器市场的翘楚地位。同年，国内的津科电子也推出了其使用电子墨水屏的翰林 V8 电子书阅读器。这家从 21 世纪初就涉足电子书阅读器行业的中国厂商，成功跨越了技术发展的门槛。经过几年的努力，它与索尼公司、iRex 公司并称为世界三

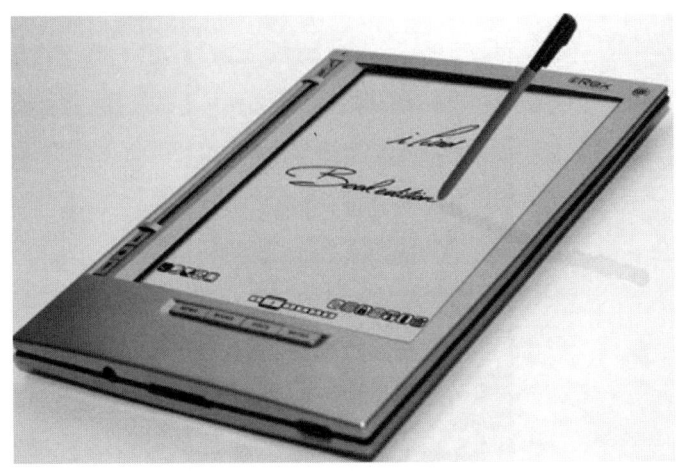

图 4-2　iRexiLiad 电子书阅读器

大电子书阅读器厂商。从 2004 年起，电子书阅读器发展进入了第二个阶段，这一阶段是以电子墨水技术的推广与产品的成熟为标志的。

第三阶段：市场逐步成熟

2006 年，Plastic Logic 公司推出了采用塑料基板的可弯曲柔性显示屏，屏幕功能和一些电子阅读器使用的电子墨水塑料显示屏类似。后续虽然没有量产电子书阅读器，但其无玻璃柔性显示器已广泛集成到智能卡、移动设、数字标牌等设备上。

2007 年，津科翰林 V3 诞生（图 4-3）。该产品来自南开大学津科电子公司。津科电子曾是世界上电子书阅读器业界最大的 OEM/ODM 厂商。

2007 年 11 月，全球最大网络书城亚马逊（Amazon）推出电子书阅读器 Kindle（图 4-4），开创了电子阅读器的新时代。

2009 年，富士通公司（Fujitsu）推出第一台商业化的彩色电子书阅读器 FLEPia。

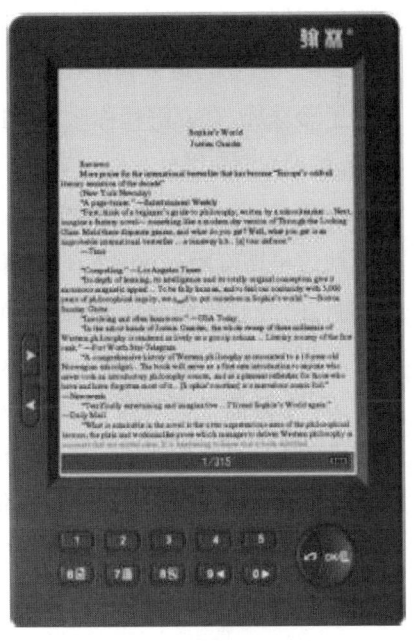

图 4-3　津科翰林 V3

图 4-4　第一代 Kindle 电子书阅读器

这款阅读器基于彩色电子墨水 E-ink 和 LCD 技术。

2009 年,亚马逊公司推出 Kindle DX 系列电子书。其中 DXG 和 Kindle 3 采用了珍珠屏,官方解释称珍珠屏比原来的屏幕对比度和色阶更高,可调节灰度更多。

2009 年,电子书阅读器产业热闹非凡,可以说已经进入第三个阶段,即市场成熟期的早期阶段。这个阶段的最重要标志是电子书阅读器产品不仅已经成熟,而且已经开始面向大众市场,而不再如 2004 年开始的第二阶段那样面向的是一个探索性的小众市场。然而这个阶段的发端却并不是从 2009 年开始的。2007 年 11 月的圣诞节购物季前,网上书店巨头亚马逊公司推出了采用电子墨水技术的 Kindle,开创了一个新的时代。有趣的是,亚马逊公司从未真正宣布过 Kindle 阅读器的实际销量。花旗集团的分析师估算其自 2007 年底推出后,到 2009 年初 Kindle 2 推出前,销量已超过 50 万台。如果没有 2008 年圣诞节期间卖断货的影响,它的销量应该会达到 70 万到 80 万台。[①] 凭借这一成绩,亚马逊

[①] ZDNet. Analyst: Amazon sold 500K Kindles in 2008 [EB/OL]. (2009-02-03) [2024-03-12]. https://www.zdnet.com/article/analyst-amazon-sold-500k-kindles-in-2008.

迅速崛起，在一年内坐稳了世界第一电子书阅读器厂商的地位。

虽然电子书阅读器产业进入第三阶段的发端始自 Kindle 阅读器的诞生，但这个产业迄今为止的高潮却发生在 2009 年。在 2009 年，电子书阅读器终于走出了小众消费的象牙塔，而逐渐走进了大众消费的市场。让我们先来回顾一下这一年究竟有多少令人振奋的故事。

2009 年这一场大戏是由市场的主角亚马逊公司开锣的。2009 年 2 月，在 Kindle 推出时隔一年半左右，亚马逊公司推出了其 Kindle 二代电子书阅读器。在这一新产品推向市场并大获成功仅仅三个月后，5 月，亚马逊公司又推出了其 9.7 英寸（1 英寸约为 2.54 厘米）屏的 Kindle DX，主打高校教科书及电子报纸市场。10 月，亚马逊公司为了应对新的竞争形势，同时也是由于其不满足仅独霸美国市场的格局，推出了 Kindle 国际版。

其实，作为这个市场的绝对主角，亚马逊这位主演身上有许多可以细细评述之处。这个我们暂先按下不表，先看看其他各路英豪的演出。

索尼公司自 2004 年推出基于电子墨水技术的电子书阅读器以来，一直是这个市场的老大，也很早就建立了自己的图书销售网站，并且雄心勃勃地打出了"索尼之于电子书要如苹果之于音乐一般"这样的广告语。当然事实是它远远没有达到这样的高度，在 2007 年底后被亚马逊公司一举超越。试图学习苹果公司商业模式的索尼公司也没有真正学到多少苹果公司的精髓，反而是亚马逊公司挖来了苹果公司的设计人员，在 Kindle 的工业设计上处处体现了苹果公司产品的神韵。作为目前电子书阅读器世界第二大出货商的索尼公司，对于这样的成绩，并不甘心，一直努力试图在产品的升级与业务模式上赶上亚马逊公司。2009 年 3 月，索尼与谷歌公司共同宣布谷歌公司将提供 50 万种公版图书给索尼的电子书网站，这一举措使得当时索尼的电子书网站可供书目数超过 60 万种。2009 年 8 月 25 日，索尼高调发布了其新一代电子书阅读器家族，其中有三个产品，口袋版电子书（Reader Pocket Edition, PRS-300）、触摸版电子书（Reader Touch Edition, PRS-600）以及日常版电子书（Reader Daily Edition, PRS-900）。其中，口袋版电子书阅读器 PRS-300 的售价为 199 美元，这是在市场上首个低于 200 美元售价的主流电子书阅读器产品。而要到 2009 年 12 月才能供货的日常版电子书阅读器则是直接针对亚马逊公司 Kindle 系列进行竞争的产品，它有 7 英寸的屏幕，同样提供免费的 3G 网络。

除这两位市场主角外,另一位原排名世界第二的 iRex 公司却显得冷寂了许多。在整个 2009 年,它并没有出色的表演,只是在 9 月,才姗姗来迟地发布其第一款支持 3G 的阅读器 iRex DR800SG。而此款产品真正上市销售却迟至 2010 年初。

2009 年上半年,另外值得书上一笔的是在 3 月,富士通公司正式在网上销售其 2007 年发布的可支持 26 万种色彩的 FLEPia 电子书阅读器,售价 10 万日元。这是世界上第一台商业销售的彩色电子书阅读器(指采用类似电子墨水技术的阅读器),标志着彩色电子书阅读器走向商业化的开端。与当初索尼公司的 Librié 阅读器一样,富士通公司的 FLEPia 也仅仅是在日本销售。

2009 年 7 月,三星电子推出了其第一款电子书阅读器 SNE-50K,采用 5 英寸的电子墨水显示屏,支持触控笔,支持无线下载。应该说,这并不是一款很特别的电子书阅读器,但标志着电子消费品大厂对这个市场的关注。

本节我们主要讨论各个厂商的产品。唯一的例外是需要描述 2009 年中发生的这个产品的故事,因为它与市场未来的走向息息相关。2009 年 6 月 2 日,全球最大的电子墨水显示屏模块供应商,中国台湾的元太科技工业股份有限公司(PVI),宣布将以 2.15 亿美元的出价,并购其上游厂商美国 E Ink 公司的全部股权以及电子墨水显示屏材料的关键技术和专利。在此之前,前者是后者唯一的授权制造商。E Ink 公司的电子墨水技术原先就几乎完全占据了电子纸显示屏的市场,而这次并购更是加剧了这个市场的垄断态势,对下游厂商及消费者来说是绝对的坏消息。

2008 年 10 月,电子书阅读器产业的后起之秀汉王公司高调宣布进入市场,在不到一年的时间里,连续推出 N510、N516、N517、N518、D20、D21、F21 等多个产品,并在年底前推出带 3G、WiFi 功能的 N618 阅读器。汉王公司凭借强劲的研发能力与强大的市场营销举措一举坐稳了电子书阅读器市场的头牌交椅,成为世界第三大电子书阅读器厂商。汉王公司的老总刘迎建在 2009 年初豪言,一年砸下一个亿广告打市场,并力争年销售 50 万台。一个刚刚进入这个市场的公司在市场营销举措中投入大致相当于该公司 2008 年营收一半的金额,这不得不让人佩服中国企业家的胆识。随着铺天盖地的平面广告以如此张扬的态势抓住人们的眼球,汉王"电纸书"的概念深入人心。下半年,汉王公司更是请来著名明星拍摄视频广告,并在 11 月以 8 000 万元的高价中标央视两个黄金时段的广告位。

2009年5月,专注于PDF阅读器软件的福昕软件推出了自己的电子书阅读器Foxit eSlick。对PDF文件的处理与阅读成为其明显的优势。但这款名为eSlick的6英寸电子书阅读器主打的是国际市场,福昕公司还与Fictionwise公司合作在国际市场上推出自己的网上书店。

2009年5月17日,在世界电信日活动中,中国移动展示了数家公司针对其3G网络的定制"G3阅读器"(即采用3G模块的电子书阅读器)原型。6月底,国内电子书领域的领导者之一方正公司发布了支持3G的电子书阅读器"文房"(WeFound)。方正多年前就推出过基于液晶技术的电子书阅读器,这次又组建专门的团队方正飞阅传媒技术有限公司,并由与移动有千丝万缕联系的卓望信息操盘,在国内抢先推出首款支持3G的电子书阅读器。方正为文房推出了一个定价4800元的豪华套餐,这个套餐不仅包含文房这个6英寸的电子墨水阅读器,还包括三年的3G通信费用以及前1万名用户三年免费下载畅销书的服务内容。对于如此高昂的定价,方正公司的解释是文房的定位是"衣食无忧、有车有房、热爱读书的高端时尚人士"。

2009年9月初汉王与大唐电信宣布其搭载3G模块的电子书阅读器产品即将上市。而9月份对电子书阅读器产业来说也是一个热闹非凡的月份,一些规模较小的市场参与者也于该月上市其电子书阅读器产品,其中包括广州文石信息科技有限公司(Onyx International)推出的Boox60和上海易狄欧电子科技有限公司(EDO)推出的E600阅读器等。这些小公司在工业设计、系统开发和软件方面都各有长处,为市场产品的多样性做出了贡献。

进入2009年10月,就在我们以为已经高潮迭起,名角都悉数登场,大幕即将落下之时,却不料好戏又是接二连三。其中最大的变化,是主角已经悄然更换了。

2009年7月,全球最大连锁书店巴诺(Barnes & Noble)推出网上电子书店。不到3个月后,10月21日,巴诺发布了自己的电子书阅读器nook。nook阅读器与市场上原先的阅读器相比,最大的区别是它是双屏阅读器。在电子墨水显示屏的下方,另外有一个3.5英寸彩色液晶触控输入屏幕,可以用于菜单选择、输入操作和浏览图书封面等。如果我们将nook的很多技术特性与Kindle 2做一下对比,就会发现很多有趣的地方。首先,Kindle采用的是相对封闭的系统,而nook采用谷歌公司开发的开源操作系统Android。其次,Kindle最重要的特性是提供了免费的 3G，而 nook 在同样提供 3G 之外，还提供了 WiFi 功能。再次，Kindle 并不提供扩展内存功能，nook 却可以通过 microSD 卡插槽轻松实现。还有亚马逊的 Kindle 原本只支持很少、封闭的格式，只是在 Kindle DX 推出时才提供对 PDF 文件的支持。而 nook 一开始就支持 EPUB 及 PDF 等市场上的主流开放标准。另外，nook 针对电子书不像纸本书那样可以相互交流的特点，特别推出了对电子书出借功能的支持。这是市场上首次推出这种功能的电子书阅读器。就这样，nook 在几乎每一项上都胜过 Kindle 的情况下，定下了 259 美元这样一个与降价后的 Kindle 2 同样的售价。这样一个"加量不加价"的市场策略充分体现了 nook 与 Kindle 针锋相对的竞争态势。

其实，双屏也好，采用 Android 系统也好，巴诺的 nook 并不是首个推出这些概念的采用电子墨水的电子书阅读器。在 nook 推出前几天，一家名为 Spring Design 的小公司率先公告推出一个名为 Alex 的电子书阅读器，同样采用上方电子墨水屏，下方 3.5 英寸的液晶触摸屏的设计理念，并且也同样采用了 Android 系统。如此的巧合不免使人产生一些遐想。果不其然，在 nook 推出后，Spring Design 公司就出来公告说，巴诺公司的 nook 抄袭了 Alex 的设计，将向法院提起诉讼要求赔偿。公告声称，Alex 从 2006 年起就已经开始研发，而他们与巴诺两家自 2009 年初开始针对电子书的设计进行了一连串的讨论，但最终两家没有达成合作协议，巴诺却推出了 nook。

除如此戏剧性的故事之外，这两个月的一些消息也相当令人振奋。例如一家名为 Entourage Systems 的小公司推出了名为 eDGe 的电子书阅读器产品。是什么样的阅读器产品敢于自命名为"尖端"呢？这同样是一个双屏的产品，但它与 nook 及 Alex 截然不同。它有一个 9.7 英寸的电子墨水显示屏，此外还有一个 10.1 英寸的液晶显示屏。两个屏幕呈左右分布，打开就像一本翻开的书。两个屏幕都支持手写触摸，你可以用笔来进行各种功能选择和记笔记。与 nook 一样，它支持通用的 EPUB 及 PDF 等文件格式，还支持 WiFi 及蓝牙等。实际上这样的硬件与系统设计已使得它成为电子书阅读器与平板电脑的结合体，不仅可以作为一个电子书阅读器，同时可以作为全功能的上网本来使用。而这样的一个产品，其价格定位却与 Kindle DX 相同。

另外一个令人注目的消息来自这个市场的一个老玩家。来自英国的 Plastic Logic 是一家在电子墨水显示产品方面研发多年的公司。过去几年中，他们发布了各种各样令人振奋的高端原型产品，引发市场很大的期待；但由于迟迟没有成品上市，而成为著名的跳票大王。10 月，他们终于公告其名为 QUE proReader 的电子书阅读器不仅将于 2010 年初在 CES 展上展出，还将于 2010 年上半年正式上市。Que 被定名为专业阅读器，其产品特性也名副其实。它有着 10.5 英寸的电子墨水显示屏，同时从产品到系统设计它也有着明确的功能定位。它再也不是一个简单的电子书阅读器，而是面向专业人士和商务文档阅读市场的专业阅读器。它提供一个虚拟打印驱动程序，如果你希望将文档移到 Que 上进行阅读，只需将其"打印"到 Que 上，也因此它提出了一句漂亮的广告词："Don't print it. QUE it!"（不要打印它；Que 它就好！）从产品定位、产品特性到功能设计，还未真正上市的 Plastic Logic 公司的 Que 又为我们定义了一个新的标杆。

10 月即将结束时，在日本横滨举行的国际平面显示器展（FPD International 2009, 10/28-30）上，轮胎大厂普利司通（Bridgestone）展示了其可弯曲的彩色电子纸产品（QR-LPD）。这个产品采用了其独有的快速反应液态粉状显示技术（Quick-response Liquid Powder），除有 4K（4 096 色）彩色显示、显示屏可弯曲之外，还支持触摸输入，页面更新的时间约为 0.8 秒。

11 月，另一个振奋人心的消息传出。明基（BenQ）宣布其 6 英寸的电子书阅读器产品 nReader K60 即将推向市场。该设备具有 800×600 分辨率、16 阶灰度，支持存储卡的扩展，支持 3G/WiFi，支持开放的格式。一切看上去平淡无奇，在经历了这么多新产品冲击的 2009 年电子书阅读器市场，这样的产品几乎成了标准化的配置，何以还会引起市场的兴奋呢？原因就在于这个电子书阅读器所采用的显示屏不再是来自市场上一统天下的 E Ink 公司（已被元太科技收购）的电子墨水技术，而是采用另一家中国台湾液晶面板厂商友达光电（AUO）控股的 SiPix Imaging 公司的电子纸显示屏技术。Sipix 的显示屏与 E-ink 的电子墨水技术原理相似，只不过后者是基于微囊电泳技术，前者是基于微杯电泳技术。SiPix 显示屏的电子阅读器产品的商业化成功，打破了元太科技几乎百分百垄断这一市场的局面，将有力地推动这个行业和市场更快地向前发展。

12 月，亚马逊宣布，Kindle 成为有史以来在亚马逊销量第一的圣诞礼物。而巴诺公司则抱歉地宣布，因为销售火爆，超出公司的预期，原定圣诞节前发货的 nook 不得不延期到 1 月份。

第四阶段:产业盘整期

2007年亚马逊公司推出的Kindle带动全球电子纸市场迎来了单一阅读器品类的高速增长。这一增长期大约持续了四年。

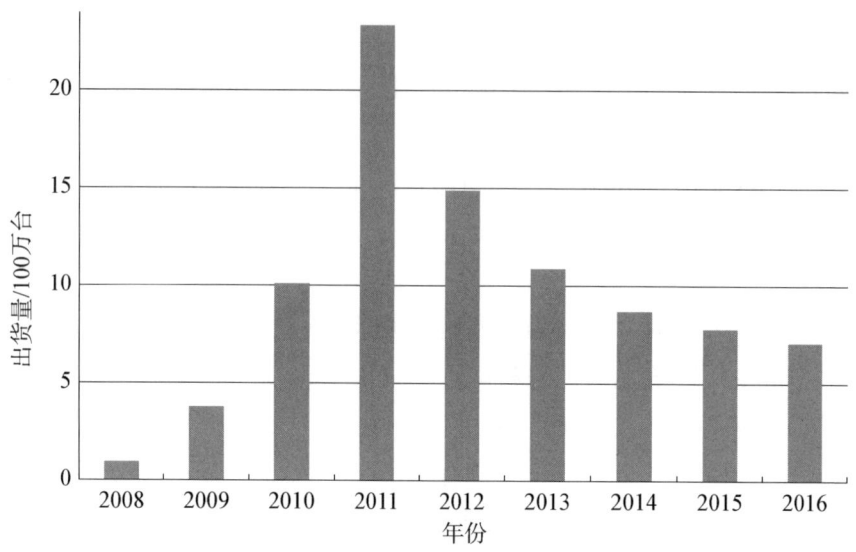

图4-5 全球电子书阅读器出货量①

如图4-5,全球电子书阅读器的出货量在2011年达到高峰,之后由于众多厂商入局,并发起低于硬件成本的激进降价战略,加上来自以苹果公司iPad为代表的平板的分流,全球电子书阅读器市场断崖式下滑。在2015、2016年前后,全球电子书阅读器市场达到历史低谷,但随后渐趋平稳。

此后,电子书阅读器在中国市场吸引大众关注的事件,就是2022年6月2日,亚马逊中国正式宣布将在2023年6月30日停止中国区Kindle电子书店的运营,其实Kindle离开中国大陆市场的端倪早在2021年Kindle突然关闭天猫旗舰店时就已显现,再往前追溯到2019年亚马逊中国停止纸质书电商业务,其撤退可谓有条不紊,而彼时中国刚刚成为亚马逊公司全球最大的Kindle阅读器销售市场不过一年时间。

---

① Statista. Shipments of e-book readers worldwide from 2008 to 2016 [EB/OL]. [2024-04-05]. https://www.statista.com/statistics/272740/global-shipments-of-e-book-readers/.

第 2 节　Kindle 点燃了什么？

Kindle，其原意是"点燃"，亚马逊取此名称作为其电子书服务的标志，寓意是希望能点燃电子书服务这个产业。那么，Kindle 成功了吗？

与纸书内容与载体捆绑不同，电子书内容与载体是分离的。对电子书而言，载体是用来访问电子书内容的媒介，并且与纸质书的载体——纸张不同，电子书的访问媒介可以是专用的载体，如电子书阅读器，也可以是各种通用信息技术设备，可以说电子书访问媒介是整个电子书产业链中，用户感知度最高的部分。作为世界最大的传统图书电商平台，亚马逊在进军电子书产业时，选择能够最大限度接近传统纸书阅读感受的显示技术，也就是电子墨水技术 E-ink。亚马逊做出这一选择具有相当的合理性，因为其电子书内容的建设基于传统纸书，而其平台的用户大部分也是传统阅读的爱好者。

从技术层面看，亚马逊公司的 Kindle 与以前索尼及其他公司的电子书阅读器并没有本质上的区别。但是，亚马逊公司作为全世界最大的网络书店运营商，在电子书内容方面也具有其他公司无可比拟的优势。亚马逊公司在与出版社谈电子书销售授权时，绝大多数出版社并没有意识到电子书销售会在多大程度上影响自身未来业绩。亚马逊公司说服各个出版社提供书籍电子版的理由之一是其纸书销售需要提供书的预览功能，加之其在美国市场上占有绝对垄断地位与举足轻重市场份额，对于不配合的出版社还具有一定的胁迫力。[1]

凭借这些优势，Kindle 电子书商店一开张就有 9 万种电子书可售，绝大多数畅销书都可以在上面找到，这一数字远远超出索尼公司经营多年的网上电子书店。亚马逊与索尼最大的不同是，亚马逊的 Kindle 版电子书中，更多的是畅销书，这使得 Kindle 阅读器的用户能够在 Kindle 上及时购买下载到自己真正想看的书。不仅如此，为了进一步吸引用户，亚马逊公司降低了电子书的销售价格，将绝大多数 Kindle 版本的电子书价格定在了 9.99 美元。当时，无论是销售平装版的纸质书还是电子书，亚马逊公司付给上游出版社的成本是一样的。电子书的销售价低于其进货成本价，亚马逊公司采用补贴的方式推动 Kindle 电子书

---

[1] 虎嗅. 从救星到侵略者：亚马逊步步改造出版业的深入记录[EB/OL].（2014-03-16）[2024-03-05]. https://www.huxiu.com/article/29654.html.

产业尽快成长。这一定价模式引起上游出版社的不满,后来在苹果公司加入这一行业领域的竞争时,引发了一场上游出版社对亚马逊公司"恶意"降低电子书售价的反垄断诉讼。①

其次,Kindle 与以前的阅读器最大的不同是,它创造性地加入了免费的 3G 通信模块。亚马逊公司在解决了内容的"有"之后,使用这一技术解决了内容的可获得性。Kindle 阅读器的 3G 通信速率能够保证用户随时随地在 60 秒内购买并下载一本电子书到 Kindle 阅读器中。以前的电子书阅读器,因为本身不具有通信传输能力,必须通过电脑来下载,阅读器就如同电脑的一个附件。这样的特性大大压缩了其市场空间。而 Kindle 阅读器通过自身长上的这一 3G 的翅膀而成为真正意义上独立的一本"电子书"。因此,也有人称 2007 年因 Kindle 的推出而成为"电子书"的元年。

根据数字出版产业的全球贸易和标准组织——国际数字出版论坛(International Digital Publishing Forum, IDPF)所展示的从 2002—2009 年全美电子书批发总金额(图 4-6)的增长趋势,Kindle 的上市正是前期无甚起色的美国电子书市场实实在在的引爆点,Kindle 确实点燃了美国电子书产业。

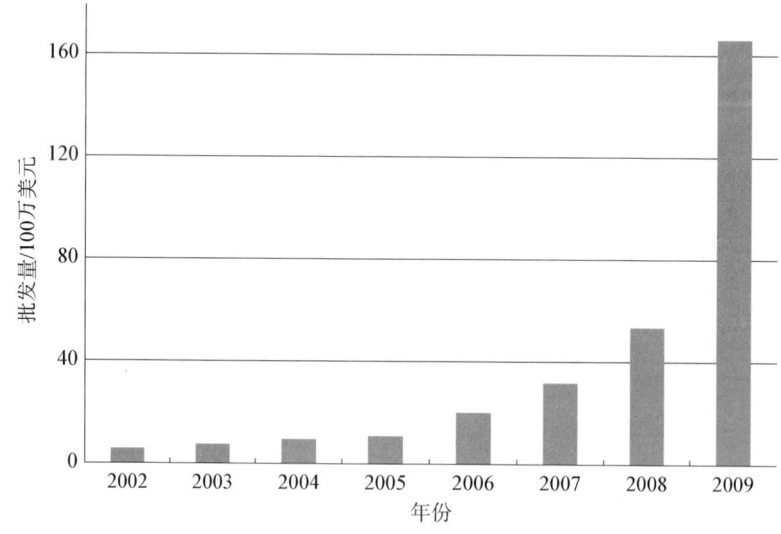

图 4-6 2002 年—2009 年美国电子书批发总金额

---

① Techweb. 苹果与五家出版反垄断案败诉赔偿 4.5 亿美元[EB/OL]. (2015 - 07 - 01) [2024 - 03 - 15]. http://mi.techweb.com.cn/tmt/2015-07-01/2169801.shtml.

Kindle 的独特使得它成为第一台打通了从出版到终端阅读的整个业务链的电子书阅读器，这也促成了亚马逊公司的巨大商业成功。不仅如此，在亚马逊的网站上，个人作者可以直接上传自己的作品，自行定价并通过 Kindle 版电子书平台进行销售，这种个人出版的形式颠覆了传统的出版模式。亚马逊公司更是直接签约美国畅销书作家斯蒂芬·金，让他将最新作品首先直接通过电子书平台进行销售，使其作品可以在第一时间抵达读者。

如前所述，电子书本身由来已久，其起源甚至可以追溯到 20 世纪 70 年代初的古登堡计划。但是那么多年来，电子书在市场上的销售量一直很小，并且主要集中在 B2B 市场。一些专业的电子书厂商如美国的 Overdrive 和中国的方正公司，主要面向图书馆或其他专业机构进行销售。整个市场面向个人消费者的电子书销售凤毛麟角。Kindle 阅读器的诞生与成功标志着美国电子书 B2C 市场的开始走向成熟。从这个意义上来看，Kindle 的出现标志着"电子书"的元年当之无愧。而 Kindle 这个阅读"器"所点燃的正是市场上"容"的勃发。可以说"内容"是电子书阅读器成功的关键，这就是有"容"才有"器"。

但是这个"器"本身不也很重要吗？在 Kindle 之前，市场上包括索尼在内的许多厂商都推出过电子书阅读器。可唯独 Kindle 能获得那么大的成功，恰恰说明一个合适的"器"的重要性。比如回过头来看，我们才真正理解用户的需求。原来书是一定要捧在手上阅读的，不管它是"纸"的还是"电子"的书。我们至今仍然"顽固"地认为，坐在电脑前不是看书，看书需要一个看书的终端，不管它是纸的、电子墨水的还是液晶的。Kindle 是当时最优秀的电子书阅读终端。

打个比方，索尼公司当初不仅推出了电子书阅读器，还建立了网上书城，这就像一个卖灶具的行家非要来当大厨，虽然灶具还是蛮精彩，但最后端上来的菜却不合大家的口味。而亚马逊显然更了解食客的口味。在推出 Kindle 之时，在容与器两端都做好了充分的准备。虽然，其阅读器不见得在一些技术层面比索尼好多少，甚至大有不如，但 Kindle 解决了适合看书的终端需求，使读者真正养成了在电子设备上阅读电子书的习惯。Kindle 也解决了读者找到所需电子书的便利需求。这背后乃是从内容、平台到终端的整条产业链的贯通。我们至今会清楚记得亚马逊的广告语：60 秒内，一本书就会下载到你的 Kindle 上。

阅读器是一种阅读工具，同时也是一个内容推送的平台，最后，它也是一个内容的加密工具。

电子书阅读器的出现,增加了一种类纸化的阅读体验。就阅读内容而言,可以在有电源和无线网络的前提下,随时获得电子书内容。同时,电子书阅读器改变了以往纸质书籍数量过多难以携带的问题,便捷易携。相比于纸书的制造原料与过程,电子书阅读器不仅节约了仓储空间和图书流通成本,还更加环保。

站在用户的角度上,电子书阅读器的研发与出现给各行各业的人带来了方便。对于学生和教师,电子书阅读器克服了传统教科书体积笨重的缺点,阅读器中海量存储可将词典与课本收入其中,对学生与教师而言无疑是一大进步。对商务人士而言,电子阅读器可以随时随地为他们提供商务资料的搜索,及时促成交易。对于逐渐习惯并接受使用更加现代的电子阅读器的人来说,亚马逊的 Kindle 与苹果公司的 iPad 无疑是目前市场上最受关注的新阅读媒介。

人们经常会问一个问题:是买一个 iPad 好还是买一个 Kindle 电子书阅读器好? iPad 的视频、音效和强大的人机互动能够完美展示媒体信息,而 Kindle 重量轻、电子墨水屏幕防疲劳、阳光下不反光且价格只有 iPad 的三分之一左右。对真正享受电子书阅读的群体而言,他们并不需要华丽炫目的功能,更喜欢 Kindle 所提供的最接近传统阅读的服务。① 因此,虽然 iPad 的出现对 Kindle 电子书阅读器产生了一定的影响,但这种影响并没有导致 Kindle 电子书阅读器的消亡。

第 3 节 Kindle 中国的十年风云

Kindle 的离开意味着以模拟纸质书阅读体验为发展目标的传统的电子书发展时代渐渐远去。这折射出无论是作为承载电子书阅读的载体的"器",还是内容本身,产业变局的步伐均在加快。

回望 Kindle 入华时,当时中国大陆的图书电商市场可以说是三分天下,当当独大的局面。当当网当时大体上占有近一半的图书电商市场份额,京东与亚马逊中国加起来占另一小半。② 因此,亚马逊中国在图书线上销售的市场中占比并不高,远没有达到其在美国市场一家独大的垄断地位,这使得亚马逊在中国

---

① 新阅读:iPad 还是 Kindle?[EB/OL].(2012-05-31)[2024-03-15]. http://industry.epuber.com/2012/0531/5798.shtml.
② 央广网.京东苏宁亚马逊收缩图书业务当当或将一家独大[EB/OL].(2014-04-22)[2024-03-20]. http://finance.cnr.cn/gs/201404/t20140422_515351335.shtml.

市场的 Kindle 电子书内容准备中碰到各种各样的困难,其谈判的筹码与手段也会受到各种限制。再加上中国市场的出版行业有自己的特点,有大量的国营机构,尚未完全市场化。这些因素都使得亚马逊在之后多年中国市场的 Kindle 电子书内容建设中捉襟见肘,未能达到其在美国以及一些其他市场的成就,无法实现图书市场全面电子化。

此外,由于中国市场当时的纸书价格相对便宜,Kindle 中国的电子书商店不太可能将其电子书的售价与纸质书的售价拉开很大的距离。更重要的是,由于国内外的上游出版社都开始对电子书产业的方方面面有了充分的感受认知,加上亚马逊也在美国遇到了反垄断诉讼,因此亚马逊不可能将其在美国市场的定价模式复制到中国市场。

亚马逊进入中国市场本应带有一个很大的优势,就是它在全世界的电子书内容储备。如果这一优势能得以充分发挥的话,会为 Kindle 的成功添上展翅飞翔的翅膀。只是,因为市场政策原因,亚马逊的这一优势未能实现。

因为政策原因,并未能在中国推行的还有亚马逊在美国市场推出的 KDP 自出版服务(Kindle Direct Publishing,作者可以绕过出版社直接在 Amazon 上发售电子书)。这一服务不仅极大丰富了 Kindle 电子书店的内容,一定程度上也冲击了传统出版行业的商业模式。亚马逊的用户可以通过 KDP 自出版 Kindle 电子书,甚至可以出版纸质书,这个项目对作者的好处是能够获得比传统出版高得多的版税。根据网络上可寻找到的有限 Kindle 数据,2016 年亚马逊发布的电子书中,约 40% 为 KDP 内容。[①] KDP 可以被视为亚马逊在电子书 2.0 领域的成功耕耘。

尽管如此,从中国市场的 Kindle 电子书与阅读器的销售来看,也不能说其是失败的。在一定意义上来说,它还可以说是相当成功的,其成功主要有以下两个原因。

一是,在亚马逊入华前后几年,中国市场上并没有一个成熟的可以与之匹敌的电子书服务平台,这使得其在中国电子书爱好者用户中占有很高的市场份额。二是,亚马逊的 Kindle 阅读器有着极佳的市场声誉,在中国市场独占鳌头。

---

① Fortune. The kindle effect [EB/OL]. (2016-12-30)[2024-03-15]. https://fortune.com/2016/12/30/amazon-kindle-digital-self-publishing/.

亚马逊中国在2018年发布了一个2013—2018年多维度Kindle中国电子书榜单[①]，其中提到Kindle电子书阅读器在中国已累计销售数百万台，中国自2016年底已经成为亚马逊全球Kindle设备销售第一大市场；2018年，Kindle中国电子书店的书籍总量近70万册，较2013年增长近10倍。根据路透社的报道，亚马逊公司在2018年有一份内部简报中提到，截至2017年末，中国成为亚马逊公司全球最大的Kindle阅读器销售市场，占其总销售量的40%以上，这是一个相当惊人的比例。[②] 这也意味着Kindle业务在中国市场还是取得了相当的成功，达到了一定的高度，至少在几年前是如此。

为什么在取得良好成绩之后，几年之内Kindle就从中国市场悄然退出了呢？这其中的原因主要有以下两条。

首先，如前所述，亚马逊在中国市场未能建立起一个优秀完整的电子书内容平台。其次，就电商而言，包括亚马逊在内的以线上图书销售起家的网络电商，图书销售本身并不是一项盈利丰厚的产品类别。但图书的线上销售有着极好的引流效应，因为阅读图书的用户往往也是消费能力较强的群体。只是由于各种原因，亚马逊自2004年收购卓越进入中国市场以来，其图书销售与电商业务被国内其他电商超越，市场占比越来越小，终于在2019年宣告退出中国电商市场。这样一来，其在中国市场的Kindle业务成为无本之木，黯然退出也就只是一个时间问题了。

Kindle阅读器能够吸引用户的另一重要因素无疑是电子墨水技术，电子墨水技术是目前成熟的电子显示技术中最接近纸张显示效果的，通俗地称为"电子纸"技术。目前市场上的主流电子墨水技术，即E-ink技术由美国麻省理工学院媒体实验室发明，1997年发明这一技术的团队成立了E Ink公司，使其正式走向市场。

任何新兴技术在刚跨入市场时都免不了要有一个很长的市场孕育周期，电

---

① 澎湃. Kindle进入中国五周年，《三体》成最畅销中文电子书[EB/OL]. (2018-07-03)[2024-03-15]. https://www.thepaper.cn/newsDetail_forward_2234441.
② Reuters. Amazon to pull Kindle out of China, other businesses to remain [EB/OL]. (2022-06-02)[2024-03-15]. https://www.reuters.com/technology/amazon-says-will-shut-kindle-bookstore-china-next-year-2022-06-02/.

子墨水技术也同样如此。从市场逐渐接受这个技术,到产生 Kindle 这样的爆品,E Ink 公司经历了十年的经营周期。2009 年 6 月,作为 E Ink 公司下游唯一授权制造商的元太科技,以 2.15 亿美元的出价,并购其上游厂商美国 E Ink 公司的全部股权以及电子墨水显示屏材料的关键技术及专利。元太科技公司就此垄断了整个电子墨水技术及相关市场,我们在说这个市场的产值时,往往就是在说这个公司的业绩。

在过去很长一段时间内,这一技术最为人所知的产品是电子书阅读器,也就是说"电子纸"因为被做成"电子书"而为人熟知。随着基于电子墨水技术的电子书阅读器市场前景黯淡,是否也意味着这一技术没有市场前途了呢?

其实不然,有一些关键外部环境因素推动着电子纸产业的成长。一是物联网(IOT)的广泛应用,电子墨水技术的低成本、低能耗等是万物互联非常好的适用技术;二是人类社会发展碳中和的目标。相比传统电子设备,电子墨水技术在许多应用场合具有无可比拟的优势。在碳排放目标越来越严苛的大环境下,电子墨水技术相较其他显示技术具有更为广阔的市场前景。

另一方面,元太科技在发挥技术优势的产品适用性与技术方面做出了许多努力。在过去 7 年间,全球已安装约 6 亿个电子货架标签(Electronic Shelf Label,简称 esl)。这些 esl 产品已经不单是黑白单色显示,而是采用了纯色的多色技术,达到高饱和度与高对比度,并且可以做到局部高刷新率。虽然尚不能实现全色全功能的动态视频展示,但对于标签与多色广告效应的显示器件需求还是具有相当的适用性。[1]

从电子书走向电子纸,元太科技终于走向了企业运营的高增长阶段。回观元太科技自成立以来的多年征程,也令人感触良多。1992 年元太科技公司成立,其母公司正是中国台湾地区最大的纸业集团——永丰余。因为 20 世纪 90 年代正是信息技术行业高速成长发展的时期,作为传统显示载体纸张的生产商,永丰余集团成立了主打电子设备显示面板生产的元太科技。由于显示面板产业是一个技术发展迅猛、竞争异常激烈的行业,元太科技在早期的市场角逐中并没有取得好的成绩。21 世纪初,元太科技在收购 E Ink 公司之后将自身更名为 E

---

[1] 电子纸产业联盟. ePaper Insight | 全球电子价签市场实现高速增长,近五年 CAGR 约 50%[EB/OL]. (2022-06-22)[2024-03-15]. https://news.epaperia.com/post/248.html.

Ink,显示其专营电子墨水技术产业的决心。元太科技自诞生至今的成功,以一个传统行业的后代如何颠覆如何逆袭自己原有领域,同时又结合本业根基的典型案例,给我们上了生动的一课。

第 4 节　从电子书到电子纸

回到电子书主要采用的电子墨水技术。那么什么是 E-ink 电子墨水呢？E-ink 本身是一种显示技术,实际上是电子纸显示技术的一种,也是 E Ink 公司的技术与产品名称,也是相关产品所采用的技术。E Ink 公司(E Ink Corporation)位于美国马萨诸塞州的坎布里奇。它是由朗讯公司、摩托罗拉公司以及数家风险投资公司于 1997 年为了开发电子纸成立的企业。Joseph Jacobson 原是麻省理工学院媒体实验室的教授,他是 E Ink 公司的创始人之一。E Ink 公司利用电泳技术发明了电泳油墨(又称电子墨水),极大地促进了该技术的发展。该公司于 2009 年被元太科技收购。

电子墨水技术来自麻省理工学院 1995 年的发明,2001 年后才逐渐有商业化的产品出现。2006 年,在 CES 大展上,索尼公司的 eBook Reader 大出风头,这一新产品标志着基于电子墨水技术的电子书阅读器走向了真正实用与商业价值的年代。

电子墨水技术是一种基于微囊电泳方式的显示技术。E-ink 的原理可以形象地描述为一大堆转来转去的泡泡。为什么这么说呢？

如图 4-7,电子墨水屏表面附着很多体积很小的"微胶囊",每个微胶囊中包含悬浮于透明液体之中的带正电荷的白粒子和带负电荷的黑粒子。设置电场为

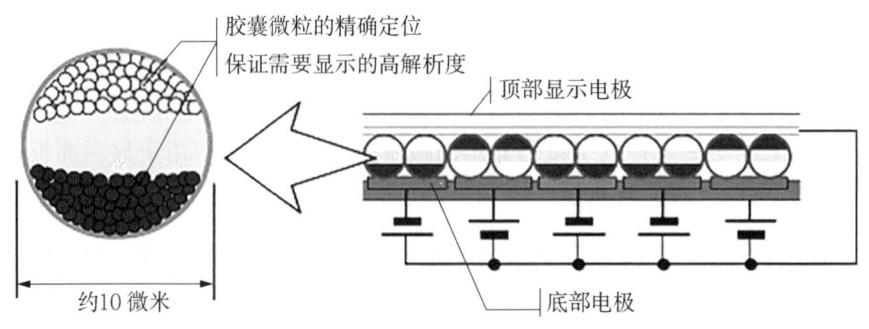

图 4-7　电子墨水技术特点

正时,白粒子向微胶囊顶部移动,因而呈现白色。同时,黑粒子被拉到微胶囊底部,从而隐藏。施加相反的电场时,黑粒子在微胶囊顶部出现,因而呈现黑色。通过改变电场使不同颜色的颗粒有序排列,从而呈现出黑白分明的可视化效果。

电子墨水技术的真正优势在于找到了一种与传统纸张显示原理一致,体验接近的电子显示技术。

首先,这种"微囊电泳技术"具有双向稳态性,在不加电的时候它可以保持状态不变。这使得这种显示技术仅仅是在翻动刷新页面时才消耗电能,其他时候,它在保持显示内容不变的情况下,是不耗电的。这种特性使它被用于书籍这种大多属于静态阅读的内容时,非常具有优势。目前采用电子墨水显示技术的电子书阅读器,一次充电后,许多都具有支持七八千次翻页的能力,或者说一般能支持几周的阅读时间。这种稳态性也减少了电子设备常见的显示闪烁感。

其次,自然的纸张视感。与大多数现在的显示技术不同的是,电子墨水显示技术不需要背光照明。它如纸张一样,利用光线反射来看到显示材质上的内容。这样的显示方法使得它无论在日光或其他场景中都保留了与纸张相同的显示特性,以及差不多同样舒适的对比度及广阔的视角。一般认为,在反射率与对比度上,目前的电子墨水技术已经能比得上普通报纸的显示效果。

最后,电子墨水技术由于其产品结构及技术原理,比之其他的显示技术更容易做到显示设备轻薄化,甚至采用柔性可弯曲的背板,这个特性使其进一步接近传统纸张类媒介带给用户的体验。① 因此,这是一种有史以来最好的模拟纸张视感的显示技术。在这样的电子显示器件面前,即使最保守的传统纸质读物的拥趸也不得不承认,在视觉感观上,数字化的阅读方式与传统纸张阅读已经是前所未有地接近了。

今天的电子书阅读器市场上主流阅读器大都采用 E Ink 公司的电子墨水技术。电子墨水技术的优缺点可以总结如下(表 4-1)。

---

① E Ink. BenefitsePaper displays bring a number of benefits to a product. [EB/OL]. [2024 - 03 - 15]. https://www.eink.com/tech/detail/Benefits.

表 4-1 电子墨水技术的优缺点与发展方向

电子墨水技术的优点	电子墨水技术的缺点
类纸张的视感	低刷新率
低能耗	无彩色
容量大	屏幕易碎
日光下可读	
电子墨水技术的发展方向	
提高刷新率	触摸
提高对比度	手写
彩色	提高交互能力
柔性面板	多功能

可以看出,省电、低能耗是电子墨水的一大特性,文字刷新后,会长期停留在屏幕上。换句话说,电子书在阅读时不耗电,只有在翻页刷新的时候才耗电,所以电池寿命会很长。这是由于电子墨水的双稳态技术,微胶囊会在液体中保持静止。

但是,由于微胶囊悬浮于液体中,就会导致其运动速度要远远小于在空气中的速度,这就会导致阅读刷新率低。刷新率低会导致书页反应速度慢,无法做到视频播放。

电子墨水由于黑白粒子以及液态的特性,使得电子书"白纸""黑字"的对比度不高。"白纸"呈现一定灰度,相比真实的纸书还存在差距。

凡是模仿墨水在纸上的显示效果的技术,都可以称为电子纸。它无需背光照明,可利用反射光线阅读。e-paper 是电子书阅读工具之一。

电子纸的用途相当广泛,第一代产品用于代替常规显示设备,第二代产品包括移动通信和 PDA 等手持设备显示屏。计划开发的下一代产品定位在超薄型显示器,形成与印刷业有关的应用领域,例如便携式电子书、电子报纸和 IC 卡等,能提供与传统书刊类似的阅读功能和使用属性。在技术层面,北京大上科技专注于电子墨水高刷技术研发,推出了电子墨水式电脑显示器、曲面电子墨水显示器和彩色电子墨水显示器。在应用场景上,2018 年,上海开始大规模使用电子墨水屏作为公交站牌①,这是因为电子墨水技术在阳光下的可视效果远超传统背光的电子显示屏,且能耗远远低于传统的电子显示器件,仅靠电池就可以保持长时间的运行,从而在许多难以架设电缆供电的室外场所具有更好的适用性。电子书阅读器市场达到低谷时,同样是使用电子墨水技术的电子价签市场经过前期孕育步入产业发展上升期,并在2019年后全球市场出货量创历史新高,电子纸产业应用格局已经打开,产业制造生态蓬勃发展。②

第5节 数字阅读终端在图书馆的使用

虽然我们可以将电子书的诞生回溯至1971年迈克尔·哈特(Michael Hart)所数字化的美国独立宣言以及之后的古登堡计划,但是如果从整个电子书产业的发展过程来看,尤其是电子书产业为业界所重视、为大众所认可、为社会所接受的过程中,电子书阅读器则扮演着至关重要的作用,甚至可以说是第一催化剂。无论是20世纪末基于单色液晶的火箭电子书阅读器的诞生还是2007年亚马逊Kindle电子书阅读器的问世,都对这个行业产生了最重要的催生作用。前者代表着电子书产业的诞生,后者则代表着电子书产业开始真正起步而走向成熟。

虽然电子书阅读器对于电子书产业的影响甚远,但考察电子书阅读器自身的产业发展却存在一定的难度,其中最大的难题乃是对电子书阅读器的界定。因为从狭义的定义来说,电子书阅读器指的就是专用的电子书阅读器,其除电子书阅读功能之外一般不具有其他功能,如前面所说的火箭电子书阅读器以及亚马逊Kindle等。另一种则是指兼具电子书阅读功能及其他通用功能的便携式电子设备,如21世纪初的个人数字助理(PDA)及各种具有文字展现功能的移动手机以及后来的平板电脑等。从数字世界的行业发展趋势来看,未来的数字移动设备几乎都具备电子书阅读功能,但这些设备通常都不会称为电子书阅读器。但是从广义的定义来说,它们又确确实实地具有电子书阅读功能。电子书的阅读终端包括传统的电脑、移动与其他多媒体终端等,移动终端包括电子书阅读

---

① 上观新闻.见到过墨水屏公交站牌吗?今年内上海将再增加2500个[EB/OL].(2018-09-12)[2025-03-12]. https://www.jfdaily.com/wx/detail.do?id=105048.
② ePaper Insight.电子书产业蓝皮书[EB/OL]. http://www.epaperinsight.com/news-48.html.

器、平板电脑、手机等,并且从行业发展趋势来看,电子书产业内容阅读的主流终端将不再是单一功能的专用电子书阅读器,而是其他移动终端,尤其是移动手机。

我们在这里考察的几篇海外图书馆电子书服务领域关于电子书阅读器的论文也展现了这样的特点,它们不再是单一考察专用的电子书阅读器。如 Cliff Mcknight 和 James Dearnley[1] 在英国的莱斯特郡图书馆(Leicestershire Library)做了一个有趣的调研,他们将一些火箭电子书阅读器(Rocket eBook reader)借阅给读者,并且针对这些实际用户进行问卷调研,调研内容包括读者对这一电子书阅读器的使用体验、易用程度、阅读器的功能(翻页、背光、标注等)、电子书优缺点等。同时他们也对馆员以及与图书馆这一服务提供方相关的内容进行调研,这些内容包括与图书馆相关的服务流程、制度、阅读器的配件、注册、购买和外借方式等。这个项目的研究是在 2001 年至 2002 年所做的,调研也是以火箭电子书阅读器为主要研究对象来进行的,因为阅读器本身的数量有限,并且不是所有的用户都完整回答了问题,所以整体样本数太少了,只有 16 份。但这个调研的内容分析中主观评价较多,不是简单的量化研究,这在样本数较少的情况下有一定的价值。

James Dearnley[2] 等在 21 世纪初对当时流行的个人数字助理设备 HP IPAQ 在图书馆的电子书服务实践做了一个调研项目,了解读者的使用感受和习惯,对此设备的优缺点进行评估,如其便于携带但影响阅读速度等;也了解工作人员对此设备的感受体验,如其便携易用,但受限于电池与网络等。这一基于 PDA 设备的使用调研对于电子书的阅读做出了一些较负面的评价,在其显示、功能与电池寿命方面都提出了一些问题。也提到了与此相比,纸质读物所带来的一系列感性和情感感受,包括触觉和嗅觉。由于本研究基于液晶展示的小屏幕设备,最后结论预测是桌面电脑与平板电脑将解决电子书阅读中的诸多问题,这一推断明显与此文所描述的未来即今天的现实不符,这种以趋势外推法所做

---

[1] MCKNIGHT C, DEARNLEY J. Electronic Book Use in a Public Library. [J]. Journal of Librarianship and Information Science, 2003,35(4):235-242.
[2] DEARNLEY J, MCKNIGHT C, Morris. Electronic book usage in public libraries: a study of user and staff reactions to a PDA-based collection [J]. Journal of Librarianship and Information Science, 2004, 36(4):175-182.

的简单推断可能是很多研究都会碰到的问题。

这两篇 21 世纪初的论文所研究的对象与今天大家普遍认知的电子书阅读器有很大的差异，无论是没有内容产业支撑的火箭电子书还是 HP IPAQ 这样的 PDA 设备。同时在样本数不够以及研究对象不合理的情况下，所做出的一些今天明确错误的推断，都可以说是这些论文明显的硬伤。但是这些论文不仅留下了当时的历史印迹，也为今后的应用研究提供了一些启示，我们今天所做的许多调研再过多年回头来看，也许一样会有这样的硬伤。

我们考察的另外两篇有关电子书阅读器的研究则大致是在前两篇的十年之后。Martin Zimerman[①] 的研究是一个有关电子书阅读器的文献调研以及对高校馆员及管理者所做的邮件调研。在 200 多位受访者中最后选择了 58 位已经拥有电子书阅读器的受访者的答卷进行了统计。调研的内容包括对电子书阅读器的认识，设备的技术特性（屏幕大小、存储容量、电池等）以及用户体验等。受访者普遍对电子书阅读器持肯定的态度，愿意再行购买或向他人推荐等。而 Danielle E. Pollock[②] 介绍在 2010 年在桑迪亚国家实验室（Sandia National Laboratories）的科技图书馆进行的为期六个月的阅读器测评研究。该研究选择了当时市场上最受欢迎的五种电子书阅读器型号以及苹果公司的平板电脑 iPad 来做测试，结果表明只有 iPad 能够与科技人员常常使用的科技期刊论文的 PDF 格式完全兼容，能够清晰地显示包含多列文本、插图、方程式和数学符号的文档。

这两篇论文也有些不足之处。如 Martin Zimerman 所做的研究其受访对象都是买了阅读器的用户，而研究结果表明受访者普遍对阅读器持相当满意的态度。这样的研究其起点角度有些自我强化的味道与误导，因为一般而言，只有你满意了才会去购买。而 Danielle E. Pollock 所做的研究是在一个研究性图书馆中用专用电子书阅读器去调查测试其对大量的 PDF 格式的专业文献的适用性，这明显是一个不合理的设定。目前大量的专用电子书阅读器由于其屏幕大小与解析响应速度，只有对那些流式的大众阅读内容有更强的适用性，而对原生 A4 尺寸大小的版式 PDF 文档自然不可能有很好的阅读感受。这个测试也反过来说明一个问题，不同的场景、不同的应用需求，就需要合适的工具与技术，而并没

---

① ZIMERMAN M. E-readers in an academic library setting [J]. Library Hi Tech, 2011, 29(1): 91-108.
② POLLOCK D E. E-Readers, Our Readers, and Electronic Collections: A Pilot Study at a National Laboratory Library [J]. Serials Review, 2012, 38(3): 188-193.

有一个放之四海而皆准的通用解决方案。这是电子书服务与纸质服务所不同之处。

这两篇论文所做的研究都是在 2010 年左右,我们很遗憾地看到这之后海外关于电子书阅读器的调研论文很少。当然,这不见得是说电子书阅读器再也没有应用行业价值,不值得研究。恰恰相反,这往往是因为近年来电子书阅读器发展得相当成熟,无论是应用还是用户感受来说,大家有相当高的共识,这使得其研究空间不大。其次是在行业应用中,单一的电子书阅读器越来越被广义的移动数字设备所替代,从而使得这方面的应用终端设备研究再也没有被冠以电子书阅读器之名。

而在国内,今天电子书阅读器在图书馆的电子书服务中已经算不上是一个非常重要的元素。从电子书内容的建设到服务平台的搭建运营管理,直至最后将电子书的内容传递到读者的手中,在这样的服务链中,读者最后是采用电脑、电子书阅读器还是其他移动终端来阅读电子书,已经有多样选择的空间。电子书阅读器在这样的服务流程中,更多的是作为一种电子书服务所要考量的技术元素而已。

但是,在 20 世纪末 21 世纪初,电子书阅读器开始在市场上出现并慢慢市场化之时,电子书阅读器在电子书的产业链中是非常重要的元素,甚至它本身就是电子书的代名词。因此我们也可以说,2001 年赵继海一文不仅是较早介绍与探讨了电子书阅读器及其对图书馆的影响,而且此文实质上可以称为国内探讨图书馆电子书服务的开篇之作。此文对当时以火箭电子书阅读器为代表的第一代电子书阅读器进行了考察,并全面讨论了其将对图书馆行业发生的影响。虽然其介绍与探讨的内容在今天来说参考价值并不大了,但对于这个行业的发展研究还是有里程碑意义的文献价值。

2007 年亚马逊 Kindle 电子书阅读器的出现可以说是带动了整个电子书产业的迅猛发展。此后,国内外的图书馆也规模化地开展电子书阅读器的外借服务,以及基于 Kindle 模式的电子书服务,等等。金红亚、周德明[1]以上海图书馆电子书阅读器服务为例,探讨了其中存在的一些问题,如格式标准、阅读器与多种文献的兼容性问题以及阅读器与不同信息系统的资源匹配问题等等。塞

---

[1] 金红亚,周德明. 电子阅读器应用与图书馆借阅业务的变革[J]. 图书馆杂志,2010,29(4):30—31,50.

塞瑞卿[1]在2010年以中美两国的许多开展阅读器外借的图书馆为调研对象,对比了两国图书馆在阅读器外借中的读者类型、流通方式、可阅读的内容以及借阅周期等方面的差异。同样是塞瑞卿[2]团队,他们在随后的一年就图书馆引进电子书阅读器服务做了进一步的思考。在文中他们将新推出的平板电脑的代表iPad与Kindle做了对比,提及图书馆电子书阅读器服务中会碰到的方方面面的问题,以及建议遵循"积极主动、循序渐进"的原则。钟声[3]也是对美国5所大学图书馆的电子书阅读器的服务进行了调研,也引用了前人的赞成与反对的观点进行对比探讨,最后认为图书馆应该重视电子书的版权问题。

在前人实践与研究的基础上,叶兰[4]对国内外图书馆阅读器服务方面的研究做了文献调研综述,也做了关于国外几所大学图书馆的电子书阅读器服务的介绍与总结,从新型采购方式、资源建设、编目、借阅以及如何服务于教学与科研,如何来做培训与推广等六个方面进行了探索。吴若英[5]团队同样是基于文献调研对国内阅读器外借的服务做了总结,最后对服务对策方面提出了一些建议。

也有一些学者做出一些较有个性的研究。如肖红琳[6]探讨了图书馆应用电子书阅读器服务会对图书馆的服务方式产生哪些变革推动作用,并提及包括价格、版权及技术等主要应用障碍等。姚远、袁润[7]则是近来较少的以另一个视角探究图书馆电子书阅读器服务模式的文章。他们认为,"平台—自助""内容—承包"以及"用户驱动采购"模式是可行的图书馆电子书阅读器的三种服务模式,并从几方面来论述这三种服务模式的不同,最后认为"用户驱动采购"模式最有发展前景,此文有相当的参考价值。赵亮[8]一文并不是严格意义上的论文,而更像是一篇描述2009年电子书阅读器产业发展的行业综述。此文以少有的产业视角看待电子书阅读器的发展对图书馆的相关服务产生的影响,应该说是有很好

---

[1] 塞瑞卿,刘亚,胡海燕.中美图书馆电子书阅读器借阅模式之比较[J].图书馆学研究,2010(24):27—31.
[2] 塞瑞卿,胡海燕,崔恒燕.图书馆引进电子书阅读器的思考[J].图书馆杂志,2011(8):29—32.
[3] 钟声.电子书阅读器在美国图书馆中的典型应用及思考[J].图书馆学研究,2012(4):98—100.
[4] 叶兰.电子书阅读器对高校图书馆服务的影响研究[J].图书馆论坛,2013,33(1):86—90,81.
[5] 吴若英,郭春侠,马娟.电子书阅读器在图书馆的应用及发展研究[J].图书馆建设,2015(3):71—76.
[6] 肖红琳.电子书阅读器影响下的图书馆服务模式之变革[J].情报资料工作,2012(2):85—88.
[7] 姚远,袁润.图书馆电子书阅读器服务模式探析[J].图书情报研究,2017(2):43—50.
[8] 赵亮.电子书阅读器,现在与未来的桥梁——2009年电子书阅读器产业的发展与影响述评[J].数字图书馆论坛,2010(6):1—19.

的借鉴意义。

综观这一主题的国内外研究,可以看出有如下特点:一是起步均较早;二是2007年后国内外图书馆均对电子书阅读器外借服务进行了相当多的案例与调研分析,也做得不错;三是国内外研究有一些各自市场决定的独特视角或能以行业眼光来看待图书馆电子书阅读器服务的研究论述,具有一定的参考价值。

今天,对于图书馆电子书阅读器的服务应该更多关注技术层面的元素,探究新的服务模式,而不能局限于多年前传统的外借模式。在当前,读者对于阅读器外借的需求不断下降的背景下,应该更多地考虑图书馆的电子书服务内容与读者自带的阅读器对接的技术与服务模式。

第 5 章

图书馆电子书服务模式

第 1 节 "内容—平台—终端"服务模式

图书馆电子书服务模式是指图书馆以怎样的授权与技术规范从上游电子书服务商或其他内容渠道获得资源,又以怎样的技术实现与服务方式对读者服务。相关的问题囊括了几乎所有图书馆电子书服务的流程,从上游电子书服务商获取资源的方式、授权模式、价格因素、服务方式,等等。具体来说,它也会涉及与传统图书馆业务流程相关的方方面面,采访、编目、系统与服务策略等,并且由于电子书本身的技术属性,它又包括技术的所有相关层面,从阅读器到 DRM 等。因此,我们这里还是尽量将讨论的主题重点限定于服务模式相关,即不管你是讨论哪个层面,其最后落脚点是在服务模式上,也即采用怎样的模式规则与技术规范来与上游及下游打交道。

在服务模式方面,国外一些早期的研究,往往比较宏观。如 Ronald Jantz 的研究[1]发表于 2001 年,是早期的对电子书服务的商业模式与技术发展对高校图书馆的影响做了较全面探讨的文章。其中提到出版社针对电子书的新商业模式,与传统结合的模式、个人出版的模式、线上出版、与图书馆的合作等。在技术

---

[1] JANTZ R. E-Books and New Library Service Models: An Analysis of the Impact of E-Book Technology on Academic Libraries [J]. Information Technology and Libraries, 2001, 20(2):104-113.

方面,也探讨了电子书阅读器的发展,其优缺点,版权管理,以及分布式网络模式所带来的影响,等等。此文自述,当时还处于电子书发展的早期阶段,甚至也是因特网发展的早期阶段,因此很难预测由于技术的发展,产业的变化会对图书馆带来怎样的影响与冲击。但显然此文提到的一些技术点与商业模式的问题到今天仍然是大家关注的热点。

探讨服务模式可以采用不同的研究方法,例如采取文献调研、实证调研以及从其他的角度来做分析等。William H. Walters 的研究[①]就是基于相当完整的文献调研,探讨了电子书在高校图书馆的服务使用以及分享时所碰到的一系列问题,讨论问题相当全面,不仅提到在电子书服务中对打印、下载、分享与馆际互借的限制,也讨论了电子书阅读器相关问题,而且涉及限制性许可条款、专有软件和文件格式、数字版权管理以及许多电子书所采用的单用户模式等。文章提到供应商为了提供图书馆的电子书服务不会影响其商业利益,实际上限制了许多电子书技术所能带来的好处。对于这些问题的解决,作者提到任何商业模式的成功都离不开用户的需求推动与利益诉求,因此图书馆电子书服务更好的商业环境与服务模式也有赖于图书馆界同行的共同努力。

Magdalini Vasileiou 的团队则是采用实证调研的方式来做研究,他们对来自英国 7 个高校图书馆的 32 位高校图书馆员做半结构化访谈,发表了两项研究成果。一是对在高校图书馆中的电子书服务的管理框架及其挑战进行了探究[②],二是对高校图书馆电子书服务的未来进行了展望探索[③]。由于这一研究所访谈的对象包括管理人员、参考馆员、元数据编目以及电子资源管理服务人员,他们对电子书在高校馆的服务有着丰富的经验,对电子书服务的未来挑战也有着较成熟的观念,因此这一研究的成果具有很不错的参考价值。这两篇研究成果中,前者提出了图书馆电子书服务的一个完整的管理框架,这一框架将图书馆电子书分为多个阶段,这些阶段包括:馆藏发展政策,预算的管理,采访资源的发现,评估和选择,知识产权许可协商,编目和交付,营销推广及用户培训,监控与

---

① WALTERS W H. E-books in academic libraries: Challenges for sharing and use [J]. Journal of Librarianship andInformation Science, 2014, 46(2):85-95.
② VASILEIOU M, ROWLEY J, Hartley R. The e-book management framework: The management of e-books in academic libraries and its challenges [J]. Library & Information Science Research, 2012, 34 (4):282-291.
③ VASILEIOU M, ROWLEY J, Hartley R. Perspectives on the future of e-books in libraries in universities [J]. Journal of Librarianship and Information Science, 2012, 44(4):217-226.

评估,续订和取消,等等。对于管理框架,文中也提及其有一定的复杂性,需要在实践中不断完善,尤其在使用协议、营销推广及用户培训、监控与评估等方面是比较大的难点。在对于图书馆电子书服务的未来思考方面,大多数的受访者都认为未来五年高校图书馆电子书馆藏的规模和作用将大幅增长。此研究也指出,对电子书服务的未来会产生影响的最重要的因子就来自产业链的各利益相关方,包括电子书供应商、用户、图书馆以及技术开发商的影响。但毫无疑问,电子书服务的增长意味着对图书馆空间需要重新分配,随着技术的发展,电子书服务的终端与服务方式会产生变化,图书馆员的角色与任务也会改变,对用户的教育与支持将会变得越来越重要。

Stanley M. Besen 和 Sheila Nataraj Kirby[1]则从经济利益分析的角度考察了图书馆从出版商处获取电子书的各种市场因素。此文首先分析了印刷和电子书之间的差异,并解释了这些差异如何影响图书馆购买电子书进行服务的意愿。随后,此文拓展分析了电子书的价格成因,出版商对图书馆使用电子书的限制的影响,以及出版商所提供的各种购买服务模式的评价,等等。此文详细介绍与讨论了目前图书馆电子书服务所碰到问题的经济成因,如图书馆电子书价格明显高过纸书,如相当多的电子书不向图书馆提供服务或者延迟提供,还有电子书在服务时的各种受限技术措施所带来的问题,等等。甚至本文也提到了出版商向一些大型图书馆出售电子书时的价格歧视。总体而言,本文是从经济分析的角度解释了目前一些流行的图书馆电子书服务模式背后的逻辑成因。

国内在服务模式有关的研究论述中,早期大量的是研究学习英美与欧洲等发达国家和地区的现状与原则等。如王群、王琼[2]以及刘传玺[3]等对美国图书馆电子书服务模式的介绍等。但相对而言,一些案例性的研究调研更有深度,如谷俊娟[4]以威斯康星州公共图书馆联盟为例,介绍了其借阅流程、借阅政策以及采购模式等,尤其提及其联盟模式使得一些小图书馆颇为受益。

---

[1] BESEN S M, KIRBY S N. Library Demand for E-books and E-book Pricing: An Economic Analysis[J]. Journal of Scholarly Publishing, 2014,45(2):128-141.
[2] 王群,王琼. 美国图书馆电子书服务经验及对我国的启示[J]. 图书情报工作,2015(20):94—99.
[3] 刘传玺. 美国图书馆电子书借阅限制及优化分析[J]. 图书馆,2016(2):65—69,82.
[4] 谷俊娟. 美国公共图书馆电子书借阅服务模式的启示与思考——以威斯康辛州公共图书馆联盟为例[J]. 图书馆工作与研究,2012(10):34—37.

对其他国家和地区的研究介绍也不少,如陈萍秀、李书宁[1]分析了加拿大图书馆的电子书购买许可模式与借阅的规则与相关政策等。也提到了对国内图书馆的一些策略建议:如丰富借阅服务模式、发挥行业协会与联盟的作用、制定现实及完善的借阅政策等。王雪[2]对英国的公共图书馆所做的电子书借阅试验服务的介绍比较有意思,因为欧盟地区的知识产权环境与北美地区不同,电子书产业发展的态势也与北美地区有很大差别。在欧洲地区包括英国在内,图书馆的电子书服务开展得并不太成熟,王雪的介绍评述就有着独特的参考价值。王雪在最后的策略建议中也认为图书馆自主开发电子书服务平台可能是更好的选择。此文提及英国也在考虑建立一个国家级的电子书服务平台来支持公共图书馆的电子书借阅服务。欧洲一些小国家,就是以国家级的统一服务平台来支持公共图书馆的电子书服务,这类平台多半是采用购买服务的方式来实现的。

除了对单一地区进行调研总结,也有一些研究是对不同地区的图书馆电子书服务模式做对比性的研究。如杨岭雪[3]探讨了美英公共图书馆电子书借阅机制的差异,指出美英两国的模式在立场角度上的不同。此文可取之处是明确从上游出版业界与下游公共图书馆之间的利益均衡来着眼,提出公共图书馆电子书借阅模式的核心是寻求公共图书馆和出版商之间的双赢。魏来、刘骁[4]介绍了美国图书馆协会(ALA)以及国际图联(IFLA)有关电子书服务政策的宣言,但此文主要是通过调查中美图书馆在电子书阅读器的借阅政策、电子书服务推广的模式以及服务平台的功能来对比总结两国图书馆在电子书服务上的种种差异,并借此提出一些策略建议。

对于电子书服务模式相对总体性与理论性研究探讨的论述不多,我们看到的谢蓉[5]的文章是其中少有的代表。她的文章以产业链的视角、价值链的观念讨论了图书馆业界在开展电子书服务时所面临的相关问题,提出了目前现实中

---

[1] 陈萍秀,李书宁.加拿大图书馆电子书购买许可模式与借阅政策研究[J].图书情报工作,2015(6):46—52.
[2] 王雪.英国公共图书馆电子书借阅试验探索[J].图书情报工作,2015(14):67—72.
[3] 杨岭雪.寻求双赢:美英公共图书馆电子书借阅机制探索[J].中国图书馆学报,2014(1):110—117.
[4] 魏来,刘骁.中美图书馆电子书服务模式比较研究[J].图书情报工作,2015(4):56—62.
[5] 谢蓉.图书馆电子书服务模式研究[J].图书馆杂志,2013,32(11):77—82.

的几种服务模式,更重要的是,也提出了图书馆在选择服务模式时应该有自己的一些基本原则。其依据同样是参照了美国图书馆协会以及国际图联的相关宣言与原则性文件(这些非常有参考价值的原则性、指导性意见的中文翻译参见本书附录)。谢蓉在文中提到了图书馆的电子书服务模式主要有三种,那就是(1)Overdrive 和 3M 模式;(2)出版商(亚马逊)与图书馆的直接合作模式;(3)图书馆自建平台的直接借阅模式。让我们来逐个引用并解读这些内容。

一、Overdrive 和 3M 模式

美国的 Overdrive、NetLibrary、ebrary、Ingram Digital、Follett、EBL(Ebook Library)、3M 以及英国的 Public Library Online 等企业向图书馆提供电子书服务。其中 Overdrive 的规模最大,拥有行业内最多的电子书、有声书、配音电子书、视频及其他数字资源,2023 年其服务机构(图书馆与学校)数超过 9 万家,遍布 110 多个国家,具有中国区授权的电子书等资源达 300 万种以上。

Overdrive 为图书馆开展移动阅读服务提供了基于云服务的一揽子解决方案,其服务采用云服务模式,支持 Windows PC、Mac、iPod、iPhone、iPad、Kindle、Sony 阅读器、Nook、Android、黑莓(BlackBerry)和 Windows Phone 等设备和操作系统。利用 Overdrive 平台,读者可以方便地查找、下载和借阅电子资源。

不仅如此,Overdrive 为图书馆提供的电子书服务不仅仅限于传统的电子书 1.0 服务,而是基于全媒体的电子书服务。其中包括有声书,视频服务,以及包括多媒体交互功能的增强型电子书,等等。比较有意思的是,Overdrive 近年来业务量持续大幅增长,但美国电子书市场增长率却是在 2012 年后大幅放缓,这也是很令人值得思考的问题。

Overdrive 是 2003 年因为偶然的机缘进入这个电子书服务市场的,到今天它已经成为这个面向机构进行电子书服务市场的绝对霸主。但一个市场被人垄断多多少少有点令人担心,幸好在 2011 年的美国图书馆协会年会上,3M 图书馆系统发布其最新的 3M 云图书馆电子书借阅服务。该服务系统包含了软硬件平台和多个世界顶级出版商源源不断提供的电子书,与 3M 合作的图书出版商包括柯林斯出版集团、世界第四大广告与传播集团(IPG)、兰登书屋等。而在 2012 年底,3M 携手北极星图书馆管理系统又推出全球首个"一体化电子书籍借

阅平台"，其运用 3M 先进的云图书馆技术，为阅读爱好者提供灵活、舒畅的阅读体验，并能帮助图书管理员提高工作效率、简化工作流程，具有"同步阅读"、远程检索、库存查询和借阅预约等多项功能，及"推送和账户查询"显示读者所借书籍的最新借阅状态。2015 年，3M 将图书馆管理系统，包括云图书馆平台（cloudLibrary）出售给了 Bibliotheca（必布奇）公司。必布奇的业务涵盖实体和数字图书馆。

二 出版商（亚马逊）与图书馆的直接合作模式

2011 年 11 月，亚马逊正式推出电子书借阅服务，这项新服务叫作"Kindle 用户的借阅图书馆"。拥有 Kindle 阅读器的亚马逊 Prime 用户每月可以借阅一次图书，可供借阅的电子书有几千本，其中包括《纽约时报》的 100 本畅销书。至 2015 年 9 月，亚马逊的借阅图书馆提供免费借阅的电子书已超过 80 万本，用户所借电子书并没有明确的归还期限，用户在借下一本电子书时，上一次借的书就会从 Kindle 设备上消失。

2011 年 9 月，亚马逊宣布将向 Kindle 用户开放全美一万多家公共图书馆的电子书，拥有美国最流行的电子书阅读器——Kindle 的用户将能在这些图书馆借阅到免费的电子书。同月，亚马逊与 Overdrive 宣布合作，其合作意义深远，它不仅使亚马逊庞大的 Kindle 用户群可以加入到图书馆的电子书外借服务，体验无缝的图书馆借阅服务，而且进一步提升了 Overdrive 和亚马逊在图书馆以及图书市场的影响力。

三 图书馆自建平台的直接借阅模式

2011 年 11 月，上海图书馆与盛大云中书城推出建立类似亚马逊的电子书借阅模式：上海图书馆引进盛大"锦书"阅读器，每台锦书预装 101 本电子书（免费的 100 本 + 付费的 1 本），读者也可以自行登录盛大的"云中书城"更换、下载电子书。此外，上图购买盛大文学网站几十种付费电子书，包括正在连载的网络文学，每种购买 5 个复本。

为了更好地合作，盛大在云中书城开设了"云中上图"，上海图书馆的读者可将读者证与盛大通行证捆绑，从而能够直接免费阅读云中书城中需要付费阅读的内容。这种方式支持任何智能手机、平板电脑以浏览器方式自由阅读。盛大文学开放的借阅书籍一共有 11 000 余部,其中 10 000 部是已经完结的作品,1 000 部作品还在连载。每位读者设定 3 部图书、7 天借阅期和复本限制。

该合作打破了网络文学网站赖以生存的"B(Business,企业) to C(Customer,用户)"的电子商务模式;按照上海图书馆副馆长周德明的话来说,形成了"B to L(Libiary,图书馆) to C"的架构。上海图书馆主动与盛大文学合作,将网络文学首次引入公共图书馆,并提供服务给读者,这种新兴的借阅模式是目前国内其他图书馆还没有建立的,为国内图书馆移动数字资源建设起到了示范作用。

其中第二种模式需要做进一步说明,这一电子书服务模式与第一种 Overdrive 自己做电子书整合服务是不同的。其最大的不同点不仅在于内容提供商的不同,而在于服务的主体不同。在第一种模式中,服务的主体是 Overdrive,是由 Overdrive 将各内容提供商提供的电子书内容进行整合继而提供服务。然而第二种模式中其电子书服务平台仍然在亚马逊手中,亚马逊并没有直接将电子书交给 Overdrive 进行整合。而是反过来,Overdrive 是将最终用户引导至亚马逊的服务平台。在亚马逊平台上借阅电子书的图书馆用户,必须已经是亚马逊的用户,或新注册为亚马逊的用户。这种方式与谢蓉所提到的第三种模式中上海图书馆与盛大公司的合作有一定的相似性。这种模式中,亚马逊是服务主体,而 Overdrive 则是中介的角色。

应该说谢蓉一文非常好地总结了目前国内外图书馆界的电子书服务模式。但是这一总结还是有少许不足之处:一是其基本出发点是关注美国这样的成熟市场居多,对于国内尚处于褴褛期的比较纷繁复杂的图书馆电子书服务现状没有做更多更详细的甄别;二是这一总结仍然是如前所言,关注中间的平台居多,关注内容来源与终端服务特点之处较少。要做好图书馆的电子书服务模式,除重视平台之外,也要充分重视内容与终端的考量。

前面提到,电子书服务模式涉及方方面面的议题,如知识产权、联盟作用、整合问题、DRM 的议题、PDA 的模式、自主性(自建平台)的问题等。但与这一概念主题最相关的问题其实和知识产权议题更相似,那就是服务模式就是利益相关议题,如何与上游打交道,争取利益,而为下游去争取更多服务效益。从这点来看,一是要认清现实,了解整个产业利益链条与大的格局之中图书馆这个行业所处的地位。二是要真正地联合起来,就如同美国图书馆协会与国际图联那样,发出行业的声音,这些声音中最重要的部分就是要提出自己的原则,如宣言与准则文件。三是要有现实的思路,在现有的技术与利益均衡原则下找到更合适与现实的解决方案,而不是一味地做不切实际的想象,在新的环境条件下一味追求传统环境下的原则。面对现实,适应环境,切实发展才是正确的应对方向。

第2节 面向公共图书馆的大众类电子书服务调研

图书馆电子书服务不是孤立存在的,它有赖于整个数字出版行业生态的成熟,但是国内针对图书馆电子书服务产业链中不可或缺的供应商的研究,则显得没有那么多,仲明[1]的研究从资源厂商和馆配商平台中各选取了一家比较其电子书服务模式的异同,仅从类型区分电子书平台,代表性不够。薛春燕[2]通过访谈和网络调查方式考察了六家电子书馆配商的经营模式及其在高校的服务情况。同样地,Audrey Powers[3]的研究报告侧重于美国在高校图书馆提供服务的商业电子书平台;Mirela Roncevic[4]所做《图书馆技术报告》(*Library Technology Report*)专题研究报告《图书馆电子书平台》(*E-Book Platform for Libraries*)更大范围地从资源建设、技术与功能性考量比较,并详细描述图书馆电子书的多种采购模式,调研对象覆盖美国学术研究型图书馆、公共图书馆、公立学校K-12图书馆的各种类型的商业电子书平台,选择时侧重于所提供电子书是传统纸质图书的数字化产品的供应商。Mirela Roncevic 通过梳理电子书平台的类型、面向的图书馆市场、主要学科领域和商业模式分类,做出了购买电子书平台的指南,帮助图书馆在选择电子书平台时根据机构的实际需求做出更合理的决策。

本书面向公共图书馆的大众类电子书服务调研的问卷设计参考了 Mirela Roncevic 的报告,从电子书平台概况、服务对象、资源建设、技术与功能性、商业模式等方面设计了一系列问题,试图通过调研,了解大众类电子书供应商概况、

---

[1] 仲明. 面向图书馆的电子书服务模式与服务平台研究[J]. 新世纪图书馆,2017(7):43—46,85.
[2] 薛春燕,沈奎林. 新信息环境下电子书馆配商经营模式分析与展望[J]. 图书馆建设,2018(6):23—30,58.
[3] POWERS A. E-Book Platforms for Academic Librarians [J]. Against the Grain, 2014, 26(1).
[4] RONCEVIC M. E-book Platforms for Libraries [R]. Library Technology Reports, 2013(4).

技术发展。

电子书服务平台调研问卷

尊敬的电子书平台厂商：

您好！为更好地了解电子书平台，提供更好的服务，特别开展此次调研活动，感谢您抽出宝贵的时间填写这份调查问卷。

1. 您提供服务的电子书平台的名称：

2. 电子书平台的网址：

3. 平台所属类型：（可根据具体情况选择所属类型的一个或多个）

□出版社/出版集团　　□集成商　　□分销商　　□网络原创　　□其他：

4. 所属国家或地区（指母公司所属国家或地区）：

5. 电子书平台内容相关的问题

5.1　主要服务对象是谁？

□高校/学术机构图书馆　　□公共图书馆　　□中小学图书馆　　□其他：

5.2　平台包含多少电子书？电子书包含哪些类别？（如参考书、学术出版物、小说等）

5.3　电子书平台覆盖哪些主题/学科？

5.4　提供资源的出版商总共有几家？

5.5 是否包含期刊、报纸等其他类型的资源？并具体说明。

5.6 是否包含多媒体资源？如果有的话请说明类型。

5.7 电子书的更新频率？

6. 电子书平台技术和功能方面相关问题

6.1 平台支持的浏览器有哪些？
□IE □Safari □Firefox □Chrome □其他：

6.2 用户使用电子书平台是否需要安装软件或插件？如果需要请具体说明名称。

6.3 电子书的格式是什么？
□PDF □HTML □EPUB □XML □其他：

6.4 可兼容哪些终端设备？请列举。

6.5 是否支持全文检索？

6.6 是否支持拷贝/粘贴？如果有限制请说明。

6.7 是否支持打印？如果有限制请说明。

6.8 是否支持离线阅读？如果支持文件采用哪种格式？

6.9 是否可以进行标注？

6.10 是否提供使用统计报告？

6.11 是否提供电子书 MARC 记录(收费或免费)？

7. 商业模式相关问题

7.1 是否有复本限制？

7.2 是否允许购买所有权？如果有限制请说明。

7.3 是否支持用户驱动采购(PDA)模式？

7.4 是否收取年使用费(年度租赁费)?

7.5 是否有最小购买阈值?如果有是多少?

7.6 是否支持联盟购买?

7.7 是否采用数字版权管理(DRM)技术?如果使用,请说明使用范围。

7.8 是否提供免费试用?如果提供试用,试用期为多久?

7.9 是否支持馆际互借?

再次感谢您的合作!

    问卷在2017年下半年发给了国内成熟的电子书供应商,包括集成商、出版商,但不包括主要面向学术研究进行服务的电子书供应商。截至2017年12月底调研结束,共收到答卷13份,其中有效答卷12份。这12家电子书供应商中有一家为美国公司(Overdrive),其余均为中国本地公司,其中三分之二是集成商,三分之一是出版商。如表5-1所示,所有供应商均为公共图书馆提供大众类电子书服务,9家供应商也在高校、学术机构提供电子书服务,5家在中学提供电子书服务;还有个别供应商对政府、企业、博物馆、美术馆等提供服务。这其中,有4家供应商的服务对象涵盖了大中小学科研机构图书馆以及公共图书馆。

表 5-1　面向图书馆的大众类电子书服务调查调研的电子书供应商概况

	类型	主要服务对象			
		公共	高校/学术机构	中小学	其他
汇雅书世界	集成商	√	√	√	
方正 Apabi 数字资源平台软件	出版社/出版集团	√	√	√	政府
					企业
中图易阅通	集成商	√	√		
畅想之星	集成商	√	√		
书香中国数字图书馆	集成商	√			
智读天下数字图书馆	集成商	√	√	√	
中版数字图书馆	出版社/出版集团	√			
云图 M-LAB	出版社/出版集团	√	√		
科学文库	出版社/出版集团	√	√		
易趣少儿数字漫画	集成商	√		√	
雅昌艺术书城数据库	集成商	√	√		博物馆
					美术馆
Overdrive 赛阅数字图书馆	集成商	√	√	√	

如表 5-2 所示,调研的 12 家电子书供应商中,三分之二(8 家)服务的电子书品种超过 10 万种,其中 4 家超过 50 万种。一半以上(7 家)的供应商提供的是全学科的电子图书服务,但依然是以社会科学类的电子图书为主,仅有科学出版社的科学文库覆盖自然科学、工程与技术科学、人文与社会科学、医药科学、农业科学五大门类的所有一级学科,自然科学的电子书占到了所有资源的四分之三;以少儿读者为主要读者对象的易趣少儿数字漫画中自然科学图书的占比也较高。这与全球图书零售市场的虚构类/非虚构类比例所反映情况类似,2015 年,成人虚构类市场中,电子书贡献了一半的销量,成人非虚构类电子书、少儿虚构类电子书分别占所在市场的 13% 销量,而少儿非虚构类电子书只占了非虚构图书市场的 2% 的销量;在英国的情况也与之类似,成人虚构类电子书销量占比超

过40%,成人非虚构类电子书销量占比近20%,少儿电子书占比15%左右。① 总的来说,电子书市场中,虚构类的选择更多也更受读者的欢迎。

传统电子书之外,有4家供应商提供有声书/配音电子书服务;4家提供视频资源(包括作家访谈、信息技术教学视频等)的服务,各占三分之一。电子书市场在经历了早期的快速发展之后的回落调整已渐趋定,新的增长点即出现在了有声书市场,以美国为例,其市场份额自2011年起翻了一番。②

表5-2 面向图书馆的大众类电子书服务调查调研的电子书供应商资源建设

	资源量/万种	社会科学	自然科学	多媒体	3年内新书	纸电同步情况
汇雅书世界	125	67.20%	32.80%			3个月~半年
方正Apabi数字资源平台软件	78	2.20%		微软教学视频库	10.70%	根据不同出版社规定执行
				方正艺术作品视宴		
中图易阅通	70	54.00%	46.00%	有声书	22.00%	根据不同出版社规定执行
畅想之星	42	73.00%	27.00%	无	24.00%	半年~1年
						根据不同出版社规定执行
书香中国数字图书馆	12	70.00%	30.00%	听书资源	30.00%	半年~1年
智读天下数字图书馆	10	12.00%		无	50.00%	根据不同出版社规定执行
中版数字图书馆	5.6	60.00%	40.00%	有声书(音频资源)	60.00%	半年~1年
				作家采访(视频资源)		

① 李文惠.尼尔森2015全球图书零售市场报告[J].出版人,2016(2):62—63.
② 百道网.2017上半年的美国市场:有声书增长高达32%纸质书占大众图书销售额的70%[EB/OL].(2017-11-14)[2024-03-22]. http://www.bookdao.com/article/402424/.

续　表

	资源量/万种	社会科学	自然科学	多媒体	3年内新书	纸电同步情况
云图 M-LAB	3.2	比例远高于自然科学		无	16.67%	根据不同出版社规定执行
科学文库	4.5	24.00%	76.00%	无	15.00%	半年~1年
易趣少儿数字漫画	1.2	10.00%		无	30.00%	半年~1年
雅昌艺术书城数据库	1	100.00%		3 100 部视频		根据不同出版社规定执行
Overdrive 赛阅数字图书馆	350	80%~90%		有声书	非常高	国外出版的英语书与纸质书同步
	140（有中国区授权）			配音电子书		国内出版的中文书根据不同出版社规定执行
				视频		

然而在图书馆、用户需求更迫切的新书占比、纸质图书与电子图书同步方面，各家供应商的现状都不那么喜人。三年内新书占比超过50%的，只有三家供应商；能在半年之内做到纸电同步的更是只有2家供应商。2012年美国前6大出版商已经实现了93%的同步出版率[1]，2014年全面取消限制，向图书馆开放全部电子书。[2] 诚然，国内电子书出版的纸电同步率并没有这么低，但存在着出版社已经制作完成电子书，暂时不愿向馆配商电子书平台供书，只有当馆配商电子书平台的后台显示电子书订单达到一定数量后才提供[3]的现象。

---

[1] 于殿利.纸电同步开创出版新时代[N].人民日报,2014-11-25(24).
[2] 樊佳怡.基于中美两国比较视角的公共图书馆电子书服务研究[J].图书馆理论与实践,2018(4):63—66,71.
[3] 顾烨青,陈铭.高校馆配中文电子书的现状与问题分析[J].高校图书馆工作,2018,38(1):42—52.

表 5-3 面向图书馆的大众类电子书服务调查调研的电子书供应商平台技术和功能

	电子书格式					HTML5	插件/软件	APP
	PDF	EPUB	HTML	XML	其他			
汇雅书世界	√	√				资源支持；平台不支持	三种阅读模式，网页阅读、PDF阅读和超星阅读器阅读	√
方正 Apabi 数字资源平台软件					CEBX	支持	PC 端和微信端在线阅读不需要；离线下载需安装 Apabi Reader 阅读器	√
中图易阅通	√	√				不支持	不需要	
畅想之星	√	√				支持	在线不需要；离线需要	√
书香中国数字图书馆	√	√				支持	不需要	√
智读天下数字图书馆	√	√				支持	不需要	√
中版数字图书馆	√					支持	PDF 阅读插件	√
云图 M-LAB					OCF	支持	需要安装手机软件	√
科学文库	√					检索页面支持 HTML5	需要下载安装 CAJViewer 阅读器	
易趣少儿数字漫画	√					支持	不需要	
雅昌艺术书城数据库	√				√	支持	不需要	
Overdrive 赛阅数字图书馆	√	√	√	√		支持	支持 HTML5 的内容阅读需要安装；其他需要安装 Overdrive App	√

平台技术和功能方面的调研(表 5-3)关注于图书馆或者作为终端用户的读者获取电子图书需要的终端设备、是否需要安装插件、电子书的格式、影响读者阅读体验的功能设计以及影响图书馆二次开发的技术问题。尤其是,根据全国国民阅读调查报告的数据(图 5-1),自 2014 年我国成年国民数字阅读方式接触率首次超过图书阅读率之后,伴随着我国全民阅读意识的普及和国民阅读量的上升,这两项指标都在增长,但电子书阅读增长趋势始终显著于纸质书阅读,加上随着智能终端、电子书阅读器的普及,我国规模庞大的互联网网民上网设备集中在移动端,以手机为代表的阅读终端已经成为数字阅读的主要媒介。问卷就平台技术是否能提供更好的移动端的数字阅读体验,提了一系列针对性问题。

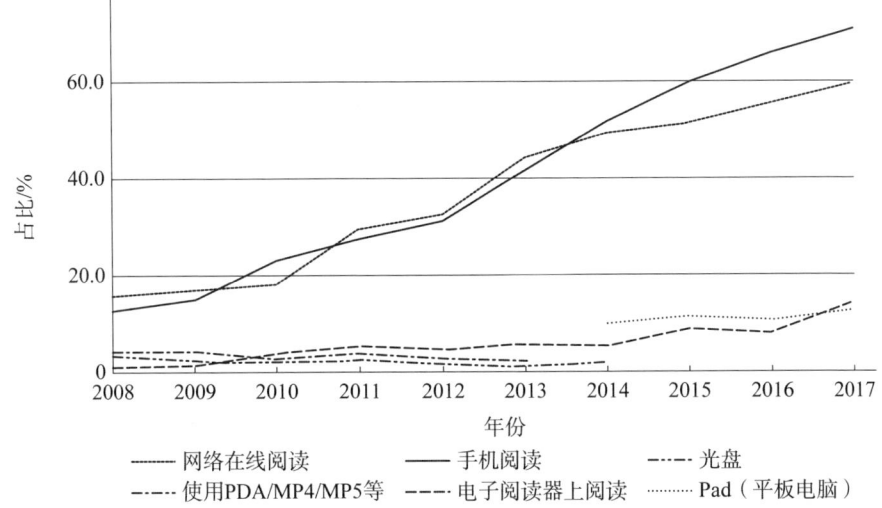

图 5-1　2007—2017 年全国国民阅读调查成年国民数字阅读载体接触情况

面向图书馆读者进行服务的电子书供应商,虽然变革节奏与 B2C 的数字阅读平台有所差距,但也积极响应阅读生态的变化,调研的供应商中,只有一家供应商缺乏移动端的解决方案。三分之二的供应商开发了自己的 APP,可同时在安卓或苹果手机上使用,其中方正 apabi 和畅想之星亦能在电子书阅读器上使用。调研的绝大多数电子书平台支持 HTML5,为移动端的访问提供了较好的体验,但综合来看,普遍需要安装 APP 或插件才能阅读全文的方式,也会造成公共图书馆读者在数字阅读上体验的不方便。

电子书阅读要获得用户的青睐,最重要的指标是良好的阅读体验。用户体验的呈现是多维度的①,提交答卷的12家电子书服务平台中可进行全文检索的不到一半(5家);虽然有各种限制,但基本上均支持文字的拷贝/粘贴,仅有两家供应商(易趣少儿数字漫画、Overdrive)不支持;支持打印和支持标注的供应商更少一些,均为7家。Overdrive虽然并不支持文字的复制、打印,但允许读者自行标注,打印笔记。10家供应商支持离线阅读,基本与提供移动端解决方案的供应商一致。

图书馆对电子书平台技术的关注点还包括了是否可与馆内自动化系统相通或者是否可以整合入图书馆目录内。有4家供应商没有提供MARC编目数据的服务,在提供的8家供应商中,1家收费,其余均免费。书目元数据的提供对图书馆实现电子图书跨库检索、纸电合一的检索等服务至关重要。

有别于分散、独立、无平台服务的图书馆电子服务,通过元数据整合,图书馆或可以将电子书目录整合入资源发现系统等图书馆目录内;或可通过自建平台,整合不同资源厂商的资源,提供统一的浏览、检索、阅读界面和一致的用户体验。上海图书馆的"市民数字阅读计划"是该方式的一次实践。②

此外,本次调研中所有的电子书供应商均可提供统计报表,这给图书馆分析电子图书使用情况,以便更科学地做出购买决策,进而更好地服务读者提供了一定的帮助,但各供应商的统计标准并不一致,像"科学文库"这样提供符合COUNTER标准的网络电子资源统计数据的供应商还较少,公共图书馆难以对不同供应商的电子图书进行跨库的比较分析。

电子书供应商进入市场的目标,都是通过图书馆向图书馆的读者提供电子图书,但受限于公司结构、技术发展、读者阅读习惯等的变化,发展出了各种不同的商业模式。不同的商业模式和定价政策,通常不会在供应商网站上详细解释。通过问卷,我们对受访的供应商在服务方式、复本限制、购买所有权、订阅、短期租赁、用户驱动采购模式、最小购买阈值、联盟购买、DRM技术的采用等问题做了全面采集(表5-4)。几乎所有供应商都采用了DRM技术(11家)、支持联盟购买(11家),大多数供应商有长短不一的免费试用期(9家)。

---

① 郑亚灵.基于互联网特性的电子书发展新常态及发展趋势探析[J].中国出版,2016(1):43—45.
② 张磊.基于元数据整合的图书馆电子书阅读平台[J].图书馆杂志,2015,34(11):13—17.

表 5-4 面向图书馆的大众类电子书服务调查调研的电子书供应商平台商业模式

	复本限制	并发限制 一复本一用户	购买所有权	订阅	短期租赁	PDA 模式
汇雅书世界	无	否	允许	支持	支持	支持
方正 Apabi 数字资源平台软件	本地买断模式有复本限制,但可根据采购模式及金额协商无复本限制	否	允许	支持	支持	支持
	远程包库模式无限复本模式		即本地买断镜像		最短 1 年期	有基础年费
中图易阅通	有 根据不同出版社规定执行	否	不允许	支持	不支持	支持
畅想之星	无	否	单册采购,一次性购买所有权	不支持	支持	支持
			包库采购,按年付费,购买当年使用权,但可镜像部分所有权到本地		最短 1 年期	
书香中国数字图书馆	无	否	不允许	不支持	不支持	不支持
智读天下数字图书馆	有	否	允许	支持	支持 最短 1 年期	支持
中版数字图书馆	无	否	不允许	支持	支持 3 年/5 年	不支持
云图 M-LAB	无	否	不允许	不支持	支持 最短 1 年期	不支持
科学文库	无	否	不允许	支持 按年订阅	不支持	不支持

续表

	复本限制	并发限制 一复本一用户	购买所有权	订阅	短期租赁	PDA模式
易趣少儿数字漫画	无	否	允许	不支持	不支持	不支持
雅昌艺术书城数据库	无	否	允许	不支持	支持 6个月远程	支持
Overdrive赛阅数字图书馆	有 同时也提供无复本数限制模式	是	允许	支持	支持 时间段灵活	支持

受访的 12 家电子书平台中,中国本地的供应商基本没有一书一用户模式的使用并发限制,即使有单本复本限制,也可协商调整为动态复本池模式。个别集成商(畅想之星)的签约出版社中有要求一书五到十用户的并发限制,但这种情况只占其所有签约出版社的 10% 左右。其中有个别供应商采用多复本采购的商务模式,即按照一定的复本量制定单种电子书价格,但该复本数量仅为采购定价参考,不作为使用复本限制,在具体使用上无并发用户数限制。

大约一半的供应商支持购买所有权;7 家供应商支持订阅模式,5 家不支持的供应商中还有可以开发此种模式的;8 家供应商支持为期半年、一年或三五年的短期租赁;7 家供应商支持用户驱动采购(PDA)模式。

由于中美公共图书馆许可模式的差别,仅有 Overdrive 一家采用"一复本一用户"的单用户模式。超星和方正作为国内电子书供应商的领头者,支持各种不同的商业模式,智读天下除有复本限制之外,也支持各种商业模式;与此相反的是中文在线、云图 M-LAB 则几乎不支持销售使用权之外的各种方式。剩下的六家供应商恰好分成两派,一派采用"打包销售"方式,允许图书馆设置镜像服务器,支持多用户永久许可模式;另一派采用订阅方式提供版权清晰的新版电子书。

供应商对终端用户所提供的销售、使用、保存数据模式,取决于上游出版社之间所达成的协议。供应商与出版社之间的合作模式、分成方式的不同,会导致最终销售方案的差异。

本次调研的12家供应商中,既有整合多家出版社资源的集成商,也有深耕自家内容的出版商;既有覆盖全学科,兼有大众出版物和学术专著的大平台,也有专注于特定资源、用户群的专门数据库。电子书供应商形态的多元化给图书馆带来了至少两个难题,其一是做整合平台还是特色资源服务,其二是对多家供应商提供电子书的重叠分析。理想化的阅读环境入口,将馆藏资源、多平台电子书高度融合,让读者统一发现、获取,需要供应商在数据开放、可用性标准上与图书馆进行更深入的合作,以期形成整合、开放、兼顾各个利益方的解决方案。

得益于互联网与数字技术发展产生、发展的电子书已进入普及化阶段,那么随着移动互联网、新媒体等新兴技术的发展,电子书亦当衍生出新的特性,通过超链接产生更多交互性,融合更多的音视频的多媒体特征的有声书,使用 AR、VR 技术的增强型电子书,活用社交媒体的社会化阅读。如果说电子书 1.0 只是传统纸质图书的格式的转换,那么未来的电子书将不囿于纸质图书阅读体验的还原,还会拥有只有数字化能实现的全新的内容。通过电子书供应商提供的更丰富的阅读内容,图书馆的阅读推广活动形式势必也会更丰富多彩。

伴随移动阅读用户需求的增长和阅读 APP 的同质化竞争,面向图书馆读者进行服务的电子书供应商应更多考虑用户的个性化需求,如内容订阅、个性化推送、以大数据为基础的精确推荐、精品内容服务等。通过多种性质的功能体验增加阅读平台的丰富性和多样性,缩小与 B2C 的数字阅读平台的差距,进而吸引更多的用户,或延长用户的使用时间。

第 3 节 电子书服务著作权侵权案件的实证调研

本部分研究使用的样本来自"中国裁判文书网",该网站于 2013 年 7 月 1 日开通,是我国司法公开的重要一环。《最高人民法院关于人民法院在互联网公布裁判文书的规定》明确规定,人民法院作出的裁判文书,除涉及国家秘密、未成年人犯罪、以调解方式结案或者确认人民调解协议效力、离婚诉讼或者涉及未成年子女抚养和监护等情形以外,应当在"中国裁判文书网"公布。①

---

① 最高人民法院. 最高人民法院关于人民法院在互联网公布裁判文书的规定[EB/OL]. (2016-08-29)[2024-05-08]. https://www.chinacourt.org/law/detail/2016/08/id/148910.shtml.

通过"中国裁判文书网"(http://wenshu.court.gov.cn/),使用"当事人"分别为 12 家电子书供应商(即完成上一节的面向公共图书馆的大众类电子书服务问卷调研的,包括集成商、出版商在内的电子书供应商)、案由为"著作权权属、侵权纠纷"的检索条件进行检索,时间截止到 2019 年 6 月 1 日 10 时,检索结果查重处理后,共得到 1 101 个样本(表 5-5)。以裁判年份、法院层级、地域及法院、审判程序、裁判文书类型为研究指标项。

表 5-5 12 家电子书供应商著作权权属、侵权纠纷检索结果

电子书资源	类型	供应商	检索结果
汇雅书世界	集成商	北京世纪超星信息技术发展有限责任公司 北京超星数图信息技术有限公司	10 495
方正 Apabi 数字资源平台软件	出版社/出版集团	北京方正阿帕比技术有限公司	35
中图易阅通	集成商	中国图书进出口(集团)总公司	0
畅想之星	集成商	江苏畅想之星信息技术有限公司	3
书香中国数字图书馆	集成商	北京中文在线教育科技发展有限公司	1
智读天下数字图书馆	集成商	上海智读网络科技有限公司	0
中版数字图书馆	出版社/出版集团	中版集团数字传媒有限公司	2
云图 M-LAB	出版社/出版集团	浙江大学出版社有限责任公司	6
科学文库	出版社/出版集团	中国科学社会出版社	0
易趣少儿数字漫画	集成商	上海玉屋粟信息科技股份有限公司	0
雅昌艺术书城数据库	集成商	北京雅昌文化发展有限公司	0
OverDrive 赛阅数字图书馆	集成商	中国图书进出口(集团)总公司	0

一 裁判文书数量剧增：与电子书服务发展趋势呈正比

2011年—2019年5月，与电子书供应商相关的著作权权属、侵权纠纷裁判文书年均122份。从裁判文书数量及年份分布来看，从2015年起，裁判文书量明显增加（表5-6）。一方面说明随着电子书市场的不断发展，电子书供应商业务链日益成熟，图书馆逐渐加大电子书服务力度；另一方面，由于"作者—电子书服务供应商—图书馆—读者"整个产业链涉及的电子书授权许可的复杂性，法院在审理该类案件时，只能"一作品一案件"，因此往往会同时受理一批案件。从样本数据来看，2017年868个裁判文书量中，"北京三面向版权代理有限公司诉河南省图书馆、北京世纪超星信息技术发展有限责任公司侵害作品信息网络传播权纠纷案"原告一次就100部作品提起诉讼，被告"超星公司"又就管辖权异议起诉、上诉，仅管辖权异议一审、二审民事裁定书就达200份。

表5-6 相关年度裁判文书数量及占比

序号	裁判年份	数量/个	百分比/%
1	2011年	1	0.09
2	2012年	2	0.18
3	2013年	8	0.73
4	2014年	21	1.91
5	2015年	83	7.54
6	2016年	47	4.27
7	2017年	868	78.84
8	2018年	30	2.72
9	2019年1—5月	41	3.72
样本数		1 101	100.00
平均		122	11.08

二 裁判文书分布均匀：与电子书服务范围扩大相一致

从受案法院层级来看（表5-7），数量上中级法院最多，计717份，占全部样本数的 65.12%；其次是基层法院，计 318 份，占比 28.88%。从审判程序来看（表 5-8），一审结案的计 980 份，占近九成。这两个数据的分布统计，与我国著作权案件管辖法院基本吻合，且大多数案件在一审审结。

表 5-7　相关裁判文书在不同层级法院数量及占比

序号	法院层级	数量/份	百分比/%
1	高级法院	66	5.99
2	中级法院	717	65.12
3	基层法院	318	28.88
样本数		1 101	100.00

表 5-8　相关裁判文书在不同审判程序数量及占比

序号	审判程序	数量/份	百分比/%
1	一审	980	89.01
2	二审	103	9.36
3	其他	18	1.63
样本数		1 101	100.00

从全国不同地域（省）级法院受案数量上看（表 5-9），不同地域及法院受案数量不平衡。虽然北京、上海、广东时有涉案，但近 9 年的裁判文书也已覆盖我国 10 个省市自治区。同时，由于相关裁判文书涉及的电子书供应商的工商登记注册地大多在北京，根据民事案件"原告就被告"的诉讼管辖原则，直接可在北京的法院提起诉讼。而原告到北京以外地域法院提起的著作权侵权诉讼中，各地图书馆往往成为被告之一。

表 5-9　相关裁判文书在不同地域及法院数量及占比

序号	地域及法院	数量/份	百分比/%
1	河南省	708	64.31
2	广东省	157	14.26
3	北京市	149	13.53
4	上海市	44	4.00
5	河北省	18	1.63

续 表

序号	地域及法院	数量/份	百分比/%
6	江苏省	13	1.18
7	天津市	6	0.54
8	浙江省	4	0.36
9	陕西省	1	0.09
10	广西壮族自治区	1	0.09
样本数		1 101	100.00

三 裁判文书裁定为主：与图书馆主张调解优先相符合

根据《中华人民共和国民事诉讼法》第154条规定："裁定适用于下列范围：（一）不予受理；（二）对管辖权有异议的；（三）驳回起诉；（四）保全和先予执行；（五）准许或者不准许撤诉；（六）中止或者终结诉讼；（七）补正判决书中的笔误；（八）中止或者终结执行；（九）撤销或者不予执行仲裁裁决；（十）不予执行公证机关赋予强制执行效力的债权文书；（十一）其他需要裁定解决的事项。对前款第一项至第三项裁定，可以上诉。"从裁判文书类型看（表5-10），样本以裁定书为主，计1 023份，占比92.92%，且裁定书集中在驳回管辖权异议的裁定、准许撤诉的裁定两类。

表5-10 相关不同类型裁判文书数量及占比

序号	裁判文书类型	数量/份	百分比/%
1	判决书	79	7.08
2	裁定书	1 023	92.92
样本数		1 101	100.00

被诉电子书供应商广泛提起管辖权异议，大多是将其作为维护自身权益、延长应诉准备时间的一种诉讼策略。但是，著作权权属、侵权纠纷依法应当由侵权行为地或被告住所地人民法院管辖。图书馆作为被告被诉至法院，多是在其网站上（无论是外网还是局域网）传播了受著作权法保护的作品。至于图书馆是否构成侵权，是否承担法律责任，都属于案件实体审理的范畴，在管辖权异议审理

阶段法院并不理涉。因此,只要有著作权人认为图书馆有侵权行为发生或侵权结果存在,且图书馆的住所地在法院辖区内,图书馆住所地的人民法院就有管辖权。因此,管辖权异议最终都会被法院裁定驳回。

同时,图书馆在采购电子书时,为避免版权侵权风险,往往要求电子书供应商以合同条款的形式明确保证其所提供的电子书资源版权无瑕疵;如图书馆合法购得电子书,并照合同约定的方式使用合同项下电子书产品引起版权纠纷,供应商需承担由此产生的责任,并赔偿图书馆由此产生的所有损失。然而,由于图书馆与电子书供应商之间的书面约定,因合同相对性对著作权人并无约束力,因此一旦著作权人认为发生著作权侵权,图书馆势必会有被著作权人起诉到法院的可能性。而图书馆多不愿"被告",因此通常会根据电子书采购合同中的供应商瑕疵担保责任,敦促供应商在案件审理期间积极与著作权人达成和解,最终以原告撤诉结案。

第4节 电子书服务著作权侵权案件的典型案例

与电子书供应商相关的著作权权属、侵权纠纷裁判文书中,从裁判文书的类型来看,判决书仅79份,占比只有7.08%。但是,通过对这些判决书的认真梳理和仔细研究,有利于图书馆馆员更好地掌握和理解与电子书服务相关的著作权法律法规和规则,从而更好地把握法律赋予图书馆的权利来为读者提供更好的服务。

北京中文在线数字出版股份有限公司诉南宁市兴宁区图书馆侵害作品信息网络传播权纠纷案

一、基本案情

原告北京中文在线数字出版股份有限公司经作者分别授权享有《穆斯林的葬礼》《一场风花雪月的事》《死于青春》3部电子书在全球范围内的信息网络传播权等著作权,并可独立对侵害上述授权范围电子书著作权的行为追究法律责任。2014年初,原告发现被告南宁市兴宁区图书馆所有并管理的"南宁市兴宁区多媒体数字图书馆"的网站上未经授权上传这3部电子书供网络用户下载。故起诉被告南宁市兴宁区图书馆侵权,要求被告停止侵权、赔偿经济损失。广西壮族自治区南宁市中级人民法院审理后判决:被告南宁市兴宁区图书馆立即停止侵犯原告3部数字作品的信息网络传播权，赔偿原告经济损失6 000元，赔偿原告为制止侵权行为所支付的合理开支3 450元。

二、案件价值：对图书馆合理使用条款的详细注解

本案的焦点是关于被告南宁市兴宁区图书馆是否侵害了原告对涉案3部作品所享有的信息网络传播权，被告在其网站上上传涉案作品供读者阅读和下载的行为是否属于合理使用的问题。

（1）关于图书馆合理使用的法律规定

我国著作权法法律法规对图书馆等对馆藏作品的使用，主要是《著作权法》第二十二条和《信息网络传播权保护条例》第七条为图书馆等限定了通过网络提供数字化作品的场所、对象和方式。

《著作权法》第二十二条规定："在下列情况下使用作品，可以不经著作权人许可，不向其支付报酬，但应当指明作者姓名、作品名称，并且不得侵犯著作权人依照本法享有的其他权利：……（八）图书馆、档案馆、纪念馆、博物馆、美术馆等为陈列或者保存版本的需要，复制本馆收藏的作品；……"

《信息网络传播保护条例》第七条规定："图书馆、档案馆、纪念馆、博物馆、美术馆等可以不经著作权人许可，通过信息网络向本馆馆舍内服务对象提供本馆收藏的合法出版的数字作品和依法为陈列或者保存版本的需要以数字化形式复制的作品，不向其支付报酬，但不得直接或者间接获得经济利益。当事人另有约定的除外。前款规定的为陈列或者保存版本需要以数字化形式复制的作品，应当是已经损毁或者濒临损毁、丢失或者失窃，或者其存储格式已经过时，并且在市场上无法购买或者只能以明显高于标定的价格购买的作品。"

（2）图书馆构成合理使用他人电子书的"四要件说"

本案原被告双方的争议在于被告兴宁区图书馆是否构成合理使用。被告兴宁区图书馆认为自己是免费开放的公益机构，服务对象为全国读者，其将涉案作品提供给读者并未收取任何费用，且涉案作品系其从原告旗下"书香中国"网站中通过复制的方式合法收藏的，按照《信息网络传播权保护条例》第七条第一款的规定，其行为属于法律规定的合理使用。原告则认为被告的行为并不符合上述法律的规定,不构成合理使用。

广西壮族自治区南宁市中级人民法院在判决书中对此进行了详细的阐述,认为图书馆合理使用他人数字作品应同时具备以下条件:

一是其提供信息网络服务的对象为在其馆舍内的读者。法院认为,该条款对于服务对象是有空间地域限制的,即在该馆馆舍内,从文义上理解,"馆舍"是一个物理空间,即实体图书馆建筑,馆舍内服务对象即指身处该实体图书馆建筑内的读者。超出该空间地域范围的,则其服务对象将无限扩大,对著作权人和相关权利人的合法权益会造成损害,就不能适用该条款的规定。而本案中,被告所提供的数字作品阅读和下载服务是接入互联网的,任何人均可通过互联网络进入其网站获得涉案数字作品,其服务对象范围远远大于在其馆舍内的读者,与前述法律规定不符。

二是其提供给读者阅读的作品是其收藏的合法出版的数字作品,或者是其依法为陈列或者保存版本的需要以数字化形式复制的作品,即所提供数字作品的合法性。在本案中,被告仅说明了其上传的涉案数字作品系来源于"书香中国"网站,但并未能举证证明该来源是合法的,该数字作品的发行系得到著作权人或相关权利人的合法授权的。

三是不能通过该服务获得经济利益。

四是要采取必要的技术措施。《信息网络传播权保护条例》第十条第(四)项规定:"依照本条例规定不经著作权人许可、通过信息网络向公众提供其作品的,还应当遵守下列规定:(四)采取技术措施,防止本条例第七条、第八条、第九条规定的服务对象以外的其他人获得著作权人的作品,并防止本条例第七条规定的服务对象的复制行为对著作权人利益造成实质性损害。"而在本案中,被告在其接入互联网的网站中并未采取任何技术限制措施,任何人均可通过互联网络进入被告网站随意阅读和下载涉案数字作品,这对著作权人作品的发行量当然会造成影响,其行为对著作权人的利益造成实质性损害是显而易见的。

综上所述,法院认为被告对涉案数字作品的使用系合理使用的抗辩理由不成立,法院不予支持,被告兴宁区图书馆的行为侵害了原告对涉案3部作品所享有的信息网络传播权。

北京代代读图书有限公司与北京方正阿帕比技术有限公司、国家图书馆侵害著作权纠纷案

一、基本案情

2009年5月8日,河北天鹿教育音像图书有限公司(甲方,以下简称"河北天鹿公司")与阿帕比公司(乙方)签订《方正阿帕比(apabi)数字出版合作协议》(以下简称《合作协议》),授权阿帕比公司使用其享有著作权的数字图书资源开发电子数据库,并约定资源购买者对其购买的数字资源将享有永久合法使用权,协议有效期为10年,授权清单包含《一分钟读懂幸福书》。

2011年12月31日,阿帕比公司(甲方)、代代读公司(乙方)及河北天鹿公司(丙方)签署《关于合同主体变更的三方协议》(以下简称《变更协议》)。《变更协议》约定:"河北天鹿公司的人员、资产及知识产权等转入代代读公司,此后业务的开展以代代读公司作为业务主体。河北天鹿公司与阿帕比公司2009年5月8日签订的《合作协议》继续履行。"

2012年10月24日,阿帕比公司向国家图书馆销售图书数据库,数据库使用阿帕比数字资源平台,为阿帕比公司开发的软件系统平台,由国家图书馆建立本地数据库镜像,通过自有服务器提供在线服务,由读者通过国家图书馆内部局域网进行浏览阅读,认证持卡读者也可以远程访问使用数据库资源,该数据库资源包括《一分钟读懂幸福书》。

2014年5月,代代读公司与阿帕比公司协商解除《合作协议》。

2015年7月,代代读公司起诉阿帕比公司,称阿帕比公司未经许可将涉案电子图书销售给国家图书馆,并提供互联网在线阅读服务,损害了其公司依法对该书享有的信息网络传播权,故要求阿帕比公司和国家图书馆停止侵权、赔偿损失11 200元。

阿帕比公司对代代读公司辩称,其公司从河北天鹿公司处依法获得涉案电子图书授权,双方签订《合作协议》明确约定资源购买方对协议授权内容享有永久使用权,后代代读公司继受了该合同义务,其公司也按合同约定向代代读公司支付了提成。2012年10月24日,国家图书馆自阿帕比公司处采购数字图书数据库时,阿帕比公司与代代读公司之间的合作合同尚未解

除,故其公司并未侵犯代代读公司对涉案图书的信息网络传播权。

国家图书馆辩称,其属于公益性事业单位,为人民群众提供图书阅读等免费文化服务。国家图书馆自阿帕比公司处购买的电子图书数据库,只要是国家图书馆的认证读者凭卡号和密码就可以阅览电子书且不需要支付费用。而且,国家图书馆在收到律师函后,已经对涉案电子书进行了下架处理。

二、案件价值:解读电子书授权许可变更、到期业务链,探讨数字图书馆能否适用"权利穷竭原则"的可能性

本案的焦点在于,授权合同解除后,已售出的数字图书馆数据库使用方能否以原始权利人"权利穷竭原则"为由继续使用数字图书资源。

北京市海淀区人民法院经审理认为:从《合作协议》与《变更协议》的前后承继关系及权利义务约定来看,在合作期间,阿帕比公司自代代读公司处获得了涉案图书的合法使用授权。鉴此,自协议签署开始,截至2014年5月协议结束期间,阿帕比公司在数字资源平台软件销售项目中,对涉案图书的销售行为应视为合法使用。阿帕比公司向国家图书馆销售包含涉案图书的数字资源平台软件的时间为2012年10月,该时间位于协议有效期间之内,未侵犯代代读公司的著作权。

国家图书馆通过合法途径获得包含涉案图书的阿帕比数字资源平台软件,属于《合作协议》所约定的"数字资源购买者",其在内部局域网内使用合同产品,并供认证持卡读者远程访问使用合同产品,符合合同约定内容及社会公共利益,属于合法使用,未侵犯代代读公司的著作权权利。

北京市海淀区人民法院依照《中华人民共和国合同法》第四十四条、七十七条之规定,作出如下判决:

驳回北京代代读图书有限公司的全部诉讼请求。

代代读公司未提起上诉,一审判决已经生效。

中国社会科学出版社与重庆图书馆等侵害作品信息网络传播权纠纷案(系列案)

一、基本案情

中国社会科学出版社与重庆图书馆等侵害作品信息网络传播权纠纷案

因起诉作品较多,约有 30 多份判决书。本报告选取了其中证据链比较完整,对图书馆是否构成侵权作出认定的北京市海淀区人民法院(2017)京 0108 民初 9279 号民事判决书作为研究对象。

原告中国社会科学出版社(以下简称"社科社")经合法授权取得文字作品《中国—东盟艺术研究》《中国网络文化考察报告》《亚洲:发展、稳定与和平》《汉语短语语义语用研究》《我国转型经济时期的社会管理与创新》(上述五本图书以下简称"涉案图书")的信息网络传播权,性质为专有使用权,社科社在授权地域和授权期限内享有涉案图书信息网络传播权的专有使用权。2015 年,社科社在重庆图书馆网站内的超星电子书数据库中发现上述作品。原告认为,二被告未经许可,擅自将涉案图书扫描制作电子版本后,上传至重庆图书馆网站,以供读者在线阅读,牟取高额回报。二被告上述行为严重侵犯了社科社对涉案图书依法享有的信息网络传播权,应当承担停止侵权、连带赔偿经济损失的法律责任。另,为追究二被告的法律责任,社科社支付了一定数额的公证费,应由二被告承担。

被告北京世纪超星信息技术发展有限责任公司(以下简称"超星公司")辩称:1. 不认可社科社享有涉案图书的信息网络传播权。2. 超星公司传播涉案图书是基于与社科社签订的《数字图书专卖店建设协议》,涉案图书包含在合同范围内,且该合同一直在实际履行中,超星公司无侵权的主观故意,因此超星公司依法取得了社科社的授权,未侵犯社科社的权利。3. 超星公司取得了原告授权的同时,也取得了涉案图书作者的授权。

重庆图书馆辩称:1. 不认可原告享有涉案图书的信息网络传播权,原出版合同和出版行为的真实情况无法核实确认;2. 重庆图书馆只是提供链接服务,通过链接点入后,是超星公司提供了在线阅读服务,重庆图书馆在接到通知后及时删除了涉案图书;3. 即使超星公司构成侵权,也应当由超星公司承担,与重庆图书馆无关。

二、案件价值:错综复杂的电子书数据库合作建设关系对图书馆的影响

把本系列案作为典型案例的理由是通过判决书可以纵观电子书供应商

在建设电子书数据库的过程中错综复杂的合作关系,对电子书商与出版社合作的交易惯例和出版社图书数字化的行业惯例形成系统的认识。同时,也让图书馆认识到,通过电子书供应商向读者提供电子书服务的过程,合作协议所蕴含的纯电子书采购协议还是合作共建所形成的法律关系,以及合同本文是否准确清晰表达了在合作中各自承担的服务内容,对是否构成著作权侵权认定影响巨大。

(1)超星公司与涉案图书作者之间的授权情况

被告超星公司先后与涉案图书作者签订《授权书》,约定涉案图书作者同意将其拥有著作权的在本协议有效期内以及之前的全部作品(第四条特别声明不授权的作品除外)的信息网络传播权以许可方式授权给超星公司;超星公司赠送十年期超星作者读书卡;当涉案作品在网上被非法盗版传播时,超星公司有权自行制止盗版侵权行为;超星公司可将相关授权转让给第三方使用,但需另向作者支付合理报酬;本协议签订时间以后作者发表的作品,作者有权以书面通知的形式不授权超星公司使用;授权书有效期为十年,期满后三个月内双方无异议(异议需以书面形式),本授权自动延续。《授权书》均有涉案图书作者的签名。

(2)超星公司与社科社之间的合作情况

超星公司主张其与社科社签订了《中国社会科学出版社数字图书专卖店建设协议》,依据该协议可以证明原被告约定将社科社已出版图书加工成数字图书,供读者浏览和下载,合同所涉及作品应当包含涉案图书。

(3)超星公司与重庆图书馆之间的合作情况

2011年12月,超星公司与重庆图书馆签订《重庆图书馆数字图书馆共建协议书》,其中约定"双方合作在重庆图书馆以本地镜像方式建设一个拥有海量图书数据、局限于重庆图书馆内部局域网IP范围内和重庆图书馆重庆市内的正式读者通过用户名和密码的方式认证使用的数字图书馆"。超星公司据此主张其通过图书馆的渠道资源快速、高效地向广大读者提供数字图书的浏览和下载使用,且本案中与重庆图书馆的合作即基于本协议。

(4)审判结果

法院从"合同解释应当符合双方当事人签订合同的目的,同时也应符合

> 公平、等价有偿的原则,来探求当事人的真实意思表示"来分析超星公司与出版社的协议。认为协议所指的作品不包含本协议签订日期后出版的图书。因此,超星公司无权在网络中传播涉案图书中属于协议后出版的2种图书。
>
> 同时法院根据超星公司与重庆图书馆签订的《重庆图书馆数字图书馆共建协议书》,确认二被告具有共同提供涉案图书的主观意思联络,客观上也实施了提供涉案图书在线阅读服务的行为,即通过分工合作的方式共同向网络用户提供涉案图书的在线阅读服务。重庆图书馆辩称其仅提供链接服务,但未提供相应证据,且根据双方合同约定,也未体现与链接服务相关的内容,故法院不予支持。最终判决被告北京世纪超星信息技术发展有限责任公司、被告重庆图书馆存在侵权行为,应立即停止在重庆图书馆网(www.cqlib.cn)中提供涉案图书(《协议》后修订出版的部分内容)。

以上几个案例带来的实务借鉴意义有:

一 了解相关电子书供应商的商业模式

从图书馆的角度来说,要求图书馆对数据库中海量电子书的授权情况进行一一审查是不可能也不现实的。图书馆界普遍认为,图书馆在采购电子书资源时,只要向具有合法出版和发行资质的电子书供应商采购合法出版的电子书,并在向读者提供的电子书服务中按照合同约定做到合理使用,就尽到了注意义务。但从研究样本来看,只要"作者—(出版商—)电子书供应商—图书馆—读者"信息网络传播权授权许可链不完整、有瑕疵,特别是图书馆提供的电子书未获得作者的授权许可,未授权环节之后的业务链上各方都将构成著作权侵权,只是在是否承担赔偿责任的认定上有所区分(承担侵权赔偿责任的前提是"有过错")。而从典型案例所引用的判决文书来看,法院在审理案件过程中对各环节授权链、合作方式的深入了解,已经远远超过了图书馆馆员的认知。因此,图书馆馆员在采购电子书时,尽可能了解相关电子书供应商的商业模式运作,有利于我们在采购之初就能初步判断整个环节可能存在的版权风险,强化图书馆及馆员的注意义务,并采取有针对性地抽查部分作品的版权授权协议等方式,最大限度地规避图书馆电子书服务版权风险。

二 重视电子书采购洽商，明晰版权责任

在现行法律体制下，图书馆馆员应全面熟知现行合同法、著作权法，在采访各个环节严把版权审查关，并且在合同签订环节，最大范围争取图书馆、读者的权益，规避版权风险，明晰版权责任。虽然因为合同相对性，图书馆与电子书供应商采购合同中约定的版权无瑕疵条款无法作用于合同以外的第三人，但当图书馆因采购并按照协议规定使用电子书引发版权纠纷时，图书馆按照著作权人的诉求，对侵权电子书采取下架，并承担赔偿责任后，图书馆可根据与电子书供应商之间的瑕疵担保条款，要求电子书供应商赔偿图书馆由此产生的所有损失。同时，图书馆可要求电子书供应商按照协议采取替代措施，为图书馆替换同类质量和数量的其他电子书。

三 关注著作权立法修法，争取最大权益

综合我国著作权法律体系来看，图书馆可以适用的著作权例外主要集中在复制权例外、信息网络传播权例外和技术措施规避等方面。然而图书馆实务中，电子书供应商往往会以协议的方式限制图书馆依照著作权法所享有的权利，这就要求图书馆馆员商洽电子书采购合同时，能熟练掌握我国著作权法及著作权例外和限制规定，最大程度地争取使用权限，从而使采购的电子书资源能最大程度地向读者提供服务。同时，应关注我国著作权立法修法的最新进展，司法实践中的相关判例变化。如我国著作权法修订草案中对"孤儿作品""著作权集体管理组织延伸性集体管理"探索性的规定，都与近年来世界各国对谷歌公司"数字图书馆计划"的推进、海量资源的授权许可困境等引发的激烈讨论有关，而在著作权领域所尝试推行或研究的解决方案，值得我国图书馆界重视。

2018年8月26日，国际图联发布《关于版权教育和版权素养的声明》[①]（简

---

① IFLA. IFLA Statement on Copyright Education and Copyright Literacy (2018) [EB/OL]. (2018-08-01)[2024-05-15]. https://www.ifla.org/publications/node/67342.

称《声明》)。《声明》指出无论是公共图书馆还是专业研究型图书馆,一方面许多图书馆馆员围绕外借、呈缴、访问、保存或更多其他活动的日常工作都涉及版权处理相关问题;另一方面图书馆馆员正成为图书馆用户、教职员工和其他寻求版权相关说明人群的参考咨询对象。通过对图书馆馆员开展版权教育,特别是随着法律、实践和用户期望的发展,了解版权制度的结构、功能和影响,提高版权素养,能帮助图书馆馆员拥有丰富的版权知识,并能够明智决定如何利用受版权保护的文献。而对法律更深入的理解也能让图书馆馆员在倡导法律变革中发挥至关重要的作用。

要想处理好图书馆电子书服务中的知识产权问题,一方面需要图书馆馆员加强版权素养,在现行有效的法律框架下合法、有效地利用所采购电子书资源为读者提供服务;另一方面,期待图书馆联起手来,共同推进版权规则的制定、政策的发展。就像"国图案"判决书入选 2018 年中国法院 50 件典型知识产权案例,必将带动相关理论的深入研究和实务的示范推广,为图书馆更好地开展和推广电子书服务,理顺著作权法律关系奠定基础。

第 5 节　知识产权探讨

知识产权,指"基于创造成果和工商标记依法产生的权利的统称"。最主要的三种知识产权是著作权、专利权和商标权,其中专利权和商标权也被统称为工业产权。

2021 年 1 月 1 日实施的《民法典》第一百二十三条规定:"民事主体依法享有知识产权。知识产权是权利人依法就下列客体享有的专有的权利:(一)作品;(二)发明、实用新型、外观设计;(三)商标;(四)地理标志;(五)商业秘密;(六)集成电路布图设计;(七)植物新品种;(八)法律规定的其他客体。"

著作权是指自然人、法人或者其他组织对文学、艺术和科学作品享有的财产权利和精神权利的总称。在我国,著作权即指版权。广义的著作权还包括邻接权,我国《著作权法》称之为"与著作权有关的权利"。

传统纸书在图书馆的出借权利一般认为是基于"首次销售原则"(The First Sale Doctrine)。"首次销售原则",又称"权利穷竭原则"(The Exhaustion Doctrine)或"发行权一次用尽原则"(The Exhaustion of the Distribution

Right），是传统版权法中一条限制版权人专有权利的重要原则。它的含义是，虽然版权人享有将作品原件或复制件投放市场的"发行权"，但合法制作的作品复制件经版权人许可首次向公众销售或以其他方式转移所有权后，版权人就无权控制该特定复制件的再次流转了。合法获得该作品复制件所有权者，有权不经版权人同意将其转售、出租或以其他方式进行处分。换言之，版权人控制作品复制件流转的排他性权利，在该特定复制件首次被合法销售后即"穷竭"或"用尽"了。受知识产权保护的作品经权利人本人或其同意售出后，权利人不得再就该产品后续的使用或流转主张权利，即权利人的权利已耗尽，后续的行为不视为侵权。这意味着消费者购买的图书可以自由转让、出借等，而不受原知识产权权利人的约束。正是基于"首次销售原则"，图书馆可以合法地向公众出借馆藏书籍，个人也可将其用过的书籍和唱片在二手市场出售。

公共图书馆的图书借阅原则上也是基于这样的原则，只是由于公共图书馆对大众服务的特性，其单本图书被大量借阅的可能性较大，从而可能影响到作品所有人的收益，因此在欧盟及一些国家和地区有公共借阅权（Public Lending Right, PLR）的立法，用来补偿作品所有人的权益。公共借阅权规定在保障图书馆出借图书权利的同时，书籍的权利所有人有权获得相应的收益补偿。值得注意的是，首次销售原则仅仅是传播权耗尽，并不包括复制权。

相比传统图书，电子书在整个产业链及图书馆服务中所碰到的知识产权问题复杂得多，这里面不光有技术的因素，有内容与载体分离的因素，更重要的是如何在新的技术和外部环境下，均衡整个产业链之间的利益关系，使图书馆在新的社会环境中，以合适的理念与运营手段，重新适应新的定位和技术手段。

网络的出现，使公众除从书店和音像店等有形市场购买书籍、唱片等作品复制件之外，还可以通过网络下载的方式获得作品复制件。那么，对于合法下载获得的作品复制件，下载者是否仍然可以不经版权人许可，而以网络传输的方式将作品复制件加以转让呢？例如，我国已出现了数家"数字图书馆"。经版权人授权后，经营者将数字化作品置于网上，付费用户可以直接将作品文件下载至自己的计算机中。此时，用户是否可以再将自己计算机中存储的作品文件通过"易趣"等拍卖网站"售出"呢？

对于这个问题的回答具有重要意义。这不仅是从理论上澄清"首次销售原则"是否适用于网络环境的需要，更重要的是用于判断版权人限制用户转让作品文件的做法是否合法。根据传统的"首次销售原则"，版权人无权通过合同限制他人处分其合法获得的作品复制件。例如,在著名的 Burke & Van Heusen, Inc. v. Arrow Drug, Inc 案中,原告是音乐作品的版权人,授权第三方销售音乐唱片,但在协议中规定唱片必须与一种洗发水一起销售。第三方将唱片与洗发水一起卖给了被告,而被告又将唱片单独转卖。美国法院判决:即使被告知道版权人与第三方关于对于唱片必须与洗发水一起销售的限制,被告基于"首次销售原则"单独转售唱片的行为也不构成侵权。目前,版权人在通过网络提供作品时,往往通过一系列技术措施限制用户转售作品文件的能力。例如,一些数字图书馆将客户端阅读软件与用户的特定计算机"捆绑"在一起。用户在阅读完数字化书籍后就无法将其转让给他人阅读,即使用户愿意在转让后立即删除自己计算机中的原件。如果"首次销售原则"确实适用于通过网络下载获得的作品复制件,则版权人的这种限制就是缺乏法律依据的;反之,则可能是正当的。[①]

下面通过两篇法律行业论文的讨论来大体梳理一下图书馆电子书服务所涉的法律问题相关的整体思路框架。

Matthew Chiarizio[②] 对电子书的借阅对公共图书馆的公共借阅权带来的影响做了相当全面的讨论,此文讨论了在传统图书借阅中普遍适用的首次销售原则应用到电子书业务中会带来的问题,讨论了电子书版权监管的困难。提出了对非营利行为和图书馆等可以豁免版权限制,以及使图书馆拥有对电子书购买、借阅、更新内容、展示的法律许可等。

在法律专业杂志上发表的此文严格意义上不是一篇研究性的论文,而是发在专业的学术杂志法律评论的特殊专栏上的一篇讨论性质的文章,此文全面讨论了电子书在图书馆的借阅服务中所能碰到的一系列相关的法律问题。此文不仅仅是从专业的角度介绍了目前的法律规定,也提到了一些案例。最后此文也提出作者个人的观点,那就是公共图书馆是美国社会民主制度的有力基石之一,因为它有法律的保护可以为所有人提供信息保障,不管这些人贫穷或富有,社会地位的高下,等等。但在电子书的时代,这一切都受到了挑战,即使相当部分的数字资源可以通过图书馆服务提供,这些资源中的相当一部分对很多人来说仍

---

① 王迁. 论网络环境中的"首次销售原则"[J]. 法学杂志,2006(3):117-121.
② Chiarizio M. An American Tragedy: E-Books, Licenses, and the End of Public Lending Libraries? [J]. Vanderbilt Law Review, 2013,66(2):615-644.

然具有数字版权管理所带来的技术障碍,这些正是包括政府在内的所有利益相关方要去努力协商解决的法律保障问题。

Rita Matulionyte[①]讨论了可否利用技术中立原则将欧盟的公共借阅权扩展至图书馆电子书借阅服务中,因为在近年来欧洲联盟法院(Court of Justice of the European Union, CJEU)的一个 VOB(Vereniging Openbare Bibliotheken,公共图书馆协会)案件中对此问题的回答是肯定的。VOB 案件的判例是认为图书馆电子书服务采用类似于传统图书借阅的模式,它适用于传统图书借阅所依据的法律准则,即公共图书馆一次只能向一个用户借出一本电子书的复本,而在借阅期限没有到期或该读者没有提前归还的情况下,其他读者将无法访问该电子书复本。然而此文经过全面详细的论证后,对此并没有持完全肯定的态度,即根据技术中立的原则,将 PLR 权利简单地推广至电子书借阅还是会存在各种各样的问题,应该根据电子书技术与商业模式的变化鼓励进一步讨论其他可用方案,例如促进利益相关方对话等。

那么图书馆的电子书服务是否可以基于上述原则来进行呢?是否可以将 PLR 之类的立法直接适用于电子书在图书馆出借的范畴呢?这里就涉及一个立法原则,就是所谓的"技术中立"(technologically neutral)。"技术中立"在这里指的是对知识产权作品的权利保护与限制原则,不受技术的发展与作品的形态变化而变化,也就是说适用于纸质图书的这些法律条款同样适用于电子图书。那么我们如何来讨论这样的拓展是否真的适用呢?Rita Matulionyte 用了所谓的五步法,即从文本的解析、立法的出发点、功能的等效测试、经济利益的等效检验以及策略性因素这五个方面来考量。在这五步推导中,几乎绝大多数情况下要考虑电子书的两种服务方式的情形,即受限的服务(restricted)与不受限的服务(friction-free)。受限的服务指的是采用各种技术手段来尽可能地保护权利所有人的权益,如使用者不能下载、复制与分享完整的作品等,如保证只有被授权的用户在受约束的环境下对作品进行阅读或做其他受限的使用等,这种方式最常用的方法就是 DRM 技术。而不受限的服务则是指产品使用者不受任何技术约束,可以尽情地享受技术发展所带来的好处,是广大用户所盼望的 DRM-free

---

① MATULIONYTE R. Lending e-books in libraries: is a technologically neutral approach the solution?[J]. International Journal of Law and Information Technology, 2017, 25(4):259-282.

的使用场景,将有非常好的用户体验。当然,这种模式下,理论上使用者应该在法律允许的范围内或者遵守与权利所有者或第三方服务提供者所约定的使用规则,而不能违法或破坏这些规则,从而侵犯到权利所有者的权益。因此,基于受限的服务是强调现实可行性的方法,或者说是基于所制定的法律有执行的可能性。而不受限的服务则更多的是基于道义的原则,基于所有产业链利益各方都会自觉遵守所有规则的理想化场景。这样的理想化场景是否具有现实可行性呢?

蔡晓东[①]提到因为在电子书时代没有继续沿用在传统图书时代中所适用的"首次销售原则",使得图书馆在传统图书服务中的经济性、服务效益以及议价能力都有不同程度的下降。因此,他建议在电子书时代也应该继续沿用传统纸质时代的"首次销售原则",使得图书馆的电子书服务效益能够充分体现。他认为"首次销售原则"不会妨碍出版商的正常经营利益,相反,能帮助消除读者疑虑,这一原则依然可以成为平衡出版商、图书馆及读者利益的重要手段。

李金波[②]的文章则详细介绍了2011年初世界第二大电子书出版商哈珀·柯林斯(Harper Collins)公司所制定的向图书馆出售的电子书不再可以永久不受限使用的政策,改为每种电子书最多只能借出26次,之后图书馆如需再对外提供此书,可以以折价方式重新购买使用权限。李金波详细介绍了此事件及其后续影响,以及美国图书馆界组织对此事件的激烈反应,等等。他指出此事件对我国图书馆界有如下启示,例如要强调图书馆等公有利益在知识产权法律环境中的地位,进一步完善与图书馆相关的法律政策体系,提升图书馆的权益。他也建议图书馆人要培养和提高自身的权利意识,以争取本行业的权益,争取发展的机会,促进行业发展。

傅文奇、吴小翠[③]的文章则从图书馆电子书服务的整个产业链来整理分析电子书版权授权模式与类型,最后提出存在的问题与优化的策略,即如何完善相关授权的机制,图书馆界应该如何联合起来争取权益,产业链的各方应该如何来

[①] 蔡晓东. 电子书借阅与首次销售原则[J]. 图书馆,2015(6):82—85.
[②] 李金波. 国外图书馆权利案例研究——电子书借阅限制事件分析[J]. 图书与情报,2012(6):52—56,90.
[③] 傅文奇,吴小翠. 图书馆电子书版权授权模式研究[J]. 中国图书馆学报,2017(3):104—118.

更好地合作,等等。严玲艳和傅文奇①则同样从整个产业链出发,考量分析产业链中不同利益相关者在图书馆电子书服务中的利益关系,提出如何进一步平衡各自的利益关系,规范各自的行为,并建议制定一些标准化的模板,等等。

刘骁和魏来②的文章比较简明清晰地分析了问题的所在,认识到图书馆电子书服务过程中的知识产权问题使权利所有人与下游公益服务机构图书馆的利益与传统服务模式产生了矛盾,并且建议图书馆加强管理、重视审核知识产权的有效性,合理合法地使用资源,等等。

综观国内学者对相关知识产权问题的讨论,无论是从历史沿革、法律概念以及实际的案例分析角度,都提到了这一问题的复杂性。但在对如何解决这一问题提出的建议方面,我们看到绝大多数的作者都提出要以行业为本,组织起来一起去争取利益,使得外部环境能够对图书馆行业更为有利。这个出发点没有错,但这样的思路是否能够解决问题?

要知道任何立法其实都是均衡各方的利益,在大家达成共识的前提下制定相应的规则,知识产权立法当然也不例外。但是知识产权的立法原则是国际性的,中国也加入了相关国际公约。因此,国内的学者提出国内的图书馆界应该联合起来争取权益是远远不够的,应该是全世界的图书馆界一起联合起来共同考量。事实上,以美国图书馆行业协会为代表的美国图书馆在多年前就已经与各大出版集团做过交涉,以争取权益,虽然此事至今没有结果,但我们依然要为国际同行的正义行为点赞。这也是国内相关行业组织所应努力学习的榜样。

知识产权的立法意图首先是保护权利所有者的利益,其次才是对公共利益以及对消费者权益的保护。站在图书馆的角度而言,我们是更多地为公共利益而鼓与呼,为读者争取更多的权益,更好的使用体验。但是这一切既不能无视权利所有者的利益,也绝不能破坏现有的法律规则,而应该由产业链的各方共同协商,找到大家的利益均衡点,为产业的发展打好更扎实的基础。

与技术发展及媒体产业的日新月异相比,法律框架的变更,新的立法原则的建立,新的规则的探讨,各方利益的角逐的过程则是缓慢而复杂的。以技术中立的理念,将"首次销售原则"与"公共借阅权"等传统图书产业时代所订立的立法

---

① 严玲艳,傅文奇.利益相关者视角下的图书馆电子借阅服务研究[J].图书情报工作,2016(6):38—45.
② 刘骁,魏来.图书馆电子书借阅中的版权机制研究[J].图书馆学研究,2015(22):81—86.

准则应用于电子书这个新兴产业，是一个相对现实可行的解决方案。但是，这样的理念也反过来要求电子书要在产品形态与服务模式上向传统靠拢，必须采用一复本一用户这样的传统模式。虽然这在一定意义上保护了上游权利所有者的权益，但这种限制产业发展模式、限制技术发展可能性的框架大大约束了技术与产业发展的空间。真心期许未来在新的技术发展条件下，在权利所有者的利益、技术发展的空间、用户体验与权益保障等各个方面能形成新的平衡。在目前技术与产业飞速发展的大环境下，也许我们追求的就是一个不断变化但能为各方所接受的动态平衡新常态。

访谈

Overdrive 公司总裁——Steve Potash[*]

Steve Potash 于 1986 年创建了 Overdrive Inc. ,并担任首席执行官和总裁。Potash 先生自 2016 年 4 月 1 日起担任 Rakuten Inc. 的执行总裁。20 世纪 80 年代以来,Potash 一直活跃在电子出版业。他为专业人士、学生和消费者开发了交互式软盘和 CD-ROM 媒体产品。他带领 Overdrive 与微软公司、奥多比系统公司以及数百家领先的媒体公司和零售商建立了战略合作关系。Potash 先生在数字版权管理、知识产权问题和电子出版方面积累了很多经验和知识,他在美国和国外发表了许多这方面的演讲。

(访谈时间:2019 年 2 月 15 日)

提问:从 2007 年底 Kindle 阅读器问世以来,美国电子书市场发展迅速,但在 2012 年到达最高点后,电子书产业从 2013 年开始下滑。与此同时,Overdrive 的电子书服务一直在稳定增长。请问您如何看待这种趋势变化?未来这样的产业环境变化会对图书馆的电子书服务造成什么影响?

Steve Potash:有关电子书市场增长趋势报告的数据是采集于有限的零售商,这些数据不包括成千上万的自出版者、亚马逊公司未申报的电子书销售数据

---

[*] Steve Potash 先生是以英文作答。因此,我们在其每个问题答复的中文翻译后面附上英文原文以作对照,以避免由于我们翻译不妥产生歧义。

以及其他独立图书销售机构等。实质上,电子书市场一直在稳定增长,Overdrive 公司也见证了可以提供给图书馆和学校的电子书和有声读物在数量上的显著增长,同时出版商也提供了更多语言的内容以及更多的访问模式。

Steve Potash：The trending reports regarding eBook market growth are from limited retail sources. They fail to include the hundreds of thousands of self-published, unreported eBook sales from Amazon, and other independent book sales. There has been constant growth in the eBook market and Overdrive is experiencing significant growth in library and school eBook and audiobook content availability. This includes publishers producing content in more languages along with more access models.

提问：目前电子书从内容形态上来说,有与传统纸书对应的电子书,也有有声书（Audio Book）以及以多媒体为主的增强型电子书（Enhanced ebook）,这些内容类型在 Overdrive 的产品里都有。请问贵公司未来的内容建设重点将主要以哪个内容形态为主？您认为哪个内容形态会成为未来数字阅读的重点？

Steve Potash：Overdrive 公司支持并推广所有的内容形态的阅读服务,包括印刷类文献。我们屡获殊荣的移动应用（Libby App）通过电子书和有声读物支持所有年龄段的阅读,其中包括学术、高等教育、小说、图画小说（graphic novels,目前以漫威图画小说和漫画为特色）等,其伴读功能（Read-Alongs）也能为新一代读者提供新的服务。有声书是目前增长最快的图书类型之一。在美国,读者现在可以使用物联网技术通过谷歌智能扬声器访问 Libby App,并通过语音命令使用该应用。Overdrive 还在投入制作视频内容,这对开发教育市场来说特别重要。

Steve Potash：Overdrive supports and promotes reading in all formats, including print. Our award-winning Libby App supports reading for all ages through ebooks and audiobooks with genres including academic, higher education, fiction, graphic novels — now featuring Marvel graphic novels and comics — Read-Alongs for the next generation of readers and more. Audiobooks are one of the fastest growing formats. In the US, Readers can now use their IoT technology to access Libby with their Google smart speaker and use the app through voice commands. Overdrive is also investing in developing video which is particularly important for the education market.

提问：Overdrive 的电子书服务中有非常复杂的商业模式，例如有的书出借了一定次数之后就必须重新购买，还有其他各种模式，等等。请问贵公司是如何在一个平台与技术实现上做好这个复杂商业模式的管理？与图书馆客户合作的过程中在商业模式方面是否碰到什么困难？图书馆客户更愿意接受哪些商业模式？

Steve Potash：Overdrive 的内容管理平台（Marketplace）一直在不断改进发展，以提供一个强大的平台，联合起出版商和内容创作者与机构买家（学校和图书馆）。对于我们的每个频道，我们为学校、图书馆和大学提供最佳选择，以便读者可以访问出版商允许的优质内容。我们教育和培训图书馆采购人员，也在服务推广中支持他们。我们帮助图书馆馆员找到他们想要的电子书，并帮助他们策划和推广他们的数字馆藏。

我们知道公共服务机构会在其预算允许的前提下尽可能为更多的读者提供服务。这通常需要使用不同的借阅模式来组合以达到最佳效果。某些资源包可能只支持一种借阅模式，而其他的一些目录中的书籍有可能支持多种选择。

Steve Potash：Overdrive Marketplace has been constantly evolving to provide a robust platform that connects publishers and content creators with institutional (school and library) buyers. For each of our channels, we offer the best set of options for schools, libraries and universities to provide readers with access to the premium content as permitted by the publisher. We educate and train library selectors as well as support them in the presentation. We help librarians discover the eBooks they want as well as help them curate and promote their digital collections.

We know public institutions are trying to serve as many readers as possible while staying within their budget. This often requires using a combination of lending models. Certain collections may be available in only one model while other catalogs of titles are available under multiple options.

提问：Overdrive 公司提供了多种电子书服务的网络平台与客户端，包括 2017 年上线的移动应用（Libby App），试图通过更友好和直观的方式提升电子

访谈　Overdrive 公司总裁——Steve Potash

书出借与阅读的用户体验。请问在技术层面，贵公司还会有哪些变化和更新？

Steve Potash：我们很自豪 Libby 最近被评为时代杂志 2018 年度最佳 iPhone 和 Android 应用程序之一。我们正在利用人工智能技术来帮助改善读者的体验。现在 Libby 在为用户服务的聊天机器人中，使用人工智能技术来帮助解决一些常见问题和回答技术问题。Libby 还使用深度数据分析和人工智能来改进向读者推荐图书的算法，使读者能发现更多的新书好书。

由于在学校市场的投入，我们的教育团队也与 EdTech 团队的专家们密切合作，使得我们可以评估学生的阅读进度。这也使我们能够为学生的学习体验提供个性化服务，并促进阅读成果。我们还持续鼓励我们的出版合作伙伴使用多媒体技术来改进其内容，以进一步吸引读者。

Steve Potash：We're proud that Libby was recently named one of TIME Magazine's Best iPhone and Android Apps of 2018. We are utilizing AI to help improve our readers' experience. Today Libby uses AI in chatbots to support users by helping resolve common issues and answer tech questions. Libby also uses deep data and AI to improve how it recommends what book the reader may enjoy next, allowing for the discovery of new titles.

Because of our investment in the school market through Overdrive Education, we work closely with EdTech experts to measure student reading progress. This allows for personalization of the student learning experience and promotes reading achievements. We also continue encouraging our publishing partners to enhance their titles with multimedia to further engage readers.

提问：从统计数据来看，Overdrive 的用户主要是通过什么方式来进行阅读的（电脑、电子书阅读器、平板电脑、手机）？您如何看待用户使用何种数字阅读工具的发展趋势？

Steve Potash：在查找和借阅图书馆与学校的图书时，很大一部分用户是使用桌面电脑以及笔记本电脑。但越来越多的人使用智能手机或平板电脑来阅读或听书。在电子书和有声书的阅读使用中，智能手机所占比重越来越大。

Steve Potash：A high percentage of users discover and borrow titles from libraries and schools on PCs or Notebooks. A growing percentage are reading and listening to books on smartphones and tablets. Smartphones are an increasingly large part of eBook and audiobook usage.

提问：在整个华语地区的中文电子书内容建设方面，公司有什么规划？碰到过哪些难题？在中文电子书服务以及用户的需求的方方面面与西文读者群体有些差别？

Steve Potash：我可以自豪地说，Overdrive已经与中国领先的出版社合作多年，以进一步开发他们可以对图书馆进行服务的电子书。这其中包括最畅销的热门书《倚天屠龙记1：屠龙宝刀》《哈利·波特与魔法石》《阿狸和小小云》。我们也在向全世界的中文读者与中文学习者推广中国作家和中国文化，这已经被证明非常成功。Overdrive还继续鼓励出版商以开放的EPUB文件格式制作电子书，这样可以在更多的设备上欣赏这些书籍。

我们认识到中国和西方市场的读者有许多相似之处。能将中国作家和文化介绍给西方读者和学生令人兴奋，同时我们也对将西方及英语为主的内容引进中国保持浓厚兴趣。我们也期望有声读物未来在中国会像在西方一样流行。

Steve Potash：I'm proud to say Overdrive has partnered with leading Chinese publishing houses for several years to further develop their catalogs for digital lending. This includes best-selling popular titles *Yi Tian Tu Long Ji 1: Tu Long Bao Dao*, *Harry Potter and the Sorcerer's Stone* and *A Raccoon and Xiao Xiaoyun*. Promoting Chinese authors and culture to Chinese readers and learners around the world has proven very successful. Overdrive also continues encouraging publishers to produce eBooks in open EPUB file format which allows the books to be enjoyed on the broadest range of devices.

We are learning that readers in both Chinese and western markets have many similarities. It is exciting to introduce Chinese authors and culture to western readers and students and accommodate the strong interest for western and English-based content in China. We have an expectation that audiobooks will become popular in China as they have been in the west.

提问：Overdrive的"Big Library Read"计划已覆盖全世界超过19 000家图书馆和学校。请问公司在电子书的阅读推广方面有什么样的计划？还做了哪些工作？

访谈　Overdrive 公司总裁——Steve Potash

Steve Potash：Overdrive 在全球范围内为所有年龄段以及各种阅读兴趣的读者提供各种各样的社区阅读计划。例如"Together We Read"就类似"Big Library Read"计划，它推动与连接一个区域内的读者，让大家共读与讨论同一本电子书。这些阅读推广项目在美国、澳大利亚、新西兰、加拿大、英国和新加坡特别受欢迎。他们以来自各自国家的作者为特色，全年举办。

每年，来自世界各地的读者可以通过社交媒体来分享他们对一本电子书以及阅读的喜爱，通过这样的方式来庆祝"Read an eBook Day"（阅读电子书的一天）这一节日。此外，"Overdrive Summer Read"（Overdrive 的夏日阅读）是针对美国和加拿大学校的年度项目，旨在鼓励学生全年持续阅读。

Steve Potash：Overdrive offers a wide variety of community reading programs globally for all ages and interests. Together We Read is like Big Library Read because it promotes and connects readers in a region to enjoy and discuss the same eBook simultaneously. These programs are specifically popular in the US, Australia, New Zealand, Canada, the United Kingdom and Singapore. They feature authors from the respective country and take place throughout the year.

Booklovers around the world can celebrate the Read an eBook Day holiday every year by enjoying an eBook of their choice and sharing their love for reading via social media. In addition, Overdrive Summer Read is an annual program for schools in the US and Canada designed to encourage students to keep reading all year long.

第 6 章

图书馆电子书服务平台

图书馆的电子书服务需要结合系统平台的支持,电子书的服务平台可以自建、外购或外包。无论是直接使用商业电子书平台,还是图书馆自建数字阅读平台,最终目的都是帮助图书馆传递电子书。平台类型包括内容发现整合、内容投送平台以及中介模式等。

从市场角度来看,电子书服务平台分为面向大众市场和面向图书馆服务两种类型,商业电子书服务平台的付费模式包括订阅和购买两种方式。目前,图书馆构建实施电子书服务平台主要有三种方式(图6-1),一种是直接购买/订阅使用商业电子书平台,如超星、Overdrive、bibliotheca 等;另一种是基于元数据整合的资源发现系统服务;或者是选择自建电子书整合服务平台,如上海图书馆的市民数字阅读平台。此外,平台选择和构建过程中,还要考察平台的技术特性、规范标准与服务接口等因素。

商业电子书服务平台的提供者主要包括数字技术提供商、内容提供商(商业电子书数据库)、电信运营商和电商平台。提供的服务形式主要包括 PC 端阅读,移动端 APP,电子书阅读器的捆绑阅读服务,以及电信运营商提供的手机阅读服务,等等。在面向图书馆服务时,商业电子书服务平台联结了上游的资源厂商和产业链下游的图书馆,并最终服务于读者。此外,通过服务方式的多元化,为读者带来了更好的用户体验。如 Overdrive 除提供 PC 端电子书服务平台外,还提供了图书借阅客户端"Libby"APP,通过更友好和直观的方式提高了电子

第 6 章 图书馆电子书服务平台

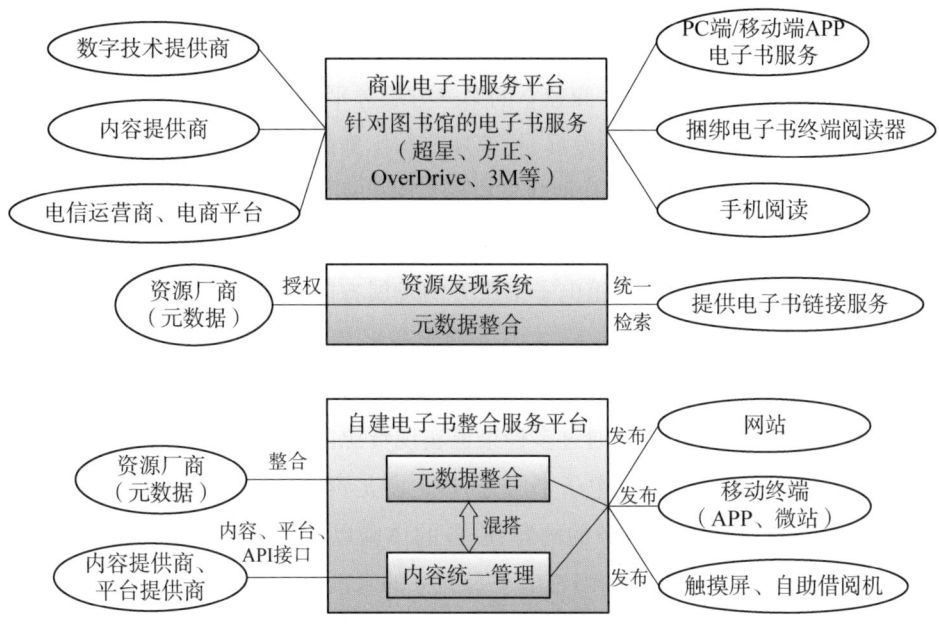

图 6-1 三种电子书服务平台

书、有声读物借阅的便捷性,帮助读者最大限度地利用图书馆的电子图书,2018 年上半年,Overdrive 的用户数比上年同期增长了 22%,"Libby"使用量每月增长 30% 以上。[①] 图书馆行业的商业电子书服务平台除了在北美以及全世界其他地区市场中占主流地位的 Overdrive、bibliotheca 等,中国大陆较成熟的还有超星与方正公司等。这些商业电子书服务平台的服务使用往往相对独立,与图书馆自身的信息服务平台关系不大,图书馆的用户是通过用户认证授权的模式直接使用这些电子书服务平台。

另一种是资源发现服务,是通过资源厂商元数据的整合,将多个来源的不同出版商授权的元数据进行整合,通过统一的检索平台提供发现服务。如 EDS、Primo、Summon 等,通过元数据授权,整合了 EBSCO、Springer、Wiley、方正阿帕比等电子书资源的发现服务。

严格来说,资源发现算不上是独立的电子书服务,因为它是整合了图书馆现有的包括电子书在内的所有服务资源提供读者一站式检索服务。但是资源发现

---

① OverDrive. Public Library ebook & Audiobook Use Goes Viral with Libby App [EB/OL]. https://company.Overdrive.com/2018/06/21/public-library-ebook-audiobook-use-goes-viral-with-libby-app/.

是整合了电子书服务厂商的电子书元数据,而资源发现系统本身作为大多数图书馆主要服务入口,使得电子书服务在一定意义上融合进了图书馆完整的服务架构,而不再是电子书服务厂商独立的第三方服务平台。其次,如果在未来的图书馆服务业态中,由于技术的发展、技术规范与标准的进一步融合以及产品形态的进一步成熟,电子书也好,其他数字资源服务也好,它们应该更容易地在一个统一的入口、统一的服务环境中为读者进行服务。从这个角度来说,资源发现的模式也许就应该是未来图书馆电子书服务的发展方向。图书馆电子书服务平台的第三种模式就是自建平台。自建电子书服务平台是一个整合服务平台,通过整合资源厂商提供的内容(包括电子书内容数据或元数据),实现各类资源内容的统一管理、检索和揭示,并通过多种渠道实现资源内容的发布。当图书馆通过自建的电子书服务平台提供电子书服务时,上游是资源厂商,下游则直接面向读者,从而可以进一步掌控服务的内容、服务的体验以及服务的数据,变被动服务为主动服务,对进一步提升图书馆电子书服务的水准会有很大的帮助。

自建的电子书服务平台也有多种模式,一种是仅整合资源厂商的元数据,这类似于自建一个专门的电子书资源发现平台。另一种是整合上游资源厂商的电子书内容,当然也包括元数据。自建的元数据整合电子书服务平台,可以深入挖掘资源,提供多样化的服务,为读者带来更好的阅读体验。并可借鉴商业电子书服务平台与电商平台的合作模式,如 Overdrive 与 Amazon 的合作,推动了产业的发展和图书馆电子书的应用。毋庸置疑的是,当图书馆自建电子书服务平台能够整合电子书的内容时,它自然能为图书馆带来更多的可能性,也为图书馆的电子书服务创造更大的空间,甚至更多的资源与服务功能。然而这样的平台其成立的前提是,图书馆能够得到商业电子书平台的原始内容提供与授权,而这一点往往在目前的商业电子书服务市场环境中存在着很大的困难。

国家图书馆构建了数字资源的发布与服务平台,将国家图书馆的馆藏古籍、民国文献、学位论文、现代图书等资源数字化,通过元数据整合揭示,在版权授权范围内提供 PDF 格式的全文数字资源。[①] 2013 年,随着全国"数字图书馆推广工程"的实施,通过搭建移动阅读平台,实现了电子图书、期刊、图片、音视频资源的整合和多网络跨终端的电子书服务。2015 年正式发布"掌上国图"微信公众号,提供移动阅读、听书、全球学术快报等多种服务。

---

① 谢强,刘术华.图书馆电子书服务体系及平台研究[J].数字图书馆论坛,2018(2):21—26.

2011年底,上海图书馆推出"市民数字阅读计划",自建了大众数字阅读资源网站平台。"市民数字阅读平台"是"市民数字阅读计划"实施的载体,平台整合了不同资源厂商提供的电子资源,所整合的资源主要是面向大众阅读的通俗类资源,包含了方正、新华e店等传统的电子书厂商资源,以及直接购买EPUB、TXT格式裸数据的超星与中文在线等资源,涵盖了图书、期刊、报纸、网络文学等内容,截至2014年底共建设电子图书资源近30万种[1],并于2013年推出市民数字阅读手机版APP、"爱悦读"自助借阅机,2015年推出了基于HTML5技术的上海图书馆市民数字阅读微站,在数字阅读和推广等方面开展了有益的尝试。

美国数字公共图书馆(Digital Public Library of America, DPLA)试点的DPLA Exchange和Library Simplified项目通过开放的体系架构为图书馆电子书服务提供了数字阅读解决方案,该方案包含基于DPLA Exchange的各种来源数字内容的获取和管理,通过构建美国跨系统图书联盟(LYRASIS)的Library Simplified平台实现电子书入库与服务,并采用SimplyE APP实现电子书终端服务。[2] 该体系为图书馆电子书服务提供了一套完整的解决方案,上海图书馆基于该架构正在构建实施电子书采购馆配平台、电子书入库与服务平台、电子书终端服务,并涵盖数字资源版权保护管理,旨在通过体系平台的建设创新图书馆电子书服务模式,提高资源利用率,并提供灵活的API接口实现各类应用扩展,为读者带来更好的阅读体验。

这些项目都是很好的自建电子书服务平台实践案例。国图和上图的案例主要以元数据资源整合为主,混搭了部分原始电子书内容的整合。其中,国图的平台着重于自身的多种馆藏资源,建立的是更接近于包括电子书服务在内的通用数字资源服务平台。其次,这个平台的数字资源内容以PDF格式为主,主要面向桌面平台用户服务。上图的平台案例则基本上针对电子书服务,同时其整合与链接的原始内容形式较为多样,虽然在用户使用体验上一致性不好,带来一定困扰,但也为图书馆电子书服务使用者带来更多的可能性,满足包括移动应用场景在内的各种服务需求。而美国数字公共图书馆的项目则是一个较完善的基于内容整合的图书馆电子书服务平台解决方案。虽然一般来说图书馆获得大量的

---

[1] 张磊. 基于元数据整合的图书馆电子书阅读平台[J]. 图书馆杂志, 2015(11):13—17.
[2] Library Technology Guides. DPLA Exchange offers library-centered ebook marketplace [EB/OL]. (2017-10-15)[2024-04-08]. https://librarytechnology.org/pr/22964.

最新电子书内容授权存在一定困难,但通过这样的解决方案对大量的公版电子图书进行服务,不失为一个很好的途径。

第1节 市民数字阅读推广计划

  图书馆数字阅读服务由来已久,在国内图书馆数字阅读服务与电子书产业链尚不成熟的情况下,上海图书馆于2011年12月做出了有益尝试,率先推出了"市民数字阅读推广计划",成为数字阅读服务中的重要项目。市民数字阅读推广计划的要点是将上海图书馆的各类数字服务整合起来,为市民提供更为便捷、更有针对性的数字服务,以数字阅读推动全民阅读。在推广计划中,"市民数字阅读平台"是其主要承载体。市民数字阅读平台是"市民数字阅读推广计划"的服务平台,实际上是一种资源整合平台。它通过获取不同数字资源提供商所提供的元数据信息,以市民数字阅读网站的形式将资源内容展示给读者(图6-2)。

  按照最初的设想,项目组需要无缝整合各种不同资源厂商的内容及平台,并在统一的平台上呈现。由于没有现成的商业软件可以提供完善的解决方案,上海图书馆"市民数字阅读推广计划"项目组经过讨论,决定依靠自身的技术力量,自主开发整合平台。由于上海图书馆拟建的市民数字阅读平台需整合的电子资源多种多样,厂商所提供资源的方式也不尽相同,要想把所有资源完全整合在图书馆本地,在当时的环境下无法做到。所以,项目组提出建立基于元数据整合的数字资源阅读平台。平台只整合各厂商资源的元数据,并在后台统一管理,读者通过上海图书馆的数字阅读平台找到想要的资源,点击"阅读全文"后,跳转到资源厂商的平台阅读。

  经过数月的开发,2011年12月,一个网罗了方正、龙源等多个资源库的市民数字阅读网站(http://e.library.sh.cn)正式上线。其拥有丰富的数字资源馆藏,资源类型包括图书、期刊、报纸和网络文学四大类。汇聚了来自方正、博看、盛大文学等资源供应商提供的百万余种书、报、刊各类资源。提供了内容涵盖文、理、农、工、医各类学科的三十万种五十万册海量图书;收录了千余种畅销杂志与期刊,以及八千余种各专业领域学术期刊;提供二百余种国内热门报纸,内容设计时政要闻、财经、文化娱乐等九大版块;囊括了一万一千余本网络文学热门读物。读者只需要一张上海图书馆读者外借证,一键登录即可免费尽享市民数字阅读书报刊资源。

图 6-2　市民数字阅读计划框架

该网站最初只提供 PC 端版本,页面默认采用瀑布流方式展示图书封面,在读者设备支持的情况下,页面可无限下拉。除图文模式外,网站还提供了简图、文本两种不同的页面模式,供读者在不同阅读终端上使用,减少上网流量。读者使用上海图书馆借阅账户登录后,可以远程下载数字资源,导入自己的电子阅读设备,或者直接使用电子书阅读器的浏览器功能登录市民数字阅读网站下载。虽然操作步骤稍显烦琐,而且其中大多数资源只提供 PDF 或图片格式,但是平台整合了来自方正、龙源、博看等资源厂商的电子图书、期刊、报纸,为读者提供了一个可以统一检索、浏览、阅读的数字资源平台,在数字阅读推广的道路上前进了一大步。[①]

技术日新月异的发展推动着市民数字阅读网站的不断改版,以适应不同终端应用的需求。2014 年末,市民数字阅读网站 4.0 版上线。新版采用响应式网站架构和扁平化设计,为读者提供在各类设备中统一的浏览体验。资源以全新的书架方式呈现,同时优化了资源分类,将资源内容阅读、检索、收藏、分享一体化展示,便于读者查找;同时提供我的书架、意见反馈、排行推荐等个性化服务形式。为了增加读者黏性,新版推出读者积分系统。读者可以通过签到、问题反馈

---

① 段宇锋,熊泽泉. 上海图书馆市民数字阅读计划[J]. 图书馆杂志,2018,37(1):33—40.

等方式获取积分，并在线兑换礼品。在数字资源选择上进行了优化与精简，增加了电子报纸的种类，将网络文学归入电子图书类中。更加注重与上海本地资源供应商新华e店的合作，采用元数据整合的方式将新华e店电子书信息完整地融入市民数字阅读网站内，读者可一站式检索新华e店电子书的各类元数据信息，经过上海图书馆读者系统的认证之后，跳转至新华e店的网站内进行相关借阅与阅读，对新华e店的电子书采用每本电子书一个复本，在线阅读并发数5个，下载阅读并发数5个的借阅策略。

平台的内容合作模式主要有以下两类。

一 汉王电纸书与方正数字资源的合作

上海图书馆的"市民数字阅读推广计划"自启动起，便得到了汉王科技公司与方正阿帕比公司的大力支持。汉王电纸书在终端产品领域，积极支持上海图书馆市民数字阅读平台，相继向上海图书馆赠予和出售包括汉王电纸书F28、汉王电纸书F30II、汉王电纸书N618、汉王电纸书E920在内的多款电子书阅读器，供读者借阅。

2011年初，汉王科技与方正阿帕比合作，推出了汉王CEBX格式的电子书，此种格式能够进行不同版式的转换，改善了读者的阅读体验。2012年，上海图书馆以"购买者"的角色，向方正公司定制了一批数字资源，置入汉王电子书阅读器中（汉王电纸书F30II、汉王电纸书N618火星版、汉王电纸书E920三种型号），在终端上设置单独的"方正数字图书馆"功能。读者用户可在汉王电子书阅读器上利用上海图书馆读者账号登录"方正数字图书馆"，享受上海图书馆读者用户"专享资源"，免费阅读下载电子书。此种合作模式，一方面为上海图书馆读者用户提供了更新、更便捷的数字阅读方式，另一方面促进了方正阿帕比公司与汉王科技公司的进一步合作，加强了图书馆在数字阅读服务中的主动性，以及同资源、终端供应商之间的互动性，形成了独具上海图书馆特色的"资源+终端"的服务模式。

二 上海图书馆与盛大网络文学的合作

盛大文学作为国内原创文学创作的最大资源运营商，占据原创文学市场的极大份额。盛大文学云中书城是全球领先的数字书城,内容囊括盛大文学旗下的起点中文网、红袖添香、榕树下、小说阅读网、潇湘书院等众多原创网站资源,为消费者提供包括数字图书、网络文学在内的多种数字产品。上海图书馆顺势而行,在图书馆数字阅读发展上与具有强大技术创新能力的盛大文学强强联手。2012年,上海图书馆与盛大文学云中书城合作共建市民数字阅读网站,打造"云中上图"应用。该合作打破了以往网络文学网站B2C即企业对用户的电子商务模式,形成新的"B2L2C",即企业通过图书馆向读者提供数字阅读服务的模式。上海图书馆正式采购盛大文学10 000种完本网络文学作品以及1 000种连载网络文学作品,盛大文学加入上海图书馆市民数字阅读网站的电子资源序列。读者可以使用上海图书馆读者证登录"市民数字阅读"门户网站,选择"网络文学"版块,与盛大文学通行证账号绑定,即可免费借阅网络文学资源。

此外,上海图书馆还注重数字资源与终端的服务结合,将定制版盛大文学资源置入锦书Bambook电子书阅读器内。通过盛大云梯Bambook客户端软件(一款集在线书库、电子书下载、电子书制作和Bambook电子书管理功能于一体的软件,类似于iPhone或者iPod的连接管理客户端软件iTunes,作为连接锦书Bambook阅读器与个人电脑的桥梁),读者用户可在PC上下载"云中书城"TXT格式电子书,并导入锦书Bambook终端中进行阅读,后期利用上海图书馆读者账号在锦书Bambook电子书阅读器上进行电子图书的持续更新与阅读。

"云中上图"数字阅读和通过锦书Bambook进行专属网络文学资源的阅读下载,是上海图书馆为读者用户提供的一种网络文学资源、市民数字阅读平台、锦书Bambook电子书阅读器即"资源+平台+终端"三者相结合的数字阅读服务模式。

新平台的推出为市民数字阅读网站吸引了大量新用户。但过程中也并非一帆风顺。与出版商的深度合作存在一定的"政策风险"。首先,出版商高层的变动会对合作造成一定的影响。2013年底,随着盛大文学CEO侯小强的离职,盛大文学团队逐渐解体,随后其大部分业务逐渐并入腾讯的阅文集团,高层理念的变更给后续的合作造成了一定的困难,2014年7月云中书城团队解散,上海图书馆与盛大文学的合作平台陷入半瘫痪状态。其次,2014年工信部等部门联合开展"净网行动",对网络文学资源加大了审查力度,盛大文学的一批资源受到影响。而且,由于部分网络文学资源是未完本,在初次审查时可能未发现问题,而在后续章节中则出现违禁内容遭到下架。在净网行动持续几个月后，多达40%的盛大文学资源遭到了下架处理，此时盛大能够补充的资源已无法达到原有条款约定的数量，加之盛大高层变动的影响，与盛大文学的合作无法再继续。2015年8月，双方合作中止。2016年10月由于新华e店运营方发生重大变更，上海图书馆终止与新华e店的合作，失去了一部分平台用户的访问。

在市民数字阅读平台的使用上，上海图书馆还针对不同用户的需求，考虑不同设备对不同资源的整合与兼容，开发与定制了市民数字阅读PC版本、PAD版本和手机版本，使得市民数字阅读网站真正成为一个支持PC终端、平板电脑、手机等各类终端设备的一站式阅读平台。市民数字阅读平台的PC版本与PAD版本，主要支持在电脑浏览器和平板电脑为主的手持设备上进行阅读。

手机版本曾经有过两种实现方式，一种是通过手机浏览器对市民数字阅读资源进行阅读，另一种是通过移动APP方式为读者提供更加丰富的阅读体验。但在市民数字阅读4.0版本上线后，手机浏览器阅读方式由于无法支持离线阅读、资源兼容不良等不足，已于2014年12月19日停止使用。而"市民数字阅读APP"（图6-3），通过友好的用户界面，提高阅读体验的流畅性，同时研制数字阅读自助机，使读者不仅可以直接搜索、浏览和试读电子图书，还可以通过"扫一扫""摇一摇"等功能，将电子书快捷地添加到自持的移动终端上，"自带设备（BYOD, Bring Your Own Device)服务模式"的应用大大节省了购置设备的经费，为公共图书馆数字移动阅读服务开辟出一片全新的天地。①

2014年10月29日，万维网联正式推出HTML5标准。由于HTML5不需下载任何插件，具有跨平台、适配多终端、功能强大等特点，很快在手机等移动终端得到广泛运用。上海图书馆的馆员们迅速捕捉到了这一契机，在2015年4月，上海图书馆利用微信服务号在国内图书馆界率先推出基于HTML5技术的上海图书馆市民数字阅读微站。相对于移动APP，微站具有轻量级、不需要用户下载安装、便于用户在各种社交媒体分享等优点。

"微阅读"微站的设计，能实现数字资源的版权保护、能自动适应读者各类手机屏幕和操作环境、能方便地嵌入到第三方社交媒体软件和手机软件中。上海

---

① 周德明，林琳，唐良铁. 公共图书馆转型发展的思考与实践——以上海图书馆为例[J]. 图书馆杂志，2014, 33(10): 4—12.

图 6-3　上海图书馆市民数字阅读 APP 首页和分类界面

图书馆与大流量的移动互联网应用公司合作,将微站嵌入微信、支付宝手机客户端、今日头条、诚信上海、市民云等第三方应用,形成一套多入口的手机在线阅读服务体系,方便读者从各个入口使用上图服务,并提高了"上图微阅读"的影响力。城市快节奏的生活,使得越来越多的一线城市市民没有较长时间阅读的机会,但手机和移动互联网的普及又让往常不能被利用的碎片时间得以利用,结合市民阅读形态的这一现状的"微阅读"频道,面向大众类数字阅读,紧贴上海市民手机阅读的生态,用互联网思维让读者驱动图书馆,让阅读产品满足读者阅读行为需求和实际使用场景的需求。譬如,上海图书馆将微站嵌入支付宝"城市服务"中的公共图书馆后,用户只需几次点击,便可从支付宝进入上海图书馆微站,进行图书检索借阅、讲座预约、在线阅读等操作。通过这种方式,不到一个月便吸引了 4.5 万多名用户使用,有效提升了数字阅读平台的用户群数量。

"爱悦读"数字阅读自助机(图6-4)是上海图书馆在2013年中国图书馆年会上推出的一款移动数字阅读终端,是上海图书馆专门为读者提供在线阅读、图书下载、在线办证的智能移动客户端交互设备。上海图书馆推出"爱悦读"数字阅读自助机的初衷,是通过大屏模式将市民数字阅读成果展示出来。因此,它本身是一个市民数字阅读的展示推广平台,也是一个电子资源的推送平台,更是上海图书馆数字阅读服务的一种创新服务模式。

图6-4 上海图书馆"爱悦读"数字阅读自助机

该数字阅读自助机的电子书架上有2万余种热门电子图书,读者通过点击电子图书的封面即可试读前10页的内容。如需借阅全文可下载"市民数字阅读"客户端,一次登录以后每次借书只需"扫一扫"对应的二维码,或选定图书"摇一摇"即完成借阅,实现在移动终端上阅读全本图书内容的愿望。不少试用过"爱悦读"的用户表示,这个新机器方便了图书借阅,特别是如果这种自助阅读器能够进入地铁、商场等公共场合,就可以充分利用每天的碎片化时间,更便捷地阅读。①

第 2 节　基于元数据整合的图书馆电子书阅读平台

上海图书馆的市民数字阅读平台应用了基于元数据整合的图书馆电子书阅读平台的理念来建设。经过多年摸索与研究,市民数字阅读平台已建设成为一个面向数字阅读的资源整合平台,它不同于普通的资源导航平台,而是深度整合图书馆的各种电子书资源,实现前端浏览与后端不同资源之间的无缝链接,并可支持网站、APP、微站等多种展示模式,可以通过各种终端向读者服务。

市民数字阅读平台所整合的资源主要是面向大众阅读的通俗类资源,截至2014 年年底共建设资源电子图书近 30 万种,电子期刊近 1500 种,电子报纸 500 余种,网络文学 10 000 多种。电子图书当中既包含了方正、新华 e 店等传统的电子书厂商资源,也有直接购买 EPUB、TXT 格式裸数据的超星与中文在线的资源。在期刊资源中包含了读览天下、龙源、博看等的电子期刊,并实现了在 PC 网站、手机 APP 上的统一阅读体验。

图书馆电子书阅读平台对于上游需要无缝链接各种不同资源厂商的内容及阅读平台,而对于下游需要支持各种阅读终端,以及支撑起网站、APP、微站多样化的阅读模式,并能适应读者个性化的阅读需求(图 6-5)。资源平台需要管理来自资源厂商不同的资源类别;电子书、刊、报,不同的资源格式;图片、文字、视频、音频,以及不同的资源提供方式;本地 EPUB、TXT、厂商平台链接、镜像平台链接,并具有对元数据的新增、删除、更新等功能。对于前端读者能够提供网站、APP、微站三种模式的访问,并留有接口增加平台灵活性。对于平台本身而言,需要具有版本控制、数据统计、元数据整合、检索等功能。②③

---

① 李欣. 上图新推"爱阅读"自助机 2 万余电子书在线借阅[EB/OL]. (2024 - 01 - 24)[2025 - 03 - 13]. https://wap.xinmin.cn/content/23350666.html.
② 刘景昌. 全媒体时代用户数字阅读服务创新[J]. 图书馆学刊,2014(2):94—97.
③ 张兴. 数字阅读与图书馆服务创新[J]. 科技情报开发与经济,2011(32):50—52.

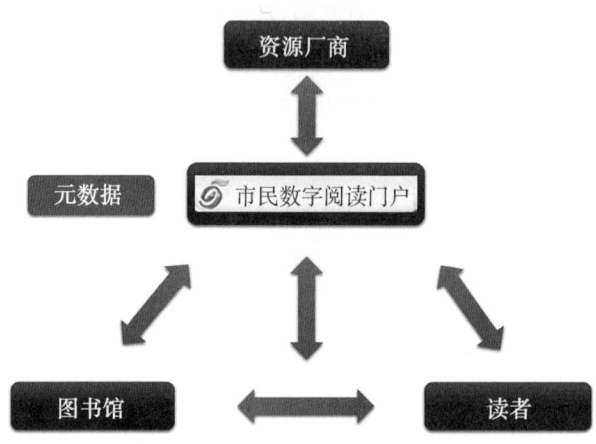

图6-5 市民数字阅读平台服务体系

由于图书馆的电子书阅读平台所需整合的电子资源多种多样，厂商所提供资源的方式也不尽相同，所以想要把所有资源完全整合在图书馆本地，在当前的电子书环境下还无法做到，所以市民数字阅读平台采用的是基于元数据整合的图书馆电子书阅读平台。平台只整合了各厂商资源的元数据，读者通过平台找到想要的资源，部分资源最终还是需要通过资源厂商的平台来进行数字阅读，类似于B2L2C的模式。

为了满足图书馆数字阅读的需求，平台的架构分为三层。底层是整个平台的核心，即内容管理模块，该模块负责管理图书馆的数字阅读资源，负责资源的更新、导入、导出以及元数据管理。中间层主要由平台的功能模块组成，这层在内容管理模块的基础上增加了图书馆数字阅读服务所必需的功能模块，使整个平台服务更趋完善。元数据整合将内容管理所收集资源的元数据进行整理与分类以及去重，能够向前端提供个性化的资源展示服务；全文检索将整合好的元数据导入全文检索引擎提供全文检索服务；版本控制管理资源的访问控制与监控，防止平台资源被恶意下载或使用；数据统计记录所有资源的使用情况，并结合数据分析来提供排行榜热门书单等服务；接口管理负责将所有功能与资源都打包成接口的方式来提供前端访问。前端为展示层，主要用于电子书的展示，并适用于不同的展示媒体，目前主流的有网站、APP与微站，而这些展示都基于平台所提供的Web Service接口，无论前端如何变化都可以基于接口快速构建展示层来提供服务,解决了数字阅读多样性的需求。架构图如图 6-6 所示。

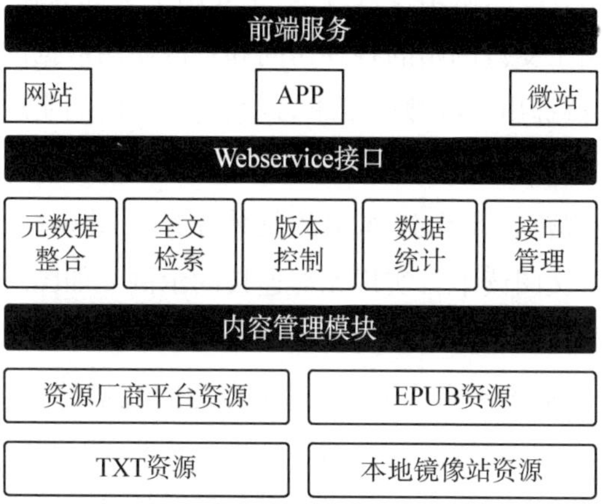

```
┌─────────────────────────────────────────┐
│              前端服务                    │
├─────────────────────────────────────────┤
│  网站          APP           微站        │
├─────────────────────────────────────────┤
│           Webservice接口                 │
├─────────────────────────────────────────┤
│ 元数据  全文   版本   数据    接口       │
│ 整合    检索   控制   统计    管理       │
├─────────────────────────────────────────┤
│             内容管理模块                 │
├─────────────────────────────────────────┤
│   资源厂商平台资源      EPUB资源         │
│   TXT资源             本地镜像站资源     │
└─────────────────────────────────────────┘
```

图 6-6　基于元数据整合的图书馆电子书阅读平台架构

从平台的架构中可以看出,图书馆电子书阅读平台不同于运营商与资源厂商的平台,有它独特之处,其中资源厂商平台资源如何整合与处理便是平台的一大特点。图书馆自建电子书阅读平台并不仅仅是将厂商的资源简单地传递到读者端,而是要提供统一的浏览、检索、阅读界面和一致的用户体验。目前平台的大部分资源仍旧是全文内容在厂商平台上的资源,阅读全文仍需要到厂商平台上,所以平台整合的不仅仅是格式和来源各异的内容,还有各种异构的阅读平台。如何在异构的内容和平台上提供一致的阅读服务,是平台需要解决的一大难题。于是在平台的研发和实施过程中,经过与上游内容提供商和下游用户之间多次反复的交流和磨合,平台最终采用了标准化、规范化的接口来解决问题。为此,平台制定了基于内容整合和平台整合的各类接口规范。

内容接口规范主要包含元数据整合规范、资源分类整合规范、第三方内容接口规范。元数据整合规范包括元数据方案、各种元素的映射表、元数据更新方案等;资源分类整合规范则将不同的内容提供商的分类词整合成统一的标准,为读者检索和浏览提供方便;第三方内容接口规范主要用于获取第三方资源厂商的实时动态内容,例如封面及图书基本信息(题名、图书简介)获取的接口以及豆瓣书评的接口规范。

平台接口规范主要包含统一认证接口规范、厂商阅读平台接入规范、统计接口规范。统一认证接口规范保证了平台可接入图书馆的读者统一认证系统,支持读者用一套读者卡和密码的单点登录;厂商阅读平台接入规范则根据平台所支持的终端,分网站、APP、微站接入规范,主要用于实现资源全文浏览的一键直达;统计接口规范用于支持网站的各种访问和资源使用数据的统计功能,平台对各类统计功能的支持提出了细致的要求,这些统计功能的实现需要厂商的配合,并根据双方制定的统计接口规范提供数据。

下面说明接入规范在平台运作中的具体作用。图 6-7 为平台通过接口规范,与资源厂商的全文阅读平台实现无缝连接的示例。如图所示,平台已整合了电子书资源的元数据,读者通过平台就能浏览与检索资源,然而真正的电子书资源全文还是在资源厂商的平台上的,通过平台之间互信的接口实现了两个系统之间的无缝连接。首先,对资源厂商的平台进行改造,提供接口接收来自平台的信息,平台会将读者的登录信息以及所选择的资源信息,传递给厂商平台;然后,厂商平台在接受信息之后,再利用平台所提供的读者认证接口来认证读者的有效性,通过认证后即可直接定位到读者想要的资源;最终,对于读者来说,只需要一次登录,即可进行全文浏览。①

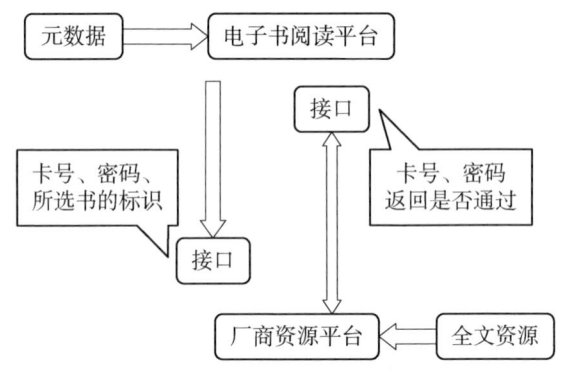

图 6-7　厂商阅读平台接入接口

上海图书馆的"市民数字阅读推广计划"是在国内电子书产业链尚不成熟的背景下,在内容、平台与终端这条完整电子书服务链中做出了自己有益的尝试,以自身实践来帮助数字出版产业链的成熟发展。上海图书馆"市民数字阅读平台"是上海图书馆的"市民数字阅读推广计划"的主要承载体,在平台的研发和实

---

① 张磊,夏翠娟,朱雯晶.图书馆数字阅读服务探索与实践——以上海图书馆市民数字阅读平台为例[A]//上海图书馆.转型时代的图书馆:新空间新服务新体验[C].上海:上海科学技术文献出版社,2014:455—458.

施过程中，项目组的技术小组与上游内容提供商和下游用户之间经过了多次反复的交流和磨合。尤其是在内容接口规范、平台接口规范、服务接口规范的制订和实施上，积累了大量经验和教训，基于此形成的上海图书馆市民数字阅读平台接口规范，旨在为各内容和平台提供商更好地服务于图书馆，同时图书馆也能行之有据地整合各提供商的内容和平台，并为用户提供更为完善精致的服务，提供参考依据和规范指南。

图书馆数字阅读服务由来已久，国外图书馆界起步较早，发展较快，已形成了出版商、第三方服务提供商、图书馆、读者构成的成熟的产业链，图书馆在其中更多地承担着"购买者"的角色，向出版商购买资源，向第三方服务提供商如 Overdrive 和 3M 购买平台和服务，从而可以集中精力和智慧向用户提供数字阅读服务。而国内图书馆界虽然在 20 世纪末已有涉足，但当时一是多偏向专业性的图书资源，离大众阅读距离较远；二是知识产权问题没有得到很好解决，限制了服务的拓展；三是没有良好的平台与阅读终端的支持，没有良好的用户体验，离大众的阅读习惯相去甚远。因而没有形成良好的服务效果。

在国内的数字阅读产业链还不够成熟、难以满足读者数字阅读需求的情况下，上海图书馆主动承担了国外第三方提供商的某些职能，"市民数字阅读推广计划"不仅包括上海图书馆丰富的且不断扩充的电子资源馆藏，而且包括一个在国内图书馆界独创的自主建设的资源整合平台，同时还有电子书阅读器的外借服务，形成了一个集资源、平台、服务于一体的市民数字阅读平台，上游无缝链接了各不同厂商的内容及阅读平台，下游直接支持中心图书馆范围内的读者阅读和服务，在模式上是一种尝试和创新。

一 资源

在上海图书馆的市民数字阅读平台中，内容建设偏重大众阅读，以非专业学术类资源、通俗类书报刊为主。这里以平台建设成熟时期的数据为例，整合图书有近 30 万种，期刊 8 000 余种，报纸 60 余种。与上海本地服务商新华 e 店合作，整合了 2 万多种 2 年内最新出版的图书，以每季度或每月一次的频率更新，使读者第一时间就能够阅读热门书籍。整合的内容类型多样化，包括图书、期刊、报纸、网络文学。有创新意义的是，这一计划不只限于纸质书数字化的内容，还引进了盛大网络文学完本小说 1 万种，连载中的热门小说 1000 种，使图书馆的读者能够体验到网络文学的阅读乐趣，这一服务特别受到年轻读者的热捧。

二 平台

市民数字阅读推广计划的服务平台是面向数字阅读的资源整合平台，它不同于普通的资源导航平台，而是深度整合各种资源的元数据，实现与不同资源之间的无缝链接，利用"市民数字阅读网站"这一服务界面，专注于用户体验，实现一键直达，整合了多种来自不同厂商的服务平台。

市民数字阅读平台网站自 2011 年 12 月第一版发布以来，不断地优化与改进。网站采用了流行且有更好用户体验的瀑布流展示方式，为适应不同阅读终端的屏幕尺寸，配备了桌面电脑/平板电脑版与手机版两种版本供读者使用。

平台对各类统计功能的支持提出了细致的要求。目前支持当日、7 天、15 天、30 天的网站访问的浏览量（PV）、访客数（UV）的统计，每月的访问量趋势及月度访问数据对比统计，还可根据文献类型（图书、报纸、期刊、网络文学）按日查询统计数据及月同期对比统计，还提供基于读者所用的终端的统计数据。有些统计功能的实现需要厂商提供数据接口。

三 服务

市民数字阅读平台网站集内容展示、单点登录、统一检索、收藏分享于一体。用户可用上海图书馆的读者证及密码登录。只需使用浏览器即可浏览所有电子图书，不需安装任何插件或其他多余的步骤，体现了紧随用户习惯与时代潮流的服务理念。网站提供的基本服务包括在线阅读、元数据检索、全文在线阅读，部分内容支持下载阅读。网站提供的个性化服务包括分享、首页内容定制、我的书架、建议留言等。

在市民数字阅读平台上，图书馆的工作不仅仅是从厂商到读者的简单传递，而要提供统一的浏览、检索、阅读界面和一致的用户体验。而目前厂商提供的大部分全文是跟服务平台捆绑在一起的，所以市民数字阅读平台整合的不仅仅是格式和来源各异的内容,还有各种异构的阅读平台。如何在异构的内容和平台上提供一致的阅读服务,是市民数字阅读平台面临的最大难题,冲破这道藩篱,需要依赖于标准化、规范化的内容整合接口和平台整合接口。为此,项目组制定了基于内容整合和平台整合的各类接口规范。

四 内容接口规范

市民数字阅读平台元数据整合规范,包括推荐元数据方案、各种元素映射表、元数据更新方案等。

市民数字阅读平台资源分类整合规范,将不同的内容提供商的分类词整合成统一的标准,为读者检索和浏览提供方便。

第三方内容接口规范,有封面及图书基本信息(题名、图书简介)获取的接口以及豆瓣书评的接口规范。

五 平台接口规范

市民数字阅读平台统一认证接口规范,该规范保证了市民数字阅读平台接入上海市中心图书馆范围内的读者统一认证系统,支持读者用一套读者卡和密码的单点登录。

厂商阅读平台接入规范,分为PC/PAD版接入规范和手机版接入规范。

统计接口规范,支持网站的各种访问和资源使用数据的统计功能。

上海图书馆市民数字阅读平台资源提供商接入规范

一 元数据整合

市民数字阅读平台在接入过程中,除了接入资源提供商的各种数字资源,还需要同时获取这些资源的描述信息,即元数据。元数据作为描述数字资源情况的数据,将会直接关系到读者在市民数字阅读平台的浏览和检索的体验。

为此,通过获取不同资源提供商的元数据信息,并在数字阅读平台中进行整合,可以为读者带来检索和分类浏览、标签浏览等多样化的发现自己感兴趣内容的途径。

目前的市民数字阅读门户,即通过丰富的元数据,供读者选择不同的类目的资源,进行个性化订制。同时,又提供了一站式检索、最新图书推荐、热门书排行榜等多种展现模式,提高了用户体验。

(一) 推荐元数据字段内容

针对目前整合的不同数字资源类型,分别制定了不同的推荐元数据字段方案。对于图书、期刊、报纸资源,都需要有唯一标识符和题名字段。在此基础上,针对这三种资源,我们分别为不同资源推荐不同的元数据字段。这些字段如表6-1、表6-2、表6-3所示。

表6-1 图书元数据字段说明表

字段	是否必备	备注
identifier	是	标识符
title	是	题名
subtitle	有则必备	副题名/丛书名
subject	有则必备	主题词(多个用","分割)
creator	有则必备	作者(多个用","分割,责任者之间用";"分割)
abstract	有则必备	摘要
publisher	有则必备	出版社
date	有则必备	出版日期
classification	有则必备	自有分类
clc	有则必备	中图法分类
cover	有则必备	封面链接
url	有则必备	阅读链接
price	有则必备	价格
language	有则必备	语种
medium	有则必备	媒体类型
isbn	有则必备	ISBN号

表 6-2　期刊元数据字段说明表

字段	是否必备	备注
identifier	是	标识符
title	是	题名
class_h	有则必备	一级类目
class_l	有则必备	二级类目
date	有则必备	出版日期
cover	有则必备	封面链接
url	有则必备	阅读链接

表 6-3　报纸元数据字段说明表

字段	是否必备	备注
identifier	是	标识符
title	是	题名
zone1	有则必备	省
zone2	有则必备	市
cover	有则必备	头版图片链接
url	有则必备	阅读链接
weight	有则必备	更新频率

另外需要注意的是,填入上述不同元数据字段表中的数据,建议采用半角字符,且不可包含 HTML 等其他编码在内。

(二) 元数据更新

由于市民数字阅读平台需要内容提供商提供元数据,则在资源调整或者上线下线中,元数据不可避免也会发生相应的变化。如：图书再版的信息,封面的变化；杂志的更改合并,新一期的发行。为此,我们推荐采用不同的方式进行元数据的更新。

更新的方式主要分为两种。

定期获取：大部分的元数据更新,如期刊报纸等资源,都是有一定的周期性和间隔。则可以通过约定更新频率,由市民数字阅读平台主动进行元数据的收割和更新。此时,必须由内容提供商开放相应的元数据更新接口,供数字阅读平台调用。由于元数据可能有新增、修改、删除、未改变等多种状态。一般元数据的更新,均为批量完整更新。

主动触发:定期获取对于报刊等经常发生变化的内容比较合适。然而对于如图书一类的资源,其自身元数据基本不发生变化,则就无须定期批量完整更新。因此,可以通过主动触发方式来更新元数据。即在元数据发生新增、删除、修改的情况下,由资源提供商主动调用市民数字阅读平台元数据更新接口,将发生变化的元数据信息进行提交。从而保证数据的一致性,并降低系统的开销。

二、资源整合

由于目前很多全文资源的提供商,其受到自身资源类型的限制等其他因素影响,并非所有内容都可以支持 PC 电脑与各类手持设备。因此,在资源整合时,就需要考虑不同的设备整合不同的资源类型。目前上海图书馆市民数字阅读平台针对 PC 和 PAD 用户,定制了 PC/PAD 版本,专门为使用这类设备的读者打造尽可能完善的用户体验。而同时,又针对使用手机的读者开发了手机版,提供适合手机阅读的各类资源供用户使用。

(一) PC/PAD 版

上海图书馆市民数字阅读平台的 PC/PAD 版,主要用于在浏览器和平板电脑为主的手持设备上进行阅读。因此,在资源整合时,需要满足一定的规范,才能保证读者在电脑和手持设备浏览器中的正常阅读体验。为此,我们提出了 PC/PAD 版最低整合规范与最优整合规范。

如图 6-8 所示,当资源提供商满足最低整合规范后,读者才能在市民数字阅

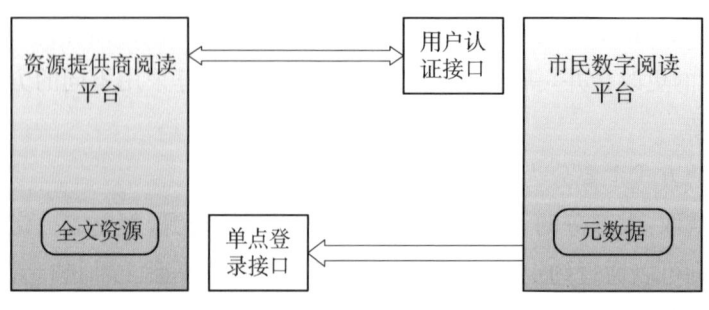

图 6-8　PC/PAD 版整合方式

读平台上完成发现资源到阅读的完整流程。

市民数字阅读平台的最低整合规范具体如下：

(1)阅读器无须在浏览器中安装插件或其他组件就能进行正常阅读。(2)阅读器需要兼容平板设备的交互方式，支持在平板设备上的阅读。(3)集成市民数字阅读平台用户统一认证，对于跳转至资源阅读页的读者进行用户身份认证。(4)提供接口支持读者从市民数字阅读平台跳转并定位至相应的资源页。

在最低整合规范的基础上，我们推荐资源提供商尽可能满足最优整合规范：(1)资源内容在支持 PC/PAD 版阅读时，同样支持手机版阅读。(2)资源内容的数量种类在 PC/PAD 版与手机版上保持一致。(3)在资源页，支持读者收藏和取消收藏相关资源，并调用市民数字阅读平台接口，同步收藏信息。

(二) 手机版

上海图书馆市民数字阅读平台的手机版，针对在线式网站阅读，与移动 APP 方式的阅读，同样提出了最低接入规范与推荐最优接入方式。

手机版目前有两种主流的实现方式，即 HTML5 方式与移动 APP 方式两种。对于 HTML5 方式来说，只要通过手机浏览器，即可进行阅读。而这种方式的短处在于无法支持离线阅读。因此，可以通过移动 APP 方式为读者提供更好的阅读体验，如图 6-9 所示。移动 APP 内置于手机中，可以为读者提供更多更丰富的个性化内容，以及包括离线阅读在内的更多功能。

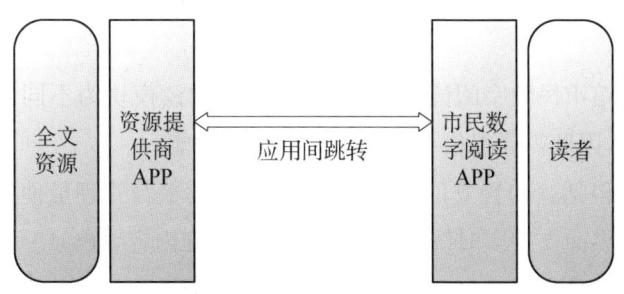

图 6-9 手机版整合方式

HTML5 网页最低接入规范：(1)支持市民数字阅读平台用户统一认证，对于跳转至资源阅读页的读者进行用户身份认证。(2)支持浏览与检索资源。(3)支持不同手机操作系统的浏览器。

移动 APP 最低接入规范：(1)支持市民数字阅读平台用户统一认证，对于调整至资源阅读页的读者进行用户身份认证。(2)支持从市民数字阅读客户端跳转并打开阅读客户端进行阅读。

然而,这两种方式均有一定的局限性和不足之处。为此,如图 6-10 所示,我们推荐一种最优接入规范,目的是为了解决 HTML5 网页无法离线阅读,移动 APP 跳转需要安装多个应用的问题。采用的方法是在上海图书馆市民数字阅读 APP 中整合相应的阅读模块。在这种模式下,除对应的元数据外,需要资源提供商将原有 HTML5 网站方式的阅读器打包为支持离线下载的阅读模块,嵌入市民数字阅读 APP 中。即加密解密数据保存与获取均由资源提供商的程序模块完成,上海图书馆市民数字阅读 APP 仅负责集成和调用不同的资源提供商的阅读模块实现全文浏览。

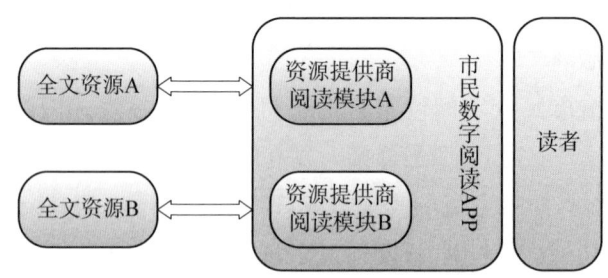

图 6-10　市民数字阅读 APP 整合方式

三　上海图书馆市民数字阅读平台接入通用基础规范

上海图书馆市民数字阅读平台的接入,由于阅读模块为不同内容提供商进行维护和管理,因此需要提供相应的统计和日志功能。

这些功能包括:(1)独立的、可供市民数字阅读平台管理员使用的后台管理界面。(2)管理界面支持实时统计数据的查询和明细内容导出。(3)管理界面支持用户使用情况的日志查询。(4)支持批量全部或部分导出相关的统计与日志信息数据,用于二次分析。

对于希望使用数字阅读平台的应用,也需满足一定的接入规范即可便捷接入。

需要集成并接入上海图书馆市民数字阅读平台的应用,可以通过上海图书馆市民数字阅读平台提供的代登录接口直接跳转至市民数字阅读门户,发现、浏览并阅读全文。

对于 PC/PAD 版,我们推荐的接入方式为集成市民数字阅读平台统一用户认证,并通过市民数字阅读平台提供的单点登录接口登录市民数字阅读平台。

对于手机版 HTML5 网站方式,我们推荐接入规范为:(1)集成市民数字阅读平台统一用户认证。(2)通过市民数字阅读平台单点登录接口跳转至市民数字阅读手机版。

对于移动 APP 方式的接入规范为:(1)集成市民数字阅读平台统一用户认证。(2)与上海图书馆"市民数字阅读推广计划"项目技术组协商,通过应用间跳转的方式,打开市民数字阅读客户端。

第 3 节　基于开源软件的图书馆电子书平台构建

随着电子书和数字阅读技术的发展和普及,电子书服务成为图书馆服务重要组成部分。上海图书馆在数字阅读服务方面做了许多尝试,从电子书阅读器外借服务到"市民数字阅读"这一基于元数据整合的数字资源阅读平台;再到数字阅读 APP、"上图爱悦读"数字阅读自助借阅机以及基于 HTML5 的"微阅读"微站。[①] 这一发展历程,在用户体验方面有着良好的发展。然而,在阅读平台对上游资源的获取和利用始终成为一个很大的难题。大多数资源格式不统一,还有些是基于版式的图片阅读。多家厂商的阅读器和 APP 资源不互通,无法跨品牌使用。资源服务的可持续性和运维成本高。通过研究和尝试了一些典型的电子书商业模式如"图书馆所有,图书馆管理"、自出版、读者驱动采购、开放电子书借阅等[②],上海图书馆选择了"图书馆所有,图书馆管理"的模式,尝试通过采购 EPUB 电子书、加工 EPUB 格式电子书来解决上述诸多问题。由于 EPUB 格式的图书为电子书裸数据,因此除对电子书进行借阅和流通管理以外,还需要在前后端整个过程实现对电子书的 DRM 管理和保护。为此,上海图书馆借鉴国内外经验,尝试利用开源软件构建了一套开源的电子书平台。

上海图书馆的市民数字阅读平台目前是基于元数据整合的图书馆电子书阅读平台,在数字阅读成为一种不可逆转的趋势的当下,图书馆压力与挑战并存。

---

① 段宇锋,熊泽泉.上海图书馆市民数字阅读计划[J].图书馆杂志,2018,37(1):34—40.
② 陈大庆.国外电子图书发展述评及未来展望[J].图书馆杂志,2014,33(5):84—91.

图书馆自己建设电子书阅读平台只是当前数字阅读发展的过渡方案[①]，目前国内并没有出现如 Overdrive 这样的第三方服务提供商专为图书馆服务。因此，利用开源软件构建一个新的电子书平台以解决内容质量、版权问题和阅读体验在内的诸多问题成为上海图书馆的破局之道。

一个成熟的电子书平台如同一幢办公楼，数字版权管理系统是其地基和框架，没有版权保护系统保障电子书安全，电子书平台将没有意义。而大楼的每个房间就是一个个面向不同用户的阅读终端，电子书的格式则是不同房间的服务员。显然，办公楼的外观样式和房间布局可以各不相同，我们无须完全要求统一。而各个房间的服务员我们却可以通过一定的标准来规范（如 EPUB 标准），以达到无论哪个房间都可提供同样的服务。

然而，EPUB 标准在图书馆的应用中也存在着诸多问题，包括各资源提供商的积极性不高、格式转换成本较高、加工标准和精度不统一等问题。为此，上海图书馆在采购 EPUB 电子书的同时，针对 EPUB 电子书进行了多种规则的质量检测和格式校验，确保 EPUB 电子书的兼容性和体验。

在国内，相关的电子书平台种类丰富，如陈桐利等[②]对比了包括电商平台、运营商平台、内容商平台、社交网站平台和图书馆自建平台这五种类型的数字阅读平台，分别从目标与定位、资费标准、功能和内容资源四个方面对上述平台进行了概述。在定位上，各平台有自身的用户群，并有差异化竞争的策略。在资费标准上，除图书馆以外，各电子书平台都采取免费和收费结合的运营模式。在平台功能上，体验良好的阅读服务是各平台的重要关注点。而在内容商方面，大部分平台的内容重合度较高，质量参差不齐。然而，目前国内的电子书服务依然是百花齐放，没有一家电子书服务商可以独立满足读者的阅读需求；同时也因为这一原因，图书馆对读者提供的电子书服务无法做到统一的用户体验、统一的跨平台检索和版权控制等。

在国外，相关的电子书平台有 Overdrive 公司这样的电子书和数字媒体传播商的自建平台，同时也有一些图书馆自行研发的自建平台，比如"Library

---

① 张磊. 基于元数据整合的图书馆电子书阅读平台[J]. 图书馆杂志，2015，34(11)：13—17.
② 陈桐利，倪洁. 国内数字阅读平台比较研究[J]. 大学图书情报学刊，2017，35(2)：23—28.

Simplified"[①]平台。Library Simplified 联盟是由纽约公共图书馆在内的多家图书馆、公司、非营利组织合作的一个开源社区。而 Library Simplified 平台是一个包含中间件、服务器软件和移动客户端软件 SimpleE(iOS、安卓)的集合平台。这一平台的设计目标就是为用户提供统一的电子书或其他资源的借阅体验,摆脱长期以来图书馆因采购不同电子资源而不得不让用户安装各资源商自建的 APP 的困扰。该平台还可以同图书馆的集成平台如 ILS、OPAC 系统和认证系统等集成,与一些电子书服务商和分发商进行对接,包括 Overdrive、Access 360 和 bibliotheca cloudLibrary 等。平台资源采用 EPUB3.0、EPUB2.0 标准作为服务格式,通过多种 DRM 系统来帮助解决版权保护问题。更为重要的是,在这一平台建立之初,服务器端的各类软件就通过开源形式向所有图书馆和开发人员公开共享。同时,相关的 EPUB 阅读器和 DRM 软件也可以通过非营利性授权的方式供图书馆来使用。

综合上述各类平台的优缺点,上海图书馆采用 Library Simplified 平台相关软件,并基于国内电子书服务的特点和差异性,通过修改开源代码、自建组件和集成第三方解决方案等多种方式,构建了上海图书馆电子书服务新平台。

通过相关资料检索和调研并基于上海图书馆电子书服务现状,我们制定了如下建设目标和原则,以便在平台建设中更好地开展工作。

(1) 资源方面:目前国内的电子书资源依然存在格式的差异和无法脱离平台使用的特点。为此,新平台只针对能提供 EPUB 标准电子书的图书进行采购和入库与服务,不再单独针对元数据进行整合,以保障读者的阅读体验。

(2) 元数据方面:在以往的工作经验中,由于元数据需要资源商单独提供,经常发生数据缺漏、格式错位、内容差错等各种情况。且进行元数据的维护管理需要较多的人工参与,延长了电子书从采购到上架服务的周期。因此,上海图书馆直接通过解析 EPUB 格式电子书的内容,自动抽取相关图书馆的元数据,包括 EPUB 电子书中包含的封面,以降低人工工作量,提升上架效率。同时,在 EPUB 电子书解析和抽取元数据中发现的格式和其他错误,将会退回至资源商处进行再加工和修复。

(3) 后台架构:平台需要整合最新的技术架构,并适用于微服务的相关理

---

① Library Simplified. Library Simplified-The library e-reading solution [EB/OL]. [2024-03-13]. https://librarysimplified.org/.

念,以便在未来具备良好的可扩展性。

（4）前端阅读器:为了保证良好的阅读体验,需要采用一款对EPUB3.0格式支持良好的开源EPUB阅读器作为核心,以便图书馆在后续能保证对读者提供服务的可持续性和一致性。

（5）DRM软件:采用开源的、免费或少量收费的DRM软件来管理电子书的服务。

（6）电子书复本与流通:因上海图书馆采购的都是电子书裸数据且没有复本限制,目前平台需要支持对电子书的借阅管理,并在架构设计中包含电子书复本管理的功能,以便在未来采购有限复本电子书时能快速上线相关模块功能。

如图6-11所示,电子书平台主要内容包含了电子书服务的整个业务流程。其中,最主要的几个部分如下。

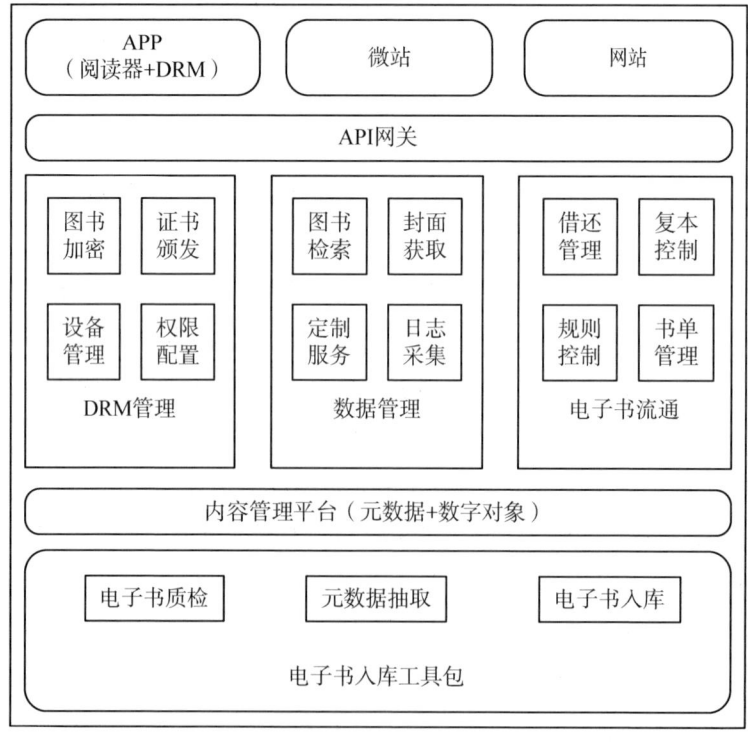

图6-11 平台总体架构图

电子书入库工具包:电子书入库工具包是将EPUB等格式电子书进行解析入库的程序集合。其主要包括以下组成部分。

（1）电子书的质检工具（基于开源软件定制）：通过集成开源软件的 EPUB 校验工具校验电子书是否满足 EPUB 标准格式。同时有针对性地校验电子书是否包含足够的元数据信息等。

（2）元数据抽取工具（自研）：将电子书中的元数据信息进行解析和采集，或适配第三方的数据源和 API 接口自动收割所需要的元数据信息。

（3）电子书入库工具（自研）：在 EPUB 正式提供服务之前，对 EPUB 文件进行预处理，再将其导入内容管理平台进行管理。通过这一步骤将会处理一些虽然符合 EPUB 标准但影响用户体验的内容，如将 EPUB 文件中过大的插图和配图进行压缩以减少内容加载的等待时间。

（4）内容管理平台（自研）：内容管理平台是图书馆的一个基础平台设施，通过内容管理平台，统一管理图书馆的各类电子资源与元数据。包括 EPUB 电子书在内。

（5）DRM 管理（开源软件）：DRM 管理系统是电子书平台的重要组成部分，其包括前端客户端中的 DRM 模块，后端的文件加密、证书分发、用户鉴权、设备管理、权限管理等诸多组件。

（6）数据管理（自研）：数据管理系统是一个较宽泛的概念，包含了对外提供的元数据揭示等服务以及对内的系统日志和相关数据采集。同时，也包含了用户的业务数据服务，如：书签、笔记、阅读进度等数据。

（7）电子书流通管理（开源软件）：电子书流通管理着眼于电子书的借还管理和复本控制，管理电子书的上架和下架，以及前端客户端所展示的各类图书推荐、分类展示的图书列表的管理功能。

（8）电子书阅读客户端（基于开源软件定制）：以前端的电子书阅读 APP 为例，通过整合 DRM 模块和开源的 EPUB 阅读器组件进行了本地化的定制和优化，为读者提供良好的用户体验。

通过调研和分析许多商业阅读平台和图书馆的阅读平台，并结合上海图书馆多年以来的电子书服务平台的相关经验，我们认为，一个电子书平台的基础竞争力主要取决于电子书版权管理、电子书借阅流通管理和平台相关数据的管理这三大内容。只有这三大内容功能完善强大，才能为终端阅读器提供良好的支持。本章节将主要针对这三大内容分别进行更进一步的说明。

在平台的设计中，DRM 的选型是最重要的一个部分。通过对比研究和实际测试，最终选择了 Readium 的 LCP(Licensed Content Protection)解决方案。其主要优势有如下几个方面。

（1）开源：其全部组件都进行了开源，可以在此基础上方便地进行二次开发和改造适配。

（2）对非营利机构免费：不收取昂贵的使用费，仅支付每年签发数字证书的服务费即可，对于经费和预算相对较少的图书馆非常友好。

（3）支持图书馆的借还模式：支持电子书的借阅、续借和归还操作。可以很便捷地进行扩展并与图书馆系统进行整合。

（4）与 EPUB 图书契合程度高：该 DRM 方案是基于 EPUB 格式电子书而设计的，对 EPUB 电子书的适配和支持非常优秀。

（5）技术门槛较低：没有复杂的配置和安装步骤，通过少量的步骤即可运行一个测试系统。

电子书版权管理组件的总体架构如图 6-12 所示，虚线框部分为自主研发和集成模块，实线框为现有模块。LCP 的现有模块负责完成 EPUB 文件的加密存储，并根据预先配置的电子书的借阅对象、借阅规则等约束条件，生成相应的证书。只有当客户端接收到加密的电子书、证书并验证证书合法性后，才能成功打开并浏览电子书的内容。上海图书馆平台则在这一基础功能上进行了进一步增强，主要包括开发统一业务网关，进行借阅规则管理、复本管理与发布管理等一系列内容。

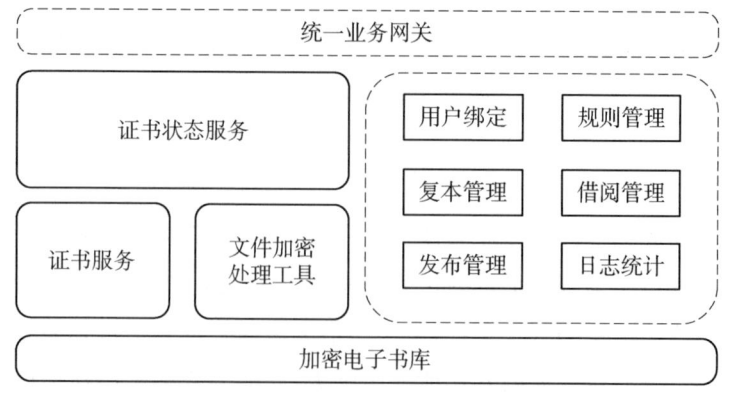

图 6-12　电子书版权保护 DRM 组件架构图

由于 DRM 系统是开源软件，因此我们在选型前期就充分评估系统的安全性和成熟度。通过开源平台与开发机构负责人取得联系，在充分了解和交流之后才开始进入实际开发过程。并随时与开源平台的技术人员进行沟通，极大地提升了项目开发效率。在开发过程中碰到的问题通过开源平台反馈给对方，也促使对方对技术文档和资料进行了修正和完善，使得其他后来者更好地进行开发。

上海图书馆电子书平台是基于 Library Simplified 的服务端模块组件的。Library Simplified 的平台组件包括服务端必备组件和可选组件两部分。其中服务端必备组件包括服务端核心、流通管理。可选组件包括开放获取内容服务器、元数据收割工具、测试读者证生成工具。

因上海图书馆没有开放获取的相关电子书和元数据，而对电子书元数据的收割方式也与国外不同，我们去除了所有的可选组件，而仅保留服务端必备组件。

如表 6-4 所示，在电子书流通管理组件中，有诸多特色功能与模块，其中一部分不适国内使用或暂时无须进行使用。为此，在考虑未来的软件可升级性上，尽可能少改动软件的源代码，而采用挂接、插件等方式，成为一个重要的原则。

表 6-4　电子书流通管理组件定制策略表

功能名称	Library Simplified 功能适配情况	上海图书馆定制升级方案
图书馆配置	支持在平台配置多个图书馆的基本信息、主题、资源等	直接使用
管理员配置	支持后台配置管理员账号和密码	直接使用
馆藏配置	支持配置支持开放式出版发布系统（OPDS）协议的各类电子书资源	直接使用
管理员认证方式配置	支持包括 Google OAuth 等在内的不同第三方账号配置集成，不兼容国内的各主流平台账号认证	屏蔽该模块入口
读者认证方式配置	支持各种不同协议的读者认证模式，但不支持上海图书馆使用的模式	屏蔽该模块入口，对接上海图书馆用户认证接口
站点全局设置	支持对于站点相关内容的配置，包括缓存有效时间等	直接使用
日志配置	支持配置平台的日志服务	屏蔽该模块入口

续　表

功能名称	Library Simplified 功能适配情况	上海图书馆定制升级方案
元数据配置	支持对接纽约公共图书馆等各类 API	屏蔽该模块入口,对接上海图书馆相关接口
统计分析配置	支持谷歌分析等统计分析平台,不支持国内的各大统计分析平台	屏蔽该模块入口
内容分发网络（CDN）配置	支持各类 CDN 协议,但上海图书馆业务暂无 CDN 需求	保留该模块,后续进行对接
检索服务配置	支持配置 ElasticSearch 等多种功能检索服务	保留该模块,后续进行对接
存储服务配置	支持配置多种云存储服务,如 Amazon S3 等,但不支持国内的云服务商	屏蔽该模块入口
发现配置	支持选择不同的协议并配置并生成发现服务	保留该模块,后续进行对接

图书馆、管理员、馆藏配置等一系列的配置可以直接进行使用。而管理员和读者认证方式、日志与元数据配置等则进行了屏蔽模块入口的处理。剩余包括 CDN、检索、发现等服务配置则在后续的平台构建中根据实际情况进行利用。

电子书数据管理组件是完全由上海图书馆自主研发和实施的组件模块,其主要功能是支持上海图书馆现阶段和未来的个性化电子书服务需求。目前阶段主要由图书检索、封面服务、日志采集、个性化定制等服务组成。

由于国外的电子书元数据和分类等与国内完全不同,因此在与国外开发人员沟通后,我们认为电子书数据管理组件需要根据上海图书馆的实际情况进行定制。电子书数据管理组件在总体上沿用了上海图书馆老平台的主要功能和服务内容,并进行了进一步梳理、归纳和重构,以适应新的业务需要。

图书检索主要是为读者提供便捷的图书发现和分面浏览功能。通过后台定制的检索引擎提供实时的图书信息检索,并支持多种不同的方式获取图书的详情信息。如"随便看看",每次调用接口随机返回多本图书的信息,使得读者能更容易地发现电子书。

封面服务主要是为读者提供图书封面的服务,通过对电子书内容的解析和处理,将电子书中的高清封面图书抽取,并进行展示。这一服务主要用于替代传统的通过豆瓣网封面 API 等方式获取的图书封面，从而解决封面图片无法显示、分辨率低和有差错的问题。

日志采集服务是通过在读者阅读的不同环节，采用"埋点"方式采集相关的阅读日志或服务日志。通过这一方式，旨在尽可能使得日志采集覆盖服务的全流程，并尽可能不影响用户体验和系统的响应时间。

个性化定制服务则是根据一线服务部门的业务需求，用于开发响应的功能，来支持阅读推广或提升阅读体验。其中，一个典型的个性化定制服务是"阅读彩蛋"。阅读彩蛋是通过在读者阅读电子书过程中随机触发彩蛋，展示彩蛋页面，在彩蛋页面中可以是奖品、虚拟的服务、祝福话语等，配合相关的活动和节日来提升读者的阅读意愿。由于彩蛋是一个随机触发的事件，因此只能通过个性化定制方式来提供服务并按需进行配置和挂接在页面上。

上海图书馆在多年的数字阅读平台及相关系统的开发过程中，积累了许多项目经验，因此，在引进开源电子书平台及软件过程中，除了基于功能因素的考量，平台相关技术与实现方式也是一个重要的考量。在进行软件开发交付的过程中，图书馆因技术能力有限，通常无法做到软件的持续交付、频繁的需求处理和架构变更。且软件一旦交付，开发与运维是割裂的。在平台运行一段时间后经常引发各种问题。

我们认为一个软件平台的技术实施主要有开发技术栈、整体架构与设计思想、持续改进与运维能力等一些必要的考量维度。

技术栈是一个来源于 IT 行业的术语，简单来说是各类技术、能力的集合，对这一集合的掌握和利用能帮助完成一个特定的软件或者系统的开发。在开源软件和平台的开发之前，上海图书馆就针对相关的技术栈进行了深入的调研和分析，具体如表 6-5 所示。

表 6-5 电子书平台技术栈规划表

类型	选型	说明
开发语言	Python、Go、Java	Python 用于相关工具的开发。
		部分开源平台采用 Go、Python 为服务器端。
		Java 为上图技术人员主要开发语言。

续 表

类型	选型	说明
版本控制与协作	Git、Gitee	代码采用 Git 进行管理,通过 Gitee 提供的免费服务进行协作开发。
容器平台	Docker、阿里云	根据需要使用政务云平台或商业云平台。
自动化构建测试	Maven、JMeter	技术人员的主要开发、测试工具。
持续集成交付	Jenkins、TravisCI	在项目开发初期,为了避免集成太多组件造成的额外开销。这些内容在项目规模提升后按需逐步集成。
运维配置管理	Ansible	—
微服务管理平台	Kubernetes	—
日志管理	Logstash	—
监控警告分析	Kibana	—

通过技术栈的选型,可以为我们集成开源软件和平台时提供取舍依据。根据实践,主要有如下几点原则:

(1) 不熟悉或者尚未成熟的技术不使用。

(2) 首选技术人员熟悉的平台或者软件,以避免额外的成本开销。

(3) 对于运维和技术人员不熟悉的平台或环境尽量不采用。除非是开源平台的核心或必要功能模块。

目前,微服务架构是 IT 行业的最新架构,而微服务架构的其中一个最主要的思想就是开发运维一体化即 DevOps。根据这一实践,我们认为图书馆电子书平台也应当与主流架构和思想保持同步。目前上海图书馆集成的开源软件均支持微服务架构,可以便捷地部署集成到不同图书馆的平台和系统中去。

上海图书馆在构建新电子书平台之前,也已经完成了对于自身部分业务系统的微服务化改造。通过微服务化的改造,所有的业务功能通过统一的 API 业务网关对外提供访问调用。通过重新设计和重构,使得新的应用接口符合微服务的规范,极大地简化了平台不同组件和模块之间的整合与集成复杂度,并降低了成本。

一个好的软件平台或者系统,应当可以适应用户的需求,并根据需求的变更以快速、低成本的方式进行升级和扩展。

在上海图书馆构建的平台中,这一持续改进与运维能力主要体现在如下几个方面。

采用了 OPDS 协议作为不同数据源电子书发布和收割的标准。通过 OPDS 协议,可以方便地将平台数据发布成 OPDS 源供第三方进行调用,同时也可以方便地集成第三方的数据进行统一展示和处理。

采用 REST 风格提供软件功能接口。REST 定义了一组体系架构原则,根据这些原则设计相关服务将会使得平台更容易进行升级和扩展。

采用 JSON 这一轻量级的数据交换格式。JSON 格式是一种轻量级的数据交换格式。它采用引号括号组合的文本格式来存储和表示数据。简洁和清晰的层次结构使得 JSON 成为理想的数据交换语言,易于人阅读和编写,同时也易于机器解析和生成,并有效地提升网络传输效率。

图书馆电子书平台的构建是一个涉及电子书产业上下游的系统工程。上游受到电子书资源格式和版权与服务等诸多限制,下游又必须为读者提供尽可能完善、体验统一和完整的电子书服务。

对于商业平台来说,因为有很强的技术实力和资源投入,商业平台一般都可以打造一致的用户体验。对图书馆来说也可以即买即用,无需考虑运维等一些问题,非常便捷。而用户使用成本较高(如需要安装单独的阅读 APP 或需要使用 VPN 等工具)、授权服务模式大多比较传统(如馆内 IP 访问等)也是无法回避的重要问题。

对于自建平台来说:利用技术手段支持跨平台的聚合检索使得自建平台有比较良好的用户体验。而因为图书馆技术实力较弱,存在图书馆独立进行平台技术开发的门槛较高、开发周期长,同时还需要依赖商业平台开放接口支持等问题。

对于商业平台来说,其拥有成熟的运维和技术支持,包括在运营方面一般也有充足的人员进行运作。包括拥有完善的配套服务等优势都是图书馆自建平台所无法比拟的。

图书馆自建平台在运营、运维等环节都需要长期、持续的各类资源的投入,而当这些投入受限后可能就无法很好地持续,导致平台升级周期延长或体验变差。

商业平台的资源内容与格式一般不对外公开，其平台用户也是基于平台进行受限的阅读，平台的资源无法满足全部读者的喜好。通常情况下，不同的平台可能提供版式阅读和流式阅读或两者兼有的方案。且由于版权等限制条件约束，一般不能支持其他平台厂商或其他类型资源的使用。

而自建平台则不同，自建平台是基于一种或者多种主流和通用格式而构建的，如电子书的EPUB2.0、EPUB3.0标准等，辅助配套的DRM系统进行管理和控制。正因为这种方式，也使得图书馆利用自建平台来支持一些诸如公版电子书的阅读服务。同时，自建平台支持接入不同商业平台资源，为用户提供更丰富的资源。

商业平台一般较为保守，受制于版权限制，一般均需要带平台的阅读方案。开放性较差。同时，国内商业平台相较国外平台也缺少诸如开发者平台、第三方开放接口等业务。

作为对比，自建平台只要遵循一定的规范标准，或集成一些通用的架构模块，一般都可以方便地提供可供二次开发的开放接口。其与图书馆业务契合度也更高，如直接支持图书馆认证等基础功能。因此，自建平台相比之下就能更好地支持个性化需求，包括公版电子书、阅读推广活动以及图书馆各种不同平台和终端的阅读相关服务支持。

综合上述的利弊，自建平台能最大限度地兼顾用户体验与资源，上海图书馆在积累了多年服务经验后，选择了自建平台的方案。

我们认为商业平台在未来仍然是主流，自建平台是商业平台的一个补充。国内图书电子书服务将会有两个不同的发展方向：对于一些规模和预算较小的图书馆来说，选择一家市场占有率较高、服务完善、内容体验较好的电子书集成服务商是一种适合的模式。而对于一些规模和预算较丰富的图书馆来说，选择一家电子书服务商无法满足读者需求，而选择多家电子书服务商又存在用户体验差的问题，自建或加盟一个图书馆电子书平台联盟将成为一种适合的模式。

采用自建平台虽然存在着种种好处，但也有一些弊端，这些弊端主要集中在技术相关的各方面上。上海图书馆采用开源软件进行电子书平台的构建正是为了突破这一系列问题而寻找的一条破局之路。通过集成国外开源的电子书平台软件,能够让上图在电子书服务平台的建设上缩短建设周期,简化部分设计,将研发精力和有限的经费投入最需要的环节和流程中去。

在当下,开源软件的利用利大于弊。且在国内各大电子书服务商依然依托各自的阅读平台提供服务的当下,开源即是一种进步。

图书馆通过资源采购推动商业平台开放数据接口和服务,通过自建平台建立同等甚至超越商业平台的全流程版权保护能力,来打消出版社及资源商的顾虑,通过良好的阅读体验促使商业平台加快平台迭代升级,形成一个良性循环。

当图书馆自建平台逐步走向成熟或开源化,未来商业平台和自建平台一定是一个相互补充协作共生的关系。同时,通过图书馆自建平台的发展和服务效果的提升,能够进一步推动各上游出版社和服务商的内容进一步规范化,阅读平台功能服务开放化、统一化,最终为图书馆读者提供最好的阅读体验。

访谈

专业图书馆员——黄崇甄

黄崇甄,上海图书馆读者服务中心参考咨询员,新媒体服务推广部新阅读体验阅览室负责人,2013年开始从事电子书阅读器外借服务、电子书阅读平台"微阅读"建设、"微阅读"平台资源建设,2014年开始从事上海图书馆新媒体服务工作,运营微信"上海图书馆"服务号、微信"上海图书馆信使"订阅号、微博号"上海图书馆信使"等公共信息平台。具有丰富的"融媒体"时代图书馆一线服务经验。

(访谈时间:2019年2月3日)

提问:国内的数字出版与欧美的数字出版环境有相当大的不同,欧美国家对应于传统纸书的电子书市场发展相对成熟,而我们在网络媒体、数字媒体甚至社交媒体方面都有很大的特点甚至是优势,您觉得这样的差异会对图书馆的电子书服务产生什么影响?

黄崇甄:确实,国内的数字出版环境与欧美的有很大的不同。打个比方说,正如我们很多地区是跨过了"固定电话"时代直接跨入了"移动电话"的时代,我们有很多读者没有经历过"电子书阅读器"的时代就直接跨入了"手机阅读"的时代。

这种现状导致在电子书服务策略上,我们不得不做出两种截然不同的服务来应对读者群体:电子书阅读器读者和手机阅读读者,或者说,希望用电子设备读电子化纸书的读者和需要阅读原生电子书作品的读者。

国内第一次出现电子阅读的爆发式增长,并不是出现在电子书阅读器的普及发展后,也不是出现在出版商大规模将纸书电子化和纸电同步的时候,而是出现在 PC 端,在 21 世纪初期,全民普及上网之后,大量网络文学的爆发式增长直接催生了我国的第一次电子阅读浪潮,阅读内容生产者和阅读内容受众,绕开了"出版社"这样一个传统阅读的关键机构,通过互联网的直接握手,开始了野蛮生长。

对于这样一个情况,上海图书馆还是有所察觉的,当时我们引入了一批以网络文学为主要内容来源的电子书阅读器——当时的盛大"锦书"电子书阅读器,后来发现这批设备并不能被当时主流读者群体接受,从读者当时反馈的原因来看,主流读者群体并不认可"网络文学"这类作品为"书",觉得它们不应该登入图书馆的"大雅之堂"。传统读者群体和新兴读者群体就这个问题在图书馆这个平台发生了碰撞。时至今日,电子书阅读器的读者包容度越来越宽广的今天,依然有读者提出"你这个阅读器里名著能不能多一点,网络文学的东西少一点"的要求。

随着时间的推移,网络文学在大众中的接受度客观讲是越来越高的,而且移动阅读中,特别是手机阅读的部分,网络文学还是占了大多数。碎片化的写作外加碎片化的阅读,刚好符合当下读者的需求。在这样一个背景下,上图引入了第二代附带"网络文学"的电子书阅读器——"QQ 阅读器",以 QQ 阅读作为在线资源给读者提供服务,其中就有相当一部分的免费网络文学。这批设备在读者中的接受度明显比上一代的"锦书"要高不少,而且能更广泛地适应不同的读者群体,寻求一个"最大公约数"。由此可见,我们在电子书服务这样一个看似统一的业务上,实际上需要应对的是两种截然不同的读者群体。

但是,我们在服务上需要共同面临的一个问题,还是资源的来源问题。欧美一些国家基本上已经把电子书出版和纸书出版放在一个几乎相等的位置上了,可以说有没有"纸"这个载体已经不那么重要了。而在我国,很多人,特别是一些年龄比较大的读者,他们对"纸"这个载体还是有特殊的情怀的。因此,尽管我国的出版行业近几年在电子书的出版上已经有了很大的投入,但是从根本上,他们还是以传统纸质书出版为重,电子书依然是在天平的另外一端。同时,希望图书馆能提供一些并非由出版社出版,但是有正规途径的网络电子书连载内容的声音越来越多,亟待一个有资质的平台来完成内容审核、内容发布,但这个平台不应该是传统意义上的出版社。

提问：您认为在国内市场有哪些成熟的国内外图书馆电子书服务供应商？包括集成商、出版商。在提供的资源内容的品种的学科分布、新书比例、纸电同步等方面，您觉得供应商提供的内容如何能更好地适配图书馆服务？可以对您觉得好的图书馆电子书服务供应商进行举例说明。

黄崇甄：我觉得一个理想状态的电子书服务供应商应当具备如下几个特点：清晰的版权、及时更新的资源、灵活的服务策略、方便嵌入既有的平台接口和良好的用户体验。当然版权清晰是当下电子书服务的一个大前提。

近几年我们使用下来，感觉比较友好的电子书服务商，国外的比如Overdrive，它的所有电子书都是直接对接出版商，版权上不会出现问题；它能满足图书馆对资源更新速度上的要求；也符合图书馆使用需求的服务策略，可以按次计费，可以按时段计费，也可以有部分永久资源；它的资源还可以整合到KOBO电子书阅读器平台。但由于政策因素，KOBO电子书阅读器目前国内尚未正式引进，而且由于其主服务器在境外，时常会受网络因素的影响而导致用户体验不佳。但这些依旧无法掩盖它是一家优秀的电子书服务商。

相比之下，国内的电子书服务商就相对比较不成熟。举个例子，有个别国内电子书厂商，虽然它们的很多书更新也够及时，总量也比较大，但由于这些资源的来源问题，版权问题就一直无法得到有效解决。

提问：与纸书不同，电子书有许多不同的内容形态。例如与传统纸书相应的纯文本电子书，以多媒体为主被称为增强型的电子书，有可以交互的电子书，有目前很热的只有音频的有声书（Audio Book）等，您觉得哪个内容形态会成为未来数字阅读的重点？目前在图书馆服务中哪种电子书效果更好？

黄崇甄：就目前受欢迎程度来看，有伴读的电子书会更受读者喜爱一些，它既不是单纯的有声书，也不是纯文本的电子书，而是将两者结合在一起的一种载体，它可以比较讨巧地迎合绝大多数读者的需求。基本上所有的读者都可以在这类电子书上找到各自所需要的部分：老人或者不想费神来阅读的读者可以单纯用来听书，减轻视觉上的压力；小孩或者一些希望提升自己英语阅读能力的读者可以通过自带的准确发音更好地掌握书里文字部分的内容，这样也可以降低一些比较难通读的名著原著的门槛；而其他读者则可以在各自期望的方面能有一种更多的选择，比如在听书的时候有个字幕可以帮着看，在读文字比较累的时候可以用听觉来代替视觉的疲劳。但是这类图书目前并不多,只有在个别平台上看到过类似的服务。目前国内很多常见的服务商大部分还是停留在单纯的文字或者单纯的音频上。

提问:图书馆电子书服务目前主要有三种方式,一种是直接购买使用商业电子书平台,如超星、Overdrive 等;另一种是基于元数据整合的资源发现系统服务,如我馆"市民数字阅读平台"的尝试;或者是自建电子书平台,如纽约公共图书馆的"Library Simplified"平台。在具体的服务过程中,您觉得哪种方式在管理与服务方面更适合图书馆?可以以您觉得好的图书馆电子书服务平台为例说明。

黄崇甄:我觉得这几种方式其实是各有千秋,没有所谓更好的,只有在不同规模和不同阶段更适合自己馆的服务方式。

在电子书服务刚刚起步的阶段,或者说受众群体和馆藏资源都比较小的阶段,采用直接购买商业电子书平台无疑是一种很明智的选择,可以完成一个"从无到有"的过程,然后在后续使用的过程中,可以进一步发现这种模式的短板,找到未来更适合这个馆、这个受众群体的发展模式和方向。

自建的电子书平台,这个一般馆其实是做不了的,这里面涉及了两个方面的问题。首先是需要有强大的技术力量支撑,这里除需要将馆藏的图书电子化以外,还要确保这些电子书都能在一个合理的范围内被使用,而不是被滥用。这样也就引发了第二个问题,这些图书的版权方授权的问题。国内曾经有公司做过规模化的图书数字化。他们的第一批图书的原始积累,就是来自全国各个图书馆的书库,但是他们仅仅做到了将图书数字化,但怎么保护、怎么授权,他们足足花了近 20 年来解决这些问题,并且还是没有真正解决。我认为,自建电子书平台是图书馆电子书服务的一个终极形态,真正符合图书馆各方面的需求,但这过程中需要持续性投入的人力、物力、财力太大了,或许在将来可以由某个图书馆界的联盟来完成这项长远的工作。

资源发现系统可以认为是上述两者的结合,是一个妥协的产物,当馆购的数据库越来越多的时候的一个必然产物。它带来的好处显而易见,把各个馆购的电子书数据库资源通过元数据的形式关联起来,让读者可以一站式完成基础检索和使用。但其缺点也非常明显,受各个资源提供商的政策限制和元数据提供的限制会比较大。除各个数据库内容提供商之间策略互相打架外,本身平台的兼容性也往往会受到较大的挑战。

目前在服务过程中,我们的微阅读平台是比较符合我们当前预期的,与资源发现不同的是,微阅读平台要求资源提供方提供的不仅仅是元数据,而是更深层次的裸数据,这需要双方更进一步的信任关系才可以实现,在平台的归类上更接近于一个自建平台,只不过数据来源不是我们图书馆本身,而是合作第三方。

提问:电子书的阅读终端包括传统的电脑、移动与其他多媒体终端等。移动终端包括电子书阅读器、平板电脑、手机等。当初,很多图书馆都推出了电子书移动终端外借服务。我馆就进行了阅读终端外借、体验服务,但外借数量有逐年下降的趋势。您觉得此项服务效果是否达到预期?您觉得这项服务还需要长久延续么?在出借电子书内容的同时仍然需要出借相应的阅读终端设备吗?

黄崇甄:我觉得我们的电子书终端的服务是达到了预期的,虽然业务量在逐年减少,但需求还会长期存在。毕竟现在手机阅读相对而言更加普及,"更多的能随手取得的资源通过手机就能完成,为什么还需要额外一个设备?"我相信这会是大部分读者的答复,但当下手里拿一个电子书阅读器看书的人也在越来越多,特别是在很多年轻读者群体中出现,毕竟这些专业的设备可以提供更好的阅读体验,在阅读量比较大的情况下,对眼睛的保护方面的优势还是很明显的。

那为什么在手机阅读如此盛行的当下,我们仍然要外借电子书阅读器?从读者行为细分上来看,持有电子书阅读器的读者,我们可以更加细分他们为"阅读爱好者"的一个部分,他们的一个重要特征是"大量阅读"。这样的人群,基本上会自己持有一部电子书阅读器,而我们需要提供的仅仅是一个设备的试用和这个设备对应的后台资源的揭示,或者说,让更多的读者能够体验和了解这样一种阅读方式。因此,尽管我们的业务量逐年下降,但是我们的服务还是会长期存在。与前几年不同的是,之前很多来借设备的读者会试图长期持有阅读器,而现在来借设备的读者基本就是做个体验,方便他们后续决定购买哪一款。

最后一个问题反过来问可能更为妥当,在出借相应的设备时,是否需要提供相应的电子书内容?至少我觉得是需要的,在前台服务读者的时候,被问得最多的一个问题就是:"这里面有书吗?"可见读者对借到的电子书阅读器里面是否带电子书内容会影响到他们借设备的意愿。如果阅读器内带电子书对读者更全面了解这台阅读器和它背后的资源是有帮助的。

提问：并非所有的电子书都可以在所有设备上阅读。技术特性、操作系统（内容生态）、内容的兼容性等不同会形成不同类型的阅读终端需求和发展，目前来看，大体上有大屏的公共场所展示与阅读设备，个人桌面电脑，基于电子墨水的专用电子书阅读器以及平板电脑、手机、手表等个人移动终端等。您如何看待这些不同类型数字阅读工具的发展趋势？图书馆又该如何来选择、管理、服务以及维护这些阅读终端？

黄崇甄：设备的总体种类会减少，业务量还会继续逐年萎缩，但服务的专业化程度和精细化的要求会越来越高。

平板电脑类的电子书阅读器可能会率先退出电子书阅读器这样一个身份的竞争，因为手机可以取代其90%以上的功能。或许它会以公共信息大屏幕的方式重新加入这个环境，但其功能和定位已经完全是两回事情了。

个人桌面电脑依然会存在，但用它来专门读电子书的人会越来越少，甚至消失，它将作为一个多媒体终端长期存在。

而基于电子墨水屏的设备可能会同质化和跨界化，未来新出现的电子墨水屏阅读器外观上可能会越来越像，功能上也可能越来越接近，唯一能区分的只有一些细节和它们背后的资源；同时还将出现电子墨水屏的公告信息大屏，电子墨水屏的手机，甚至个人电脑等跨界产品，而阅读器也将不再仅限于一个封闭的环境，它们甚至可以安装第三方的APP，朝着平板电脑的方向靠拢，等等。

手机将越来越普及，手机阅读将变成一项不可或缺的阅读方式，而手机更重要的地位会是一个人的个人信息中心，衣食住行等各个方面都将跟手机密不可分。

手表等可穿戴设备将越来越个性化和功能化，它们可以是手机的延伸，承担手机上的某些功能。比如连接外部设备、承担个人计步、脉搏、体温等健康信息的收集和使用。智能眼镜同样也可能作为阅读的延伸部分，比如帮助读者将看到的文字转换成语音播放出来，将收到的语音以文字的形式显示在眼镜的显示屏幕上，等等。

但选择、管理、服务以及维护这些终端设备依然是我们服务中很重要的问题。我们会首要考虑资源建设能够满足读者群体的"最大公约数"，即内容提供商提供的资源是否具有多平台、跨设备适应的能力；其次我们会考虑继续发挥"新阅读"的职能部分，将一些具有创新元素的电子阅读设备按单台设备的模式引入，让读者有一个平台可以近距离地接触它们，体会新技术给阅读带来的变革和便利。在服务模式上，未来除了外借和体验功能，将过往存在过的电子阅读器，以历史重现的方式体现在这个阅览室里也是我们希望能看到的。对于"历史展示"的设备，我们需要应对其内部原件老化、电池损坏而引发的一系列次生问题，也是我们未来需要研究和探讨的，而外借设备和体验设备除保持外观清洁、硬件正常外，还需要保持一个软件状态的管控需求，目前我们正在尝试的 MDM 平台可以有效解决 iOS 平台设备和 Windows 平台设备的监管问题，但应用最广泛的安卓平台设备的有效监管还在探讨过程中。以后设备的维护保障我们是考虑使用自助借还设备以及其配套的后台软件来实现效率提升，工作人员可以通过自助借还机对每一台在馆设备的状态进行管控，后台调取到馆设备的状态，然后工作人员个性化处置，将能极大程度提升设备的可服务率。

提问：中国新闻出版研究院组织实施了近 20 年的全国国民阅读调查，其中变化最为显著的即是数字阅读。在 1999 年的第一次调查中数字阅读的概念在问卷中还没有体现；2014 年的调查中，数字阅读率开始超过图书阅读率；2017 年第十五次全国国民阅读调查显示的数据，我国成年人国民数字阅读方式（网络在线阅读、手机阅读、电子阅读器阅读、平板阅读等）接触率经历了将近 10 年的高速发展已达 73.3%，无论是接触率，还是接触率上升趋势，均较纸质图书阅读率更为显著。但在图书馆，电子书的借阅量的比重虽然也有所增加，但远没达到和纸质书借阅量相当的程度，国民阅读需求的变化和发展自然是图书馆服务的机遇和挑战，您对图书馆如何应对这一变化有什么看法？

黄崇甄：对于图书馆碰到的这个问题，首先我们要适应潮流，这个潮流代表了读者的流向，而读者的流向也决定了我们今后需要服务的对象，决定了我们今后发展的方向。其次我们要转型发展，当我们发现今后发展的方向和我们原本的目标有偏差的时候，转型就成为必须。最后就是面向未来，今后的目标在哪里，读者在哪里，我们就服务到哪里，这是上图一贯的宗旨和承诺。

而对于图书馆的电子书服务来说，其实这就是一个从普及化的宣传服务向专业化的个性服务转变的过程。当电子书阅读这种阅读的形态逐渐被大多数读者了解并且接受的时候，它就不再是一项图书馆的新兴业务了。而是像传统阅读一样，成为一项传统服务。特征就是，更多的读者不再需要你来告诉他（她）应该在什么样的环境下看书，用什么样的灯光，坐着还是躺着比较合适，等等；而图书馆提供的内容服务，比如图书推荐、书评选摘等内容服务会更受读者欢迎。

在这样一个前提下,图书馆的电子书服务可能会需要我们回归初心,把内容建设重新上升到第一要务。实现若干年后经过图书馆作为一个公共服务平台的努力,或许可以打破一些设备制造商、内容提供商之间的壁垒,让设备与设备之间、内容提供商之间的资源能够变得更加开放一些,或许能更快达到共赢的这样的一个美好的愿景。

正如当年的图书馆走出私人宅邸走入公众视野的时候,谁也不会想到这样一个曾经距离公众如此遥远的、私人化的一个藏书平台,会成为当下最大众最普及的一个阅读场所。因此,我们应当把握当下这个契机,用公共文化服务平台这个图书馆的本职,提升服务的能级,来适应当下发生的载体形态的变化,从而做到"读者在哪里,我们就服务到哪里"的服务口号。

虽然从数据上来看,现在读电子书的读者可能还没超过纸质书的读者,但从趋势上来说,在不久的将来,读电子书的读者与纸质书读者的总数相当是可以预期到的,所以我们还是应当提前做好准备,当这样的读者大量到来的时候,我们就能拿出跟我们馆地位相适应的内容服务来。

提问:最后我们想请问您如何看待数字阅读与传统阅读之间的关系?如何看待阅读的未来?以及图书馆如何顺应这样的未来变化?

黄崇甄:关于这个问题,我先用一个比较接近的事物作类比——胶卷摄影和数码摄影。

20世纪80年代末期,也是胶卷摄影最鼎盛的年代,公园里都有一次性的胶卷相机卖,冲洗店随处可见,当时并没有数码摄影这个概念;而90年代,第一台消费级数码相机走出实验室进入市场;2002年,诺基亚和索爱发布了具有实用意义的拍照手机;2004年,由于市场的急剧萎缩,胶卷行业的龙头——柯达宣布旗下所有35mm胶片相机(最常见的胶片相机)停产,仅保留胶卷生产项目;2008年,苹果iPhone 3G作为智能手机的标杆诞生,从此高品质摄像头作为手机的标配进入大众生活;2010年,柯达陆续关闭胶片生产线,停止胶片生产。2013年,柯达提交破产申请。

传统阅读和数字阅读可能经历的变动也会跟它类似。但两者的情况并不完全相同:纸质书的历史相比胶卷摄影要悠久得多,带来的历史沉淀也非胶卷摄影可以比拟。而且胶卷摄影的门槛和数码摄影相比高太多,两者之间的便捷性落差太大,并由此导致用户非常快速地用脚投票淘汰了前者;但传统阅读和数字阅读之间的便捷性落差似乎并没有那么大,并且前者的保有量也远大于高门槛的胶卷摄影,以至于不会在短时间内像胶卷一样出现断崖式的迭代。

而在胶卷退市已经许久的今天,依旧有大批的爱好者追随其后,并且会在将来很长一段时间内继续存在。因而即使某天数字阅读取代传统阅读成为主流,可以预见的是传统阅读还将在很大范围内长期存在,其继续作为阅读载体的存在时间或许依然很长。

基于以上的背景论述,无论是传统阅读还是数字阅读,它们都是作为知识的一种载体存在。而图书馆作为一个知识的融合体,无论是过去、现在还是将来,数字资源和传统资源两部分内容都将长期并存。因此,图书馆在服务的本质上并不需要过分强调知识载体的变化,毕竟我们提供的是知识的传递、保存服务,只是需要应对这些载体迭代带来的变革,做出相应的调整即可。

但图书馆服务对象可能会分成传统阅读读者和数字阅读读者两个截然不同的人群。但无论是传统阅读的读者还是数字阅读的读者,都是图书馆需要服务的对象,图书馆本身不需要对载体的变革过多引导和干预,客观做好相应的建设就是应对这场变革最好的手段。

当然从目前来看,我们图书馆界对这个变革的应对还是略为迟缓,无论是资源建设、人才建设乃至服务模式建设上都相应比较滞后,这也是我们目前需要努力的方向。而对于"图书馆"这样一个机构,我们或许需要多想一想,未来我们要怎样提供更适合读者需求的服务才能满足读者日益丰富的知识需求。光看"藏书量""纸质书借阅"这些指标,也许已经在不经意间落后了半个时代。

附录

电子书服务原则与最佳实践

图书馆进入数字时代,数字阅读应该是其首推的阅读形态,电子书、刊、报的"阅览"和"流通"是图书馆数字阅读服务的主要内容。

当前图书馆的数字阅读才刚刚起步,但已经遭遇到了很多困难。首先遇到的问题是相当数量的上游出版商疑虑重重,他们担心数字内容很容易挣脱载体的束缚,从而造成拷贝得不到控制,版权利益无法得到有效保障;同时基于网络的内容服务是没有地域限制的,如何划分疆域、计算成本、获取收益,也是一个需要探索的问题;其次还有技术问题,多种格式、不同平台、各类设备,使众多厂商提供的电子书难以集成,无法进行统一发现和服务。这三个方面的问题汇聚起来,使得图书馆数字阅读服务难以在短期内形成标准的业务模式,从而不利于其向新的服务形态迅速转型。

出版界对图书馆提供电子书借阅服务一直心存恐惧。他们通常认为,读者能够从图书馆借到图书,就不会去买书;读者读了电子书,就不会买纸书。这一观点显然是不成立的。事实上,借书多的读者,往往是买书多的用户。电子书与纸书的此消彼长,并不会造成总量的减少。相反,电子书由于其方便性、可获得性和性价比,而扩大了销售。

图书馆的存在天然拥有"公共出借权(PLR, Public Lending Rights)",从逻辑上来说,图书馆也应该如同出借传统纸质图书一样,提供电子书的借阅。然而,在实践中,图书馆的电子书服务受到诸多限制,涉及"利益相关者"众多,传统的产业链已被打破,新的秩序正在建立。

在电子书产业发展的大环境下,图书馆作为主要的消费者,从图书馆角度提出了电子书服务的相关原则。美国图书馆协会(American Library Association, ALA)在2012年8月发布了名为"公共图书馆电子书商业模式"(Ebook Business Models for Public Libraries)的白皮书,认为图书馆有权获得所有的电子书,有权长期拥有及保存,并且可以整合所有电子书的元数据进行服务。IFLA也在2013年2月8日发布了"IFLA图书馆电子书外借原则",提出了5个相关原则,除ALA的白皮书所提到的内容外,还包括与阅读器的通用适配要求与用户隐私的保护等。[1] 美国多所高校图书馆也在商业谈判和更多的领域,如电子书馆际互借等方面做出自己的努力和尝试。[2]

作为全国规模最大的公共图书馆,上海图书馆针对国内图书馆电子书服务存在的问题,如上游出版商对于数字内容版权利益的担心,多种格式、不同平台、各类设备导致资源无法整合的技术问题等,制定了《图书馆数字阅读服务白皮书》,上海市图书馆学会在"2013中国图书馆年会"的主题论坛"阅读的未来:生态重塑与阅读复兴"上发布。数字阅读系列白皮书,包括《图书馆电子书服务宣言:原则与最佳实践》《上海图书馆市民数字阅读平台技术接口规范》和《上海图书馆手持数字阅读终端用户评价报告》等三项内容,对图书馆开展电子书借阅服务的相关原则、服务规范和技术标准进行了较为系统的总结,为图书馆开展电子书服务提供了可借鉴的模式和标准。同时,通过电子书服务宣言,提出了七个方面的服务原则,具体包含:全面获取原则、内容独立原则、体验优先原则、性价比最优原则、隐私保护原则、长期保存原则和馆际互借原则。

图书馆电子书服务宣言:原则与最佳实践[3]

数字媒体的兴起带来人类交流方式的根本性变革,历史上恐怕只有印刷术的发明能与之相比。"电子书"是数字出版的一种阶段性的媒体类型,是当前不断涌现的众多数字媒体的一个代表。图书馆行业通过电子书服务模式的探索,可

---

[1] IFLA Principles for Library eLending [EB/OL]. https://www.ifla.org/node/7418.
[2] Joanne Percy. E-book lending: the challenges facing interlibrary loan [J]. Interlending & Document Supply, 2013, 41(2):43-47.
[3] 刘炜,谢蓉. 图书馆电子书服务宣言:原则与最佳实践[J]. 图书馆杂志,2014(2):10—13.

以更好地代表公共利益,及早参与数字出版产业生态新秩序的建立,由此拉开图书馆数字内容服务划时代变革的序幕。

业务模式

图书馆从版权方或代理人处购买资源,经过加工后向读者提供免费的借阅服务,是图书馆的基本业务模式。图书馆的购买行为,可以认为是替读者的阅读行为向版权方支付了费用。而图书馆之所以能反复借阅同一个复本,也受到版权法的保护,很多国家的版权法都规定了类似条款,被称为"首次销售原则",即版权拥有者对作品复制件的控制权在销售行为结束之后即"用尽"了,此时购买方可以不经版权人的同意,任意处置(出借、转卖或销毁)该作品复制件。

(1) 载体与内容捆绑。

纸质图书的内容与载体是不可分离的,而电子书必须通过在电子书文件中应用数字版权管理技术,实现复杂的复本控制功能,严重影响用户体验。例如,将电子书内容与平台或设备捆绑,有些出版商甚至规定了每个复本的外借次数。这些技术的采用对目前这种商务模式是一种必要的保障,但由于在控制复制权的同时也限制了内容的传播,因此对于服务模式的创新也是一种阻碍。

(2) 图书馆通过购买一定的复本数而取得相应的出借权。

与传统借阅模式一样,读者通常有借期和借阅数量的限制。复本数用完后,只有前一个读者归还之后,下一个读者才能"借阅"。基于这种复本控制模式,可以进一步发展出"动态复本"以及"用户驱动采购(Patron-Driven Acquisition, PDA)"等模式。

(3) 每个图书馆按照地域或机构组织的边界为限,向其合法读者提供服务。读者可以到图书馆或经远程登录,进行电子书的借阅。但这种限制并不适用通过馆际互借或原文传递,只能向其他图书馆的读者提供有限的服务。

上述模式可以作为图书馆开展电子书服务的一个起点,但还有很多细节,特别是图书馆行业的特殊需求,如永久保存、馆际互借等,并非所有相关各方都能够达成完全一致。目前所采取的方式都是个案解决,即图书馆与上游内容供应商或集成商分别谈判,甚至根据资源内容的不同分别谈判,签订详细的授权协议。另外各家针对电子书这种数字媒体形式都会开发一些特殊的功能,例如通过特殊插件播放特定内容,允许读者设置书签、进行批注或评论的社会性阅读功能等,这些方面都会给图书馆的技术平台和服务流程带来难以预计的复杂性,这也是需要我们通过模式的归纳总结,在业界形成共识,形成标准规范,从而减少谈判成本,促进电子书服务的快速发展。

服务原则

参考 IFLA 的《图书馆电子书借阅原则》和《IFLA 数字资源许可原则》,提出以下七个方面的服务原则:

(1) 全面获取原则。

从整个行业来看,如果图书馆不能全面拥有市场上出版的所有电子书,就无法起到基本的资源保障作用。因此,图书馆对于电子书的采购政策,不能只考虑畅销或者当前读者喜好的内容(如用户驱动采购模式采购的内容),还要考虑未来读者可能会需要的内容。从服务的角度来看,图书馆只有获取所有面向市场销售的电子书,才能保证向读者提供公平的服务。目前对图书馆获取电子书设置障碍的很多做法都是不合理的,例如在获取时间上的延迟、在价格上的歧视等。另外,图书馆对电子书的获取应该是"购买"而非"租用",如果图书馆只被允许租用某些电子书,则必须有相应条款规定,当租用一定期限之后,即可转为拥有。

(2) 内容独立原则。

电子书市场是一个开放的市场,其理想状态是所有的电子书能够独立于平台和设备,即可以在任何设备或平台上使用,但事实远不是这样。出版商出于对内容的"保护",常常采用各种捆绑方式,使用户在选择了内容的同时,也选择了格式和平台。但是图书馆作为中立的公益性机构,不可能只购买某些出版商的内容而摒弃另一些出版商。因此,图书馆在选择内容、格式或平台时,同等情况下倾向于选择更加开放、易于整合的产品。如果选择范围有限,则应尽可能在签订协议时向厂商明确,电子书的内容与应用平台或软件不得捆绑,图书馆支付的费用中哪些是购买内容,哪些是购买相关平台或服务。这样有助于图书馆明确对内容的权益,避免图书馆为同样的内容重复支付费用。图书馆所采用的应用平台应该是中立的,否则可能会影响到图书馆提供价值中立的服务。

(3) 体验优先原则。

图书馆提供的阅读服务首先是一种普遍均等的基本服务,在用户体验方面一般无法与商业服务相比。但这并不是说图书馆在这方面就无所作为。在信息无所不在的今天,图书馆的阅读服务在用户体验方面如果达不到基本的水平,就不会被读者所接受,也是没有前途的。这里的体验应包括尽可能采用能够优化用户体验的新技术,例如一站式发现、响应式网站设计、方便的用户认证、直接的内容获取以及尽可能减少版权控制(如 DRM)和管理流程给读者带来的不便等。此外,向读者直接提供电子书阅读器借阅,也可以作为提高读者体验的一种方式。另外,许多国家都通过了向特殊人群提供无障碍服务的法律,以保障各类特殊人群的阅读体验。

(4) 性价比最优原则。

电子书的直接生产成本比纸质图书低很多,且由于其复制成本几乎为零,图书馆作为大宗购买客户,每年的"馆配"金额相当巨大,应当具有一定的价格谈判优势。但目前的情况还不尽合理。图书馆购买电子书的价格常常远高于零售市场,还常常伴有各类苛刻的规定,例如不提供或延后提供畅销书,对借阅次数设限,等等。另一个问题是图书馆购买的电子书不论有没有读者借阅,都需支付一样的费用,大量的电子书可能只有少部分得到了借阅。最优性价比原则要求出版商以合理、公平的价格向图书馆提供电子书,根据品种和规模给予折扣,最终过渡到更加合理的用户驱动型购买模式和按使用情况定价的方式。

(5) 隐私保护原则。

除法律规定之外,图书馆有责任保护一切与读者个人的借阅历史或使用习惯有关的信息,不向任何第三方透露。保护个人隐私最好的方法,是从技术上做到不保存任何与读者个人活动有关的信息。但有时为更好地提供个性化服务,优化用户体验,在一定算法或服务中用到读者的个人信息可能在所难免,必须从制度上加以明确,给予保障。如果图书馆电子书服务的平台不是建立在图书馆自己的系统上,则必须采取一定的技术手段使读者的个人身份信息不被传递到服务提供商的服务器中,否则,图书馆就无法确保读者隐私不被泄露。

(6) 长期保存原则。

长期保存是图书馆特有的需求,通常不为许多内容供应商所理解,但却是图书馆为实现职能所必须坚持的。其所采购的任何资源,都要考虑长期保存的要求。因此,除一定的技术手段之外,还要考虑当权利拥有者发生变化或不再存续后是否/如何提供服务的条款。

(7) 馆际互借原则。

这也是一项图书馆特有的"行规"。任何图书馆都有责任和义务向其他馆的读者提供馆藏,目前已扩大到电子书这类数字馆藏,对于数字馆藏的馆际互借也可以认为是一种原文传递。图书馆行业的这类较为特殊的主张须与出版商进行协商,并将协商结果以协议条款形式确定下来,以免将来发生争议。一般情况下,图书馆的这类特殊服务不会大量影响到出版商的利益,但由于网络服务非常方便快捷,不排除在特定情况下会产生特别大量的服务请求,此时就应该考虑对出版商的利益给予一定的补偿。

最佳实践

很多出版商或内容集成商提供 B2C 的电子书付费阅览,目前的模式主要有包月和按章节(字数)购买两种方式。近年依托通信平台运营商的电子书订阅服务大多采取这两种方式,由于其解决了小额支付问题,在商业上取得了成功,成为国内数字阅读的主要模式。近年国外兴起了类似 Netflix 视频服务的电子书流媒体订阅服务,也是采用这种模式,颇受市场追捧,代表公司有 Oyster、e-Reatah、Scribd 等。

从读者的角度来看,图书馆也是提供阅读服务的机构,只是无需读者支付费用,而由图书馆代为支付。对出版商而言这是一种 B2B2C 的模式,即出版商向图书馆提供内容或平台,由图书馆向其读者提供阅读。能够提供这类服务的商家目前还不是很多,美国 Overdrive 公司是其中规模较大的,在全球有数万家图书馆用户。一旦图书馆向 Overdrive 公司购买了服务,包括平台的使用和维护以及通过 Overdrive 向内容出版商购买的内容,该图书馆的读者就可以通过 Overdrive 公司设立的网站(可嵌入到图书馆网站中)借阅电子书。为满足出版商对内容控制的各种规定并适应读者的不同阅读设备和软件环境的要求,Overdrive 规定了十分复杂和烦琐的借阅流程和操作过程。

在国内,图书馆电子书服务尚处在草创时期,模式尚未固定,还没有完整、成熟的商业化平台,图书馆自建平台或委托开发是当前不得已的做法,将来还是需要依靠 Overdrive 这类图书馆电子书借阅平台和服务供应商。当然,Overdrive 的模式并不完全符合上述七项原则,图书馆还需不断努力,争取更多的权益,不断更新与完善服务模式。

图书馆提供电子书服务的所有规定、做法、流程、效果,都体现于图书馆电子书服务平台。其最佳实践是一个历史过程,不同的时期有不同的最佳实践。从目前的技术发展和图书馆服务的需求来看,图书馆电子书服务平台的演化大致可分为三个发展阶段:

(1) 积木模式阶段。

从不同电子书资源厂商处获得资源,直接通过图书馆的网站提供服务,图书馆不加任何处理,或由供应商做一些简单的集成(例如在 OPAC 中可以发现并产生链接等),向读者提供在线浏览或下载阅读服务。

(2) 整合模式阶段。

即通过第三方整合服务商进行服务,完全模仿印本图书的管理方式。除通过第三方服务严格控制使用之外(如复本数、打开次数或期限、权限管理等),还能够将不同来源的电子书进行整合、管理和揭示,并支持读者在任何平台、设备上阅读(需要安装各类认证和支持软件)。目前我们正在由积木模式向整合模式过渡。这种模式真正使电子书纳入到图书馆统一的馆藏建设和流通政策中进行考虑,是目前可望达到的最佳实践。

(3) 中介模式阶段。

图书馆的电子书业务作为数字出版流程的末端,融入到图书馆数字资源管理和服务平台中,形成一种融合的 B2B2C 模式。提供读者借阅的"电子书"只是在读者浏览或下载的时刻才动态成型(包括与 DRM 封装的过程),在此之前,系统平台中管理的都是电子书内容组件,这就从根本上保证了管理和服务政策的灵活性,能够方便地支持社会化阅读等功能性扩展,并有助于将个性化服务做到极致,更充分地保障读者通过任何方式,在任何阅读设备上实现借阅。中介模式将是帮助图书馆实现数字阅读的关键性业务模式,目前限于技术发展的不确定性,还很难具体描述。

电子书拷贝印本图书的服务模式,其根源还在于目前的电子书本身就是对印本书的模仿。未来技术的发展终将打破这一点。随着全媒体、增强型的电子书越来越多,电子书的服务模式也一定会挣脱传统的桎梏,将新技术提供的可能性和新业务模式的潜能发挥到极致。我们相信,图书馆数字阅读的前景将一片光明。

ALA 公共图书馆电子书业务模式

业务模式是一项事业获得可持续发展的方式方法的固化和标准化,它的意义在于明确各参与方的角色定位和行为方式,通过遵循一系列规范,降低整个事业的运行成本。

目前还没有形成独特的电子书服务模式,现有的一些总结和推荐文本,例如美国图书馆协会(ALA)提出的《公共图书馆电子书业务模式》,基本都遵循或参照图书馆传统的借阅模式,是传统印本图书馆业务模式的拷贝。但这是目前数字出版产业生态中的各方都可以接受的一种模式,虽远不是理想的模式,尚处在不断的变化发展之中。

ALA 公共图书馆电子书业务模式 *

为紧急应对会员的关注,美国图书馆协会(ALA)数字内容与图书馆工作组与 ALA 主席和执行总裁密切合作,针对影响最大的出版商(指"六大"出版商)以合理的条件向图书馆出售电子书的条款进行了探讨。过去几个月中,工作组相当详细地调研了电子书市场和相关出版商,以及因图书馆外借电子书而带来的新挑战,并与出版商和发行商进行了沟通。然而,工作组也意识到该主题的讨论在图书馆界相当引人关注,因此也希望本报告与大家一起分享我们的收获。

图书馆与电子书市场

电子书出版业正在蓬勃发展,电子书在图书馆如何进行利用的条款也分歧很大并不断变化。一些主要的商业出版公司在任何条件下都不向图书馆销售电子书,其他一些或者以高价销售,或者有苛刻的限制。一些出版商缩减了初期的销售规模,但开始在特定区域特定期限内探索试点新的商务模式。而有的出版商似乎毫不理会或根本忽视图书馆的存在。

在当前多变的试验性阶段,没有任何单一的业务模式能够向所有图书馆提供最好的条款,并被所有出版和发行商所接受。本报告所描述的业务模式,即包含了图书馆界需与电子书出版发行商积极争取的条款,也包含了图书馆行业应该尽力避免的问题。各类业务模式还将不断涌现,未来一年内新产生的业务模式将能够引领未来。因此,图书馆应积极主动地进行协商,以尽可能获得最优的和最灵活的条款,这是非常重要的。

---

* 原文标题:ALA EBook Business Models for Public Libraries,参见链接:http://americanlibrariesmagazine.org/sites/default/files/EbookBusinessModelsPublicLibs_ALA.pdf,美国图书馆协会 2012 年 8 月 8 日发布。

一般特点和属性

复制印刷品的服务模式——与印本图书不同,一本电子书拷贝可能被很多用户在不同的地方同时使用。这样出版商最担心的事情就出现了,即电子书从图书馆外借将很容易削减向消费者的销售数量。为应对这一点,很多出版商坚持照搬印本图书借阅的模式。其中的一些条款包含合理的方面和可以接受的因素,至少在一段时间内,可以抵消出版商对向图书馆销售电子书的恐惧。其他诸如需要顾客(读者)到图书馆才能借走电子书,将给顾客(读者)带来负担,并与电子书技术所带来的根本好处相违背,并损害了对图书馆服务的认知。在任何情况下,测试电子书带来的任何新的或潜在替代方式的创新模式都应该得到鼓励,而不是简单盲目地以印本资源服务模式的特点来施加限制。

权衡——许多出版商向图书馆提供电子书的条件没有印本资源那么优厚。例如,新出版的内容必须经过一段禁售期才能提供,或者设定一定的流通次数限制。在这种情况下,当图书馆被迫放弃一些它们通常拥有的权利的时候,从其他方面要求得到一定的补偿是合理和公平的。这些补偿可能是某些出版物的折扣价、顾客通过图书馆网站购买图书的分成,以及对某些出版物有限次数的免费访问,等等。下文中还有对这些可能性的进一步探讨。

基本特征——在任何电子书业务模式中,有三个基本属性能够帮助图书馆,可能不是所有都能立即实现,图书馆也可以选择其中的一个或两个,并换取其他方面更好的条款,至少在当下,这些要求对图书馆实践公共服务的职能是最基础和必不可少的。

基本特征

- 所有公开市售的电子书都应该提供给图书馆进行借阅。
- 图书馆应该能够选择拥有他们购买的电子书,包括转换到其他发行平台或继续无限制地提供借阅。
- 包含所有内容——所有在公开市场上能够买到的电子书,都应该能够提供给图书馆进行外借服务。图书馆如认为限制或价格不合理,有权选择不购买其中的部分内容。但以任何条款拒绝向图书馆提供图书,等于剥夺了图书馆向其用户提供所需的和所期望的服务的能力。

- 持久权利——图书馆对其购买的电子书应该具有充分的权利,包括转换到其他服务平台、提供永久服务的权利等。图书馆可能会接受对一些书或复本的限制,以换取更低的价格,但至少应该有取得永久和持续访问权利的选项。
- 整合——图书馆尽一切努力对其所有的服务提供统一的访问。为了有效地做到这一点,需要出版发行商提供元数据访问和管理工具,以使电子书更好地被检索发现。个别独立的电子书产品有可能被边缘化,或很容易被图书馆发行渠道所忽略。允许电子书在图书馆目录体系中被发现,并得到外借或进行预约的简单易行的机制,这是一项基本需求。

业务模式的特性:约束和限制

为了使电子书销售的图书馆市场和零售市场两个渠道能够共存,当前的大多数业务模式都对图书馆如何使用电子书有一定的限制。

单一用户——参照印本模式,每本获得购买许可的电子书在某一时刻只允许一个用户借出。这个限制几乎在当前所有出版商的销售模式中都可以见到,通常会造成畅销书的预约名单很长。

当大家都普遍接受单用户约束之后,其相关方案就会出现,例如允许两个或以上用户同时访问的话,需支付更高的费用;将多用户同时访问的形式组合成最多访问数量借出模式等。

最多借出数量限定——图书馆必须再购买同一本书的复本以增加外借数量(理论上说这是一种对电子书不存在损耗、遗失、被盗、污损等情况的补偿)。这种模式违反了拥有原则,但它是一种可以接受的方式,因为如果复本数足够多就可以获得相对低廉的价格。

理想状态下,这种模式能够与"日落条款"结合起来,即如果购买了一定年限之后即可永久拥有。至少图书馆应该能够在某种电子书不再提供销售、外借数达到了限制额度时,仍然提供永久性的访问。

为一定数量的外借支付一个固定的价格其实类似于租借。图书馆馆员可以要求支付与当前价格差不多的费用,即按流通次数付费的方式来取代或扩充购买内容。在这种模式下,图书馆将永远不会有对内容的永久访问权,除非制订了付费计划。从租到买的安排可能更有远见。另一个选择是获得向社区以一定折扣出售那些流通得不太好的资料的权利。在这种情况下,图书馆可以与出版商分享一定的销售收入。

可变定价——面向图书馆的电子书价格相差很大,一些书可能比印本图书价格高很多,而另一些可能有折扣。当图书馆总是寻求可能的最佳优惠时,可以接受的最高价格取决于销售的其他条款。一个例子是"平台费"——融入了数据库的销售费用,类似于每年的订阅费。

延迟销售——出版商向图书馆出售电子书会比公开发行延迟一段时间,这个"禁售期"或"窗口"可能从几个星期到几个月甚至更长。任何延迟销售都违反了"包含所有资源"的原则,但短期的延迟还是可以接受的,特别是如果能够给予一定的折扣。经过禁售延迟的资料往往价值降低,其价格也应该反映出这一点。相反,图书馆可能会愿意支付溢价以立即访问最受欢迎的内容。

到馆借阅——出版商可能会坚持,顾客必须来到图书馆办理电子书借阅手续。尽管这经常被视为增加"摩擦"的业务方式,但它也被当作对图书馆在某些领域具有"购买"权的一种防护,或者考虑到读者与其费事去图书馆借还,不如直接购买电子书的一种应对。由于没有直接的证据证明这种风险真实存在,很少有图书馆能够接受这种模式。要求读者到馆借阅电子书的做法对读者而言十分荒谬,可以看成是对图书馆施加毫无必要的障碍。

如果无法避免,可替代的方式是允许读者在图书馆服务区的一定地理区域内办理借阅手续。

图书馆联盟或馆际互借的限制——出版商可能试图通过许可协议禁止在多个图书馆之间分享图书。在本质上,这与限制图书馆分馆之间进行电子书流通并无二致。在"一次只限一人使用"模式下,图书馆和出版商应该没有必要做这个限制。

原生数字业务模式——图书馆应考虑能够充分发挥电子书数字特性优势的业务模式,从而超越现有的印本模式。这些模式具有独特的优点和缺点,图书馆应该仔细考虑。例如:订阅模式可提供对各类馆藏的无限次或经过计量的访问;开放存取模式对内容的访问不受限制,当所有图书馆能够统一行动并提供资金支持时,该模式能够给全球带来利益;最后,图书馆应更重视公共领域和开放许可电子书的利用。

业务模式的特点:出版商优势

因为商业出版的根本性的变革,零售公司目前已主导了电子书市场,出版商和作者希望从允许图书馆传播电子书中获得更多利益。有可信的证据证明,在技术、社会和经济变革的时期,人们利用图书馆更加多了(而不是少了)。随着很多"砖块与水泥"书店(指实体书店)的关门,出版商需要新的方式来"展示"他们的内容。出版商或许愿意提供更加优厚的条款和更低的价格来换取特定的服务。

强化发现——图书馆用户同时也是图书的重度购买者,出版商看重图书馆所扮演的连接读者和作者角色。图书馆或许能够提供对出版商所有目录(包括未购买过的图书)的访问,作为联系读者的一种方式,并能促进读者购买或要求图书馆购买。这也加强了整合。(另外,通过拒绝上传不能在图书馆销售的电子书,图书馆或许能为减少甚至杜绝禁售期而增加谈判筹码。)

销售渠道——通过在图书馆目录中增加"购买"链接,图书馆能为出版商带来额外的销售。作为回报,图书馆能够谈判获取一定的由此带来的利润分享,不论是通过直接支付还是以对未来的购买打折扣的方式。

读者咨询——图书馆馆员通过推荐而刺激对图书的兴趣,通过扩充电子书领域的这项服务,图书馆将强化他们这种连接读者、作者和图书的纽带作用,反之他们就有可能失去这种机会。图书馆也可以通过将读者和职员的书评纳入书目或本地推荐引擎中,从而提升出版商的供应能力。

摘要

在当今,电子书的商业环境瞬息万变,图书馆目前做出的选择将对整个阅读生态系统的发展方向产生深远的影响。因此,这些选择非常重要,必须谨慎考虑当前与未来的读者需求。明智的决策只会出自信息充分沟通的社会,而不是被动和闭塞孤立的社会。

附录　电子书服务原则与最佳实践

> **关于数字内容与图书馆工作组**[DIGITAL CONTENT & LIBRARIES WORKING GROUP（DCWG）]
>
> DCWG工作组隶属于美国图书馆协会,它的成立是为了强化和沟通整个协会对于数字内容问题的认识和政策,并帮助图书馆评估和应用新数字媒体和内容。DCWG被赋予向协会提供咨询意见的职能,包括与图书馆有关的问题和机遇,以及数字内容及其向所有人提供公平访问等。更多内容可访问connect.ala.org/node/159669或美国图书馆协会电子内容博客www.americanlibrariesmagazine.org/e-content。
>
> （翻译：谢蓉）

IFLA数字资源许可原则与图书馆电子书借阅原则

图书馆电子书服务需要满足一些基本条件,才能符合业务模式的要求,并促进业务模式进一步成熟和发展。国际图联在进行了大量调研和专家咨询之后,于2013年发布《图书馆电子书借阅原则》,提出六项原则,阐述了图书馆开展电子书服务需要遵循的基本要求。早在2001年,IFLA对图书馆购买或租用数字资源签订协议的条款,就提出了十分详尽的指导性意见(详见《IFLA数字资源许可原则》)。

> **IFLA图书馆电子书借阅原则**[*]
>
> **背景**
>
> 二十多年来,数字内容已成为图书馆馆藏的重要组成部分。但直到最近,这些数字内容才主要通过报纸、科技期刊和专著等数据库进行检索获取。从2010年开始,用户在市场上购买电子书的数量大幅增长,从而带动了电子书市场的兴起,并引发了公共图书馆电子书需求的增长。

---

[*] 原文标题：IFLA Principles for Library eLending,参见链接：http://www.ifla.org/files/assets/hq/topics/e-lending/principles-for-library-elending-rev-aug-2013.pdf。

图书馆采购和使用的数据库,通常是学术出版商出版的数据库。《IFLA 许可原则(2001)》中提出,须遵循"一套在图书馆和信息供应商之间由契约关系和书面合同确立的基本原则"。虽然都是数字资源,但图书馆在获取电子书时所遇到的问题与数据库完全不同,供应商通常希望通过个别谈判提供资源。电子书的商业出版发展迅速,它在面向图书馆时,面临着不同的技术、法律和战略带来的挑战,这在某些情况下给图书馆、图书馆用户,以及出版商和作者带来了困惑与不安。

IFLA 管理委员会于 2011 年成立了一个工作组,专门研究 IFLA 及其成员图书馆应该如何应对上述情况。2012 年 4 月,电子书借阅工作组提交了一个《背景报告》和"思考素材",这份名为《图书馆电子书借阅与数字内容公共获取的未来》(Libraries, e-Lending and the Future of Public Access to Digital Content)的报告成为 2012 年 11 月专家会议的讨论基础。2013 年 2 月,IFLA 管理委员会批准并发布了《图书馆电子书借阅原则》,期望该报告能帮助图书馆处理图书馆馆藏中电子书下载等相关问题。

电子书生态环境变化迅速,IFLA 将不断更新《图书馆电子书借阅原则》的版本以适应变化。目前的更新版主要聚焦在电子书的采购、版权例外与限制的重要性、可获得性、保存性访问、用户隐私保护等方面,以及前言及勘误的修订等。

前言

网络时代的到来和数字内容的繁荣,预示着我们正处在一个新的激动人心的时代。在这个时代,信息、思想和知识的民主化势不可当,我们至少可以说,这个时代可以与有史以来任何其他大变革时代媲美。然而,尽管数字内容的广泛发布和获取带来了大量的创新,使社会和经济获益良多,但也存在一些令人不安的迹象,特别在公众信息获取方面,时钟在某些领域正在倒转。

在内容传播向数字化文本进化的当前阶段,图书馆及其用户有一个起码的愿望,就是能够像使用印本图书一样获取和使用电子书。然而,图书馆所面临新的现实是,他们常常在获取市售电子书时受到很多限制,无法以可以接受的条款和条件获得资源。例如,一些商业出版社和作者拒绝向图书馆销售他们的产品,因为他们认为如果用户能够从图书馆获取电子书,就会影响零售额,从而会使他们减少版权所得。

对数字内容保留所有权利,日益带来法律争议和不确定性问题。权利的拥有者总是基于一个假设来行动,即他们能够控制数字作品被用户购买之后的一切后续利用行为。这个假设已在好几个国家成为法律诉讼的主题。我们是否应该达成这样一个共识,即赋予数字作品的所有权利应该与对应的印本作品保持一致?(即允许不经过权利拥有者同意而再次出售或出借,只要保证同一作品的一个复本依然是一个。)这样的话,IFLA的许多原则都迎刃而解。如果权利拥有者坚持认为他们能够控制数字作品首次销售之后的使用,则图书馆保障全社会访问人类书写文化遗产的使命就无法达成。

《IFLA图书馆电子书借阅原则》是基于这样一个假设而提出,即图书馆和出版商/作者有必要针对图书馆的电子书采购达成一个合理的条款或条件,即允许图书馆保障社区居民进行知识和信息访问,以实现其使命。我们一方面要采取一定的方法支持出版商和作者获得利益回报,另一方面也不能接受出版商或作者限制图书馆租用或购买已经商业化的、可在市场上买到的电子书作为馆藏。

如果图书馆一直无法获取电子书,应通过立法使出版商/作者向图书馆在一定的条款和条件下供应电子书。在一些出版商和作者得到公共财政支持的国家,对于政府应该授权允许公众通过图书馆访问出版作品的呼声尤其强烈。

全世界的图书馆在提供信息访问方面具有相同的基本使命。虽然地区差异是存在的,特别是由于技术能力所带来的差异,以及电子书市场的成熟度所造成的差异。但这项使命是普遍的和必须达成的。

原则

1. 图书馆必须有权租借或购买任何在市场上已经发行的电子书,而不得有任何禁令。如果出版商或作者不向图书馆市场供应某些电子书,国家应立法规定合理的条款和条件使其允许。图书馆必须能够自主选择其向出版发行商采购的特定内容,以支持其向社区提供信息和知识。

2. 图书馆必须以合理的条款和条件，以及合理的价格，获得电子书的访问权。获得条件应该透明且费用可预期，使图书馆能够在其预算和资助周期内操作。

3. 电子书的租用/购买应遵守版权限制，并符合图书馆和用户所在国的法律中对例外使用的规定。如以下权利：

a. 复制作品的一部分；

b. 如果租用或购买了永久使用权，可因保存目的而转换作品的格式；

c. 向其他图书馆提供作品的临时复本以满足用户需要；

d. 向无法使用印本资源的特殊人群提供作品的其他形式以使其能够使用；

e. 绕过技术保护措施行使非侵权目的的使用。

4. 图书馆可获得的电子书应保持平台中立并符合可获得性标准。电子书应该能被整合到图书馆系统和联机公共访问目录（OPAC）中，在图书馆或用户选择和购买的平台、应用和电子书阅读器设备中提供互操作。

5. 应制订策略保证图书馆能够长期保存电子书。电子书的长期服务不应受到出版商停业等因素的影响。这方面可以通过出版商和图书馆联合开发存档数据库、建立数字内容向特定机构进行呈缴的制度等方式解决。

6. 电子书服务必须保护图书馆用户隐私。图书馆及其用户必须能够获知并控制使用其个人信息（包括其阅读选择）的行为。

（翻译：谢蓉）

IFLA 数字资源许可原则（2001）[*]

引言

1. 全球数字信息资源市场发展迅速，其出版商和发行商们正使出浑身解数，力图发展各类型的图书馆（包括公共图书馆、学术图书馆、专门图书馆和国家图书馆等）成为他们的用户。今天，全球的图书馆继续扮演着国民与

---

[*] 原文标题 IFLA Licensing Principles（2001），参见链接：http://www.ifla.org/publications/ifla-licensing-principles-2001. 2001 年 3 月 IFLA 执行委员会通过。

信息之间的中介的角色,某些专门文化机构甚至更加热衷于数字信息。并且,由于图书馆一向长于传统媒体的存档和保存,目前也在不断探索数字资源的存档和保存,以满足长期存取的需要。数字资源的定价一直是个问题。图书馆一直在担忧一种不合理的现象,即许多电子资源的定价要高于它们所对应的印刷品资源。

2. 图书馆强烈支持那些被版权法允许的例外能够在数字环境中得到继续。当然总是有一些领域需要专门针对数字出版物提出不同的程序和政策。IFLA 特别关注以下许可方式:

(1) 当前在世界上任何地方利用数字资源,通常规定和描述责任义务的协议有两种:不是通过合同就是通过许可。许可能够全面描述信息提供方与图书馆之间的关系条款,而合同对于数字信息产业链上的大多数成员来说还是一个相对较新(二十世纪九十年代之后)的方式。

(2) 许可的签订纯粹是市场行为,由有意愿的信息提供者和购买方一笔笔生意、一件件资源地进行协商解决。

(3) 用户权利在许可中以条款和条件的方式进行确定,而不是由版权法管辖(这不难理解),后者当然具有相同效力,但需使用"固定"的或传统的信息格式。

(4) 图书馆一般向用户提供指向出版商或发行商网站的远程存取,而不是图书馆自己的网站。因此,图书馆和信息提供者对于数字资源长期存档和保存的职能和花费问题一直悬而未决。当许可无法解决这类复杂的数字存档问题时,这个问题就会显现出来,并希望合同相关各方对此有一定的承诺或期望。

3. 虽然很多重大问题依旧悬而未决,但 IFLA 还是以积极的态度看待这种许可方式。尤其各类不同类型和大小的图书馆联盟与信息提供者之间需要进行复杂的商务安排,签订协议是一种积极的反应。IFLA 鼓励和支持所有图书馆作为联盟进行谈判。然而,即使目前的趋势是把许可作为一种规范数字资源使用的补充手段,图书馆及其用户仍然需要有效的、平衡各方的国家版权法,该法不仅要认识到版权拥有者的权益和利益需求,也要认识到公共信息、教育和研究事业的重要性。这种平衡,应根植于精心制订的版权法中,并在所有的许可中得到体现。

国际图联(IFLA)特此提出一套基本原则,建议图书馆与信息提供商签订书面合同或建立协议关系时得到体现。

许可和法律

P1. 许可是指图书馆和出版发行商之间签订的协议,图书馆希望使其订购的数字资源服务于它的读者或居民,出版发行商希望向图书馆出售其所拥有的数字资源。许可条款和条件必须在就所提到的资源签订合同之前向客户完全提供。每项许可条款都应该是经双方协商讨论达成一致的结果。

P2. 对于"压缩打包"和"点击即过"的非协商性许可,其条款应符合如版权、隐私、知识自由以及用户权利等公共政策的规定。

P3. 信息的许可(合同)不应排除用户由版权法所赋予的法定权利,也不应对法定权利的行使产生负面影响。

P4. 双方在签订协议时选择适用法律应该是双方均可接受的,最好是获得许可方(图书馆方)的国家法或者州法。

P5. 许可应该以图书馆客户的主要语言进行协商和制订。

许可和价值

P6. 许可协议应清晰且全面,反映各方的需求。尤其应该定义重要的术语,以便清晰理解。

P7. 许可应平衡双方的权利和责任。

P8. 许可应对协议取消或遭遇诉讼的情况考虑一定的补偿期,或采取其他弥补方案。

P9. 合约双方应有权在适当和特定情况下解约。

许可:存取和使用

P10. 许可应提供被许可对象的所有成员用户以访问权,无论该对象是一个独立的机构,还是一个联盟,也不管其是不是在同一个处所。

P11. 许可应提供个人,以及来到被许可对象服务场所的用户以访问权。

P12. 访问许可应提供给隶属于被许可组织,但因不在同一地理位置而需要远程访问的下属部门。

P13. 远程访问应该以 Web 方式、以用户友好的界面形式提供。

P14. 下载数据应能提供多种标准格式（例如 PDF、HTML 和 SGML 等），以方便各类平台和网络环境使用。

P15. 最低限度，许可不应对读者基于个人目的的阅读、下载和打印设任何限制。

P16. 可以远程访问资源的网站应该 24 小时提供服务，并有"帮助"等支持服务。除非按照计划进行的短期关闭，须向图书馆用户作适当的告示。如果服务承诺无法达到，应给予处罚。

P17. 不论对单一资源还是聚合资源，内容的稳定性都应该得到最高程度的保证。如果内容发生变化应及时通知机构用户。对于无法保证内容承诺的行为应予以处罚。

许可和最终用户

P18. 图书馆应该与用户一起，使用户获知如何正确使用数字资源、采用合理的方法避免违法使用，以及与资源提供商一起在侵权行为产生影响之前终止行为。虽然如此，图书馆将不会因个人用户的行为担当法律责任。

P19. 当机构/图书馆已经签订或者打算签订协议之时，再要求个人用户同意合同，如"点击"相关协议的方式是不合适的。

P20. 在与信息提供商或中介签订许可时，或没有签订许可的任何其他情况下，用户隐私应该得到保护和尊重。

P21. 数字资源供应商应提供（或展示）用户使用情况的数据，使被许可的图书馆能够评估数字资源的使用效果。

许可和永久访问

P22. 许可应包括以适当的方式和可支付的价格提供永久访问权。

P23. 许可应规定提供数字资源长期访问和存档的方式并明确责任。

许可和定价

P24. 价格政策应该鼓励使用而不是阻止使用。例如：

* 许多供应商以低于相对应的印刷资源（如果有的话）的价格提供数字

信息；

　　* 许多供应商会提供一定的激励措施,如联盟价格,或可供选择的价格组合,或其他类似方式,让图书馆选择。

　　P25. 价格必须完全公开,且没有隐性收费。

　　P26. 商家应同时提供不与纸本资源捆绑的、独立的电子版资源的价格。提供捆绑价格时应说明向被授权者提供了哪些优惠。

　　P27. 如果图书馆取消纸本资源而改订数字资源,不应被处罚金。

　　P28. 一般而言,附带非公开的许可条件是不合适的。

馆际互借

　　P29. 馆际互借或类似服务的提供应该包括在内。

　　P30. 通常图书馆应该能通过原文传递提供一定长度的内容给非授权用户,该用户所属的图书馆未被授权使用所传递的数字资源。

教学与学习

　　P31. 许可应支持从小学到大学的教学活动,可通过提供资源链接,提供拷贝,以及提供与课程相关的信息等方式,也可支持网络课件的存储等网络教学活动。

　　P32. 远程教育对提供商和图书馆都是一个挑战。授权方应充分认识到图书馆或机构用户,无论其地理位置,都应该被允许经常性地访问经授权的数字资源(参见第 8 条)。

（翻译：谢蓉）

上海科学技术文献出版社"东观书系"介绍

《大都市公共图书馆：国际经验与上海特色》
曲 蕴 王晓樱 施 雯 黄 吉 姚 馨 著
定价：58.00元
ISBN：978-7-5439-8482-0

　　本书分层次比较全球图书馆事业发展趋势，全面调研纽约、巴黎、伦敦、东京等国际大都市公共图书馆体系的建设经验，探讨北欧城市图书馆高质量发展的核心要素，并总结上海图书馆（上海科学技术情报研究所）的建设现状和战略前进方向，为公共图书馆未来发展提供有益借鉴。

《图书馆新媒体服务建设与应用》
孙 宇 杨 佳 赵 亮 著
定价：68.00元
ISBN：978-7-5439-8648-0

　　近年来，图书馆界的新媒体服务取得了丰富的建设成果，新媒体技术的应用普及不仅有利于图书馆的宣传推广服务，同时也使图书馆面对着全新的资源建设与服务的需求。本书探讨了新媒体的基本概念、种类特性、服务技术、应用案例和发展趋势等热点话题，对于图书馆新媒体建设和发展具有重要借鉴和指导意义。

《文化聚居区：国际经验与上海发展》
马春等 著
定价：78.00元
ISBN：978-7-5439-8647-3

　　本书系统调研全球城市的公共文化服务体系、文化集聚区建设经验。主要包括：一是通过全球城市评比、城市发展比较、城市文化政策和文化集聚区建设，梳理形成全球城市文化发展和集聚区建设概貌；二是系统调研美国纽约、英国伦敦、法国巴黎、日本东京、中国香港、新加坡等全球城市的公共文化服务体系建设和文化集聚区发展情况；三是对上海公共文化服务体系、文化事业发展进行全面梳理和阐述，对照国外发展经验，尝试提出上海在文化发展和集聚区建设方面的建议和思考。

《产业视角下的图书馆电子书服务》

杨　佳　孙　宇　赵　亮　著

定价:78.00元

ISBN:978-7-5439-9239-9

　　本书引入了产业链的视角,通过深入考察整个电子书产业链与数字阅读环境发展,研究图书馆电子书服务与上游内容提供商、平台服务商以及下游终端厂商的相互关系与合作模式。结合上海图书馆在电子书服务方面丰富的实践经验,对图书馆电子书服务的内容、平台、终端进行整理分析,探讨图书馆电子书服务的发展趋势与问题。本书从电子书服务"容"与"器"既分且皆重的角度,重视对终端服务的应用研究:图书馆电子书的服务关键是读者的数字阅读习惯,还涵盖了以此为起点带来的真正需求。电子书服务最重要的方向就是移动阅读,因此,在图书馆电子书服务体系中,一定要充分重视作为电子书阅读终端的电子书阅读器、平板电脑及其他移动终端的适配和电子书服务平台的阅读体验。

公共图书馆无障碍服务研究

谢　影　丁　乙　周佳琳　韩　嬿　著

定价:68.00元

ISBN:978-7-5439-9373-0

　　为有特殊需求的读者提供无障碍服务,既是公共图书馆的责任,也是公共图书馆的价值体现。本书从无障碍服务为谁做、为什么要做、国内外怎么做、如何做好等几个维度,研究了公共图书馆无障碍服务。该书是上海图书馆无障碍服务团队实践探索与理论研究的汇总,试图为国内公共图书馆加快推进无障碍服务从"有"到"好"的过程奉献绵薄之力,以集中、便捷、特殊的文化服务,推动公共图书馆帮助残障人士公平、均等地共享人类文明发展成果。